少年安得长少年

唐代诗人的恣意人生

陈彝雩 著

天津出版传媒集团
天津人民出版社

图书在版编目(CIP)数据

少年安得长少年 : 唐代诗人的恣意人生 / 陈舞雩著
. -- 天津 : 天津人民出版社, 2020.7
ISBN 978-7-201-16074-0

Ⅰ. ①少… Ⅱ. ①陈… Ⅲ. ①诗人－生平事迹－中国
－唐代 Ⅳ. ①K825.6

中国版本图书馆CIP数据核字(2020)第105852号

少年安得长少年 : 唐代诗人的恣意人生
SHAONIAN ANDE CHANGSHAONIAN : TANGDAI SHIREN DE ZIYI RENSHENG
陈舞雩 著

出　　版　天津人民出版社
出 版 人　刘　庆
地　　址　天津市和平区西康路35号康岳大厦
邮政编码　300051
邮购电话　(022) 23332469
网　　址　http://www.tjrmcbs.com
电子邮箱　reader@tjrmcbs.com

责任编辑　冯　磊
策划编辑　李　艳
装帧设计　三形三色

印　　刷　河北照利印刷有限公司
经　　销　新华书店
开　　本　880毫米×1230毫米　1/32
印　　张　11.5
字　　数　240千字
版次印次　2020年7月第1版　2020年7月第1次印刷
定　　价　49.00 元

目录

生来不读半行书，
只把黄金买身贵。
少年安得长少年，
海波尚变为桑田。

——选自《嘲少年》李贺

春江潮水连海平，
海上明月共潮生。
滟滟随波千万里，
何处春江无月明！

——选自《春江花月夜》张若虚

第一章

不会丧

我依稀记得，那一年，长安风雪卷灞桥，杨柳依依，他赶来为我送行。

明明自己就是个弱冠少年郎，却还要老气横秋地告诫我：“千万不要丧啊。”

一

我面前的小伙子推了推眼镜，语气深沉地说："最近我有点丧。"

我说："你这不叫丧，你这叫矫情。"

他长叹口气，很忧伤地说："我差一点就可以上北大了，现在却只能勉勉强强上个清华……"

我打断他："不好意思，刚才我说错了，你这不是矫情，你这叫嘚瑟。"

他深深地看了我一眼，接着说："还没说完，我说的是清华大学再往南三千多公里的××职业学院。"

我沉默了，不得不做出总结："这真是一个悲伤的故事。"

他哭丧着脸说："我还想高考完跟喜欢的女孩子告白呢，可谁知高考刚结束，人家就和别的男生在一起了。现在好了，学业砸了，爱情也没了，未来更没什么指望，真是人间不值得！"

我盯着他的眼睛，问他："那你想不想变得更成熟、更强大？"

"想。"

"那就学会在随遇而安中端正态度。"

后来，我给他讲了一个故事。我嘴笨，文笔也差劲，讲这个故事未免亵渎，可我真怕故事里的少年被人们遗忘，所以只好厚着脸皮，说了说这段千年前的俗尘往事。

故事先从一场战争说起。

公元七世纪，东北有个国家叫高丽。高丽国自我感觉良好，经常挑衅中原王朝，引得中国几代君王多次讨伐。公元六六八年，在唐军狂风骤雨的进攻下，高丽终于扛不住了，亡了国。

灭了高丽之后，大唐王朝环视宇内再无敌手，独孤求败。

这一年的唐朝有多强盛?

向东看，大唐灭亡了百济、高丽两个王国，臣服了新罗，还顺手把日本打到自闭，整个朝鲜半岛几乎都成了大唐的地盘。

向北看，大唐征服了东突厥、薛延陀两大汗国，之后其他游牧部落纷纷归附，尊称大唐皇帝为“天可汗”。在这些臣服的部落里，最远的骨利干部族据说还出现过极昼现象——唔，大概是现在的北极圈吧。

向西看，大唐打败了西突厥汗国，收留了落难的波斯王子，还资助他在疾陵城重建波斯帝国。这个疾陵城在哪儿?就是在现在的伊朗，当时的国人把那里叫吐火罗道。

向南看，大唐设立了一个郡县，叫交趾，就是今天的越南北部，那时候那里是正儿八经的唐朝疆域。再往西南看，当初大唐使节还召集了一次国际联军，把印度国给灭了一回。

无敌，是多么寂寞，无敌，是多么空虚……

这一年是公元六六八年，大唐的军队大显神通、驰骋四方，中国声威之盛，震古烁今。

也就是在这一年，我从长安调任蜀州。

二

长安的灞桥是个诀别的好地方，桥头每年上演的送别戏码，我都快背下来了。

首先，文人墨客们先喝几杯小酒，说几句场面话，再执手相看泪眼，整出点儿小伤感，总之这个气氛必须得烘托起来。每当这个时候，有财的会送点程仪，有才的就作几首诗，什么都没有的……你还好意思来？

送别到尾声，为了显得大家都是文化人，总会揪根柳枝亲手赠给友人，用格调高一点的话说，这叫“折柳送别”。

结果就是，好好的杨柳无辜被他们祸害得惨不忍睹。

今天果不其然轮到我了。

送我的人是个二十来岁的少年，他稚气未泯、唇红齿白，此刻正龇牙冲着我傻笑。那笑容多么单纯，单纯到我想抽他一巴掌。

我从富丽堂皇的京城调到鸟不拉屎的蜀州，这是多么悲哀的一件事啊，你能不能照顾一下我的情绪？再说了，这是送别好不好？按理说，送别是一件很丧的事对不对？就算你不哭，好歹也做一点儿悲伤的表情吧，可你一脸痴汉的笑是怎么个意思？

少年不管，拍了拍我的肩膀，说：“千万不要丧啊。”

被远调的又不是你，你当然说风凉话了！

我蹲下身，在地上画圈圈，说：“我快要自闭了。”

少年歪着头，盯着我的脸，眼珠转了几圈，再次露出阳光又欠揍的笑容，说："别这样嘛，我给你写首诗好不好？"

我立马站起来，伸出手："乖，把诗交出来。"

好多年以后，少年早已作古。我手捧着他当年赠我的诗句，一个字一个字地抚摸：

城阙辅三秦，风烟望五津。
与君离别意，同是宦游人。
海内存知己，天涯若比邻。
无为在歧路，儿女共沾巾。

——王勃 《送杜少府之任蜀州》

我还能记起来，他作完这首诗后还语重心长地叮嘱我说："记住，千万不要丧啊。"

三

王勃，字子安，山西绛州人，一个天才般的小伙子。

小王出生在书香世家，从小父母就给了他天底下最优越的教育。而他也不负众望，六岁就能下笔成诗文，九岁的时候看了当世学者批注的《汉书》，骂人家懂个"锤子"，当场写了本《指瑕》，给这位专家挑了十卷的错。

十岁时他能把"六经"倒背如流，那时候的书没标点符号，什么断句、注音就和记英语单词似的全靠死记硬背，可小王跟别人不一样，他自学了十天，就全弄懂了。

从小就有神童光环加持，小王的名望如日中天，父辈沉甸甸的希望落在了他的肩头。年纪小小的他，案头每日都摆满了经史子集、四书五经，他的未来就这样被安排得明明白白。

可小王是一个狂狷之人，在他心中的蓝图里，人生不止是眼前的之乎者也，还有诗和远方的田野。于是他背上行装，从山西老家出发，说走就走，旅行去。

那一年，这小子才十岁。

才十岁……

四

公元七世纪初，长安城几乎是世界上每个人都热切向往的城市。大唐帝国的国都、丝绸之路的起点、旷古绝今的大明宫、恢宏大气的朱雀街、人声鼎沸的东西二市……

所以小王的第一站，必须得是长安。

这小子孝顺，因为他爸身体不好，他就想自己学点医术，当然也有可能他真是对医学感兴趣，遂拜了名医曹元为师，在人家的医馆当了一个小学徒。

医者在那时都属三教九流，上不得台面。小王作为一个正统的儒家书生，千里迢迢跑来学这个，怕是得叫人笑话死。那段日子，耳边的闲言碎语，小王可都没少听。

其他学徒都在私下议论："他做这个是咋想的吗？要是让他九

泉之下的祖父知道了，怕是得气得活过来。”

他听到了当即火冒三丈，手里攥着针冲那人扎……那人被他从里坊撵到朱雀大街上，搞得鸡飞狗跳。

对方顶不住，认了㞞，不情不愿地讨饶。

他抃起腰，摆成个“大”字，颇为自豪地宣布胜利：“我做这个咋了？我做这个咋了？我一没偷，二没抢，靠自个儿的手艺吃饭，就算我祖父知道了他也得高兴地摸我脑袋！”

其实吧，我觉得以他祖父王通的性格，捶他脑袋还差不多……

记得有人说过，医生是最能见证人性的职业，在医馆这两年，小王见惯了生离死别。

他见过准父母诊出喜脉的时候，喜极而泣地欢呼。

他见过有人得了绝症，一脸颓丧地瘫倒在地。

他还见过病人撒手人寰前的眼神，或不甘，或安详。

他见到了太多太多，认识了一些人，经历了一些事，这些都是书本上不曾学到的。

他每天顶个药篓子，小小的人在医馆里跑来跑去，累得气喘吁吁，心里头却无比满足。

生，老，病，死。

年纪小小的他，还没有从这样的轮回中领悟到什么人生真谛，但却记住了一件事：无论如何生，最终都要死。既然如此，我为什么不乐观过一辈子？

小王恍然了，这一生是多么短暂啊，生死之间也不过是一瞬而已。

所以，我一定不能丧啊。

小王当了两年小学徒，再次背上行装。来长安之前，他只懂得书上的之乎者也，而如今，不论是“三才六甲”，还是“明堂玉匮”，他样样了如指掌。

老师父一边抹泪，一边送他，还有一群这两年受过他恩惠的病人，都对他依依不舍。

地点还是在灞桥，祸害的还是柳树。

老师父舍不得，说：“回到家，记得给师父来信报个平安。”

“回家？我没说要回家啊。”

“不回家？你打算去哪？”

小王展颜一笑：“江南。”

古人都说，读万卷书，不如行万里路。小王花了十年读完了别人一辈子都不见得能读完的书，又花了三年走完了别人一辈子也未必能走完的路。从中原到西北，再从西北到东南，十三岁的他，已经在江南塞北留下了属于自己的一串串脚印，让祖国的名山大川都认识了这个拜访过自己的小少年。

少年从不去追随谁的脚步，他只走自己的路，哪怕那样会孤身一人。

如此的固执，如此的偏执。

五

十三岁那年，小王结束了漫游，回到了山西老家。没人知道他在旅途中经历了什么，不过可以肯定的是，他在三年前还只是一个温室里的花朵，而如今，却已饱经沧桑。

他说："我想入仕。"

父亲说："你要怎么做呢？"

他说："干谒。"

干谒，说白了就是自我推荐。

在大唐，一个文人想进身，可以将自己的简历与作品投稿给一些高门显贵。如果文章得到了人家的青睐，那就可以得到对方的提携与推荐，把话说得难听了就是"走后门"。

这也是没办法，科举制度在隋朝才制定下来，到唐初这才不过几十年，一点都不完备，考试的规章漏洞百出，真指望靠硬实力去拼富贵，那怕是个傻瓜吧。

所以才有了干谒这么个潜规则。

小王第一次的干谒对象是他们家乡绛州的司马，那年小王年仅十三岁，笔走龙蛇、激扬文字，一篇文章里的典故一个接一个，看得那位司马眼花缭乱，惊呼这到底是个什么神仙？

那位绛州司马表示："你这么个人才留在绛州简直是暴殄天物，你得去首都长安，那才是你的舞台。"

小王说："那我要怎么做呢？"

绛州司马说："根据内部消息，当朝宰相刘祥道会在近期巡视地方，你可以向他干谒，凭你的才华，我相信他一定愿意引荐你。"

麟德元年，大唐宰相刘祥道驾临关内，众多文人闻风而动，跑来干谒的人犹如过江之鲫，数不胜数。

小王也开始了他的第二次干谒。

这一年，他不过十四岁，淹没在如同洪流的求职人群里，毫不起眼。

可他的文章却让他在千百人中脱颖而出。其他人的干谒文几乎千篇一律，无非就是先对朝廷歌功颂德，再大拍宰相马屁，最后来个自我吹嘘，末了还不忘暗示几句，如果您提拔了我，等将来我发达了肯定投桃报李忘不掉您老人家云云……

而小王的《上刘右相书》却完全不同，他不是给朝廷唱赞歌，而是抨击朝政。

全文从一开始还是老习惯，先吹捧了刘祥道一番，可写着写着就不按套路来了。他先说，自当今皇帝上台以来，朝廷的军队四面八方地出击，打突厥、打百济，如今又和高丽开始了拉锯战，钱粮耗费无数、士民困苦不堪，这几年走遍大江南北、深入民间的我对于这些已是耳濡目染。

所以小王觉得，现在朝廷里的问题其实特别多，咱们要大刀阔斧搞改革，从上至下赏罚分明、崇尚教化、慎战止损、重视农业的正常运作……总之就是把这几年朝廷的政策都翻出来晒一晒、洗一洗、拾掇拾掇。

而这篇文章最经典的地方，就是他在每段后面都要加一句："此君侯之未谕也。"

潜台词就是说："这些事，本该是身为宰相的您来告诉君王的。"

通篇文章读下来，其实差不多就是在说："您是一个好宰相，可如果能做到我给您提出的这些建议，就更好啦！"

全文依旧是洋洋洒洒、典故堆砌，很有王勃本人的风格。刘祥道先被这文学功底震惊到，后又被这别开生面的内容逗得哈哈大笑，最终再一看，嗯？这篇文章的作者是个十四岁的孩子？

刘祥道坐不住了，嘴里喃喃自语："神童，这是神童吧……"

老人家回到朝廷后，在唐高宗面前唾沫横飞，吐血推荐，说这是个人才，朝廷万万不能错过。

乾封元年，小王进京赶考，应幽素科试及第，授朝散郎。

那年，他不过十七岁，是大唐最年轻的朝廷命官，是一颗冉冉升起的新星。

六

这颗万众瞩目的新星，却因为一只鸡，落了。

小王因文章名噪一时，博得了沛王李贤的注意，沛王伸出了橄榄枝，将小王招揽到自己的王府里担任高级伴读书童。

彼时，皇太子李弘体弱多病，又染上了肺结核，眼看就要英年早逝了。而这个沛王，恰是唐高宗与武则天的次子，一旦太子薨逝，沛王就是毫无争议的下一任太子，未来若是顺遂，君临天下也不是不可能。

小王和沛王年纪相若、脾气相投，很快他就成了后者的心腹知己，而如今沛王的地位水涨船高，小王的前途也是一片敞亮。

他成了众人羡慕的对象。

可人生有时候就如坐过山车，总喜欢用一种大起大落的方式去嘲讽志得意满者的天真。

有一天，沛王与英王一块儿斗鸡，两兄弟嬉闹过了头，沛王就让小王写一篇檄文去讨伐英王家的斗鸡。

檄文通常指两国打仗，一方对另一方发出的声讨文章，基本上骂得越狠，把对方写得越面目可憎、人神共愤就越好。可从来没听说过，谁没事用檄文去讨伐一只鸡，莫不是吃饱了撑的？

还别说，今天的沛王真有可能是吃得太饱了。

小王少年心性，知道让他写讨伐斗鸡的文章就是为了烘托气氛，大家开开玩笑而已。

这个小伙子不疑有他，挥毫泼墨就开始写，三下五除二,一篇《檄英王鸡文》新鲜出炉，两王争相观赏，逗得哈哈大笑，让所有人都尽了兴。

可他太天真，不知道这朝堂之上应该谨言慎行、如履薄冰，他今天这一开玩笑似的随性文章，被有心人送到了高宗皇帝的案头。

结果，这篇文章触到了皇帝的底线。

自大唐立国以来，皇室为了储位自相残杀的，屡见不鲜。相亲相爱的兄弟不是少见，是压根儿就没有。

唐高祖时，太子李建成与秦王李世民为了皇位反目成仇，兄弟二人挥戈相向，后李世民于玄武门设伏，亲手射杀大哥李建成，逼宫兵谏，高祖被迫内禅皇位，当了太上皇。

李世民，就是后来的唐太宗。

可天道好轮回，苍天饶过谁？到唐太宗时，故事又重演了。

太子李承乾与魏王李泰又因皇位明争暗斗，后来李承乾被逼反伏法，李泰也被废流放。而唐高宗，正是因为两位兄长两败俱伤，这才白白捡了个皇帝做的。

高宗觉得，兄弟阋墙的事，在他孩子这一代不能再发生了。于是，他神经质一般地日防夜防，杜绝一切可能危害到皇子们感情的事情发生。

而小王这篇无意写成的文章，就这样莫名其妙地触碰到了皇帝的底线。

皇帝怒言：“这个人真是个歪才！”

他立马下诏剥夺小王的官身，将其赶出长安城。

这一切来得是那么快，快得叫人措手不及，刚刚春风得意的少年郎，忽然一脚踏错，就这样堕入了万丈深渊。

他不明白自己到底错在了哪里？明明只是写了一篇助兴的文章，开玩笑而已，为何会落得个这样的下场？小王从来没有感受过这样的委屈，可再委屈，又能向谁诉说？

他抱着包袱坐在长安城外，一脸木然，双目无神地看向前方。

突然，一个老头儿出现在他的面前。

他抬起头，已经哭得泪眼模糊，他语气哽咽着说："师父，我丢官了。"

老师父可心疼了，说："不怕不怕，师父养你。"

他摇了摇头，说："师父，我有我自己的体面。"

他低下头，又自言自语："我不能丧啊……"

要不，出去旅游散散心？

七

没有西成高铁的年代，从陕西到四川，旅途实在险陡得要命。

小王一边登蜀道，一边眼泪往下掉……

他原本胸怀一腔报国之志，年纪轻轻就身入仕途，伴于沛王身侧，前路一片光明。可一夜之间一切都变了，骤然从高处掉入谷底，哪里是一个从小一帆风顺，只有二十岁的年轻人可以承受的？

不行不行，说好了不准丧的。

可长安越来越远，蜀地越来越近，小王的目光里，却满是迷惘。

巴蜀的剑阁峥嵘又崔嵬，吟游诗人都会在题壁上留下自己的作品，小王也不例外，他一个字一个字地刻下心头的委屈：

江汉深无极，梁岷不可攀。
山川云雾里，游子几时还？

——王勃《普安建阴题壁》

他多想回去啊，可回去的路比登这蜀道还要难，像他这种被命运捉弄的人，你就是叫他去拼命，他都不知道该去找谁拼。

他饱蘸墨水，在蜀中一边走一边写，很多人都见过他，不过他们都只当他是一名放浪形骸的吟游诗人，这种人真的见多了。谁能想到，这个人就是名满天下的王勃王子安呢？

而他羁旅于巴蜀，与其说是散心，倒不如说是一场刻意的自我放逐。

其实我觉得挺好的，与其不断挣扎、不断痛苦，倒不如放飞自己的灵魂，和它一起去远方流浪。只是不知道，它会不会带你找到出路，到达那个早已久违的彼岸。

这天，小王偶遇了一个中年人。那人盘坐在地，面容憔悴、目光萧然，惆怅地望向远方。

小王见那中年人干坐了半天，不明所以，正准备绕道走开，谁知那人突然出口咋呼，把小王吓得直叫，这人脑袋有问题吧？

其实中年人是个诗人，刚脱口而出的是他新想出来的诗句。

“得成比目何辞死，愿作鸳鸯不羡仙。”

小王在旁听了，心想，这诗句写得真好，字字都能沁入他的心头。他来了兴致，上前与那人攀谈，谁知两人竟越谈越投机。小王心想，所谓知己，也不过如此吧。

中年人告诉他，自己是巴蜀的新都县尉，叫卢照邻。他还说，自己出身范阳卢氏，是根正苗红的名门望族，从小才华横溢，步入仕途后在邓王李元裕的门下任职。那时候邓王很欣赏他，说他就是当代的司马相如，光明的前途一眼都可以望见尽头。

但他与小王一样，也因不懂世故，在官场上处处遭人排挤，郁郁不得志。后来邓王薨了，没人护着他，他很快就被人打发到了巴蜀边陲。如今的他身患重疾，每日都要受病痛的折磨，早年间的雄心壮志也渐渐地成了不堪回首的往事。

小王越听越入神，越听越伤感。

难怪他会对这个人的诗句产生共鸣，原来在他们彼此的人生里，印刻着一模一样的过往。

人类是脆弱的动物，总会习惯借用彼此相同的遭遇来取暖。那些日子，小王和卢照邻形影不离，一同出席各种文坛盛会，互相作诗唱和，为后世留下了不少脍炙人口的佳作。

直到咸亨二年，这年年尾，朝廷忽然下诏，在京城设立考试，招揽天下贤才。

小王与卢照邻得到消息，两个人一拍即合。

好机会，咱哥儿俩一块去长安！

八

说起来，小王与卢照邻之所以能一见如故，除了彼此经历相似外，还有一点，就是他们的文学主张也出奇的一致。比如，他们都反对宫体诗。

在长安备考的日子里，这两个人在文学心得方面没少探讨交流，譬如——

王勃："你觉得写诗最好的诗人是谁？"

卢照邻："大家都说是上官仪。"

王勃："上官仪？一个写宫体诗的人？"

卢照邻："正经人谁写宫体诗啊？"

王勃："是啊。"

卢照邻："你写宫体诗吗？"

王勃："我不写，你写宫体诗吗？"

卢照邻："谁能把好句子写宫体诗里？"

王勃："写到宫体诗里的能叫好句子？"

二人碰杯："下贱。"

他们这一番言论，吸引到了邻桌的两个人。

对方将目光投了过来，四人视线交织在一起。确认过眼神，他们遇上了对的人。

那二人，一个叫杨炯，一个叫骆宾王。

他们也是来参加这次长安招贤选拔的，同时在文学上亦是对宫体诗深恶痛绝，认为写宫体诗的上官仪不是啥正经人。

上官仪上辈子肯定欠了这四位爷不少钱。

四位爷成了好友，一起作诗、一起备考、一起探讨人生、一起研究爱情。

多年之后，后世的人们给了他们一个彪炳史册的称号——初唐四杰。

大名鼎鼎的四杰汇聚长安，一同参加考试，全挂了。

考官裴行俭说："士之致远，先器识后文艺，如勃等虽有才而浮躁浅露，岂享爵禄者哉？"

换句话说，裴行俭认为，小王他们太过恃才傲物，不适合做官，于是挥笔一画，统统挂科。

这个说法值得怀疑，因为后来裴行俭对小王多有照顾，小王也写文赞颂过裴行俭，很难想象他们之间会有这么一段过节。有学者推测，小王之所以落选，可能是因为他是沛王的心腹，而武则天与沛王的母子关系一直很紧张，她千方百计想打压沛王，而小王这回怕是被殃及池鱼了。

初唐四杰这次京城会考全军覆没，四人在长安城外相互诀别，各自远行。

这一走，就是不同的结局。

卢照邻在不久后病情加剧，瘫倒在床，后来他受不了病痛的折磨，投了水，人就这么没了。

杨炯之后又参加了考试，过了，本以为就此可以大显身手，谁知他的倒霉堂弟跟人造了反，他受了牵连，被贬到梓州当了一个小官，到临死了都没能抬起头。

骆宾王更要命，杨炯还只是弟弟跑去跟人造反，他干脆本人亲自上，和叛军搭伙一起讨伐武则天，还亲手写了檄文，最后叛军兵败，骆宾王下落不明，生死成谜。

而小王呢?

等待他的，是另一番光怪陆离的际遇。

九

在朋友的举荐下，小王担任了虢州参军。

虢州中药材极为丰富，而小王又酷爱医学，这里总算燃起了他已如死灰的热情。这就是学门手艺的好处了，就算不当官，也能行医治病、悬壶济世。

小王想起了他十岁那年，自己离家出走只身前往长安，拜曹元为师，在医馆当学童的那些日子。他的嘴角不自觉地泛起了久违的笑容，时间兜兜转转，又过上了这熟悉的日子。他接触的已不是“斗鹰走狗”的皇子王孙，而是一个个为生计奔波的升斗小民，一如他十岁那年在长安之时。

如果就这样将岁月消磨下去，似乎也不算坏。

可树欲静，风不止。

一个叫曹达的官奴犯了罪，要被抓起来下狱。小王一时心软，将曹达藏了起来。

这一藏，万劫不复。

不久，不知是什么原因，小王竟动手杀了曹达。东窗事发，小王被判了死刑。

所有人都替他捏了把汗。

幸好，朝廷改元，天下大赦，小王的死刑这才得免。

关于这件案子，我一直摸不着头脑，首先，小王与曹达非亲非故，为何会藏匿曹达？其次，既然他救了曹达，为什么又改变主意把他杀了？最后，既然曹达已经被灭口了，那么这件事又是怎么被发现的？

过程种种，扑朔迷离。后来，我问过小王，问他当时到底是怎么想的，他不说话，只是一边饮酒，一边摇头叹气。

我知道他为何叹气。虽然这次死罪得免，但却连累了他的父亲。

小王的父亲原本是雍州的司功参军，因小王的这件事受了连累，被贬为交趾县令。

交趾就是今天的越南，人迹罕至、鸟不拉屎的蛮荒之地，一个人远谪于此，这和政治生命终结根本没两样。

小王得知此消息，险些没哭出声来："嗟乎！此勃之罪也，无所逃于天地之间矣。"

小王没有过多的犹豫，和我喝了几碗酒，背上行装便出发了。

他说："我这个不孝子要去交趾看望父亲。"

我本想劝他，交趾万里之远，长途跋涉，道路艰险。可再一想，总不能阻碍人家看父亲吧？再说了，小王从小就天南海北地跑，这对他而言应该不算什么。

我只能说："别忘了你说的，千万不要丧啊。"

他离开了，我目送他的背影越来越小，最后消失不见。

当时的我还不知道，那是我最后一次见到小王了。

十

上元二年，小王路过滕王阁，恰好赶上一场盛会。洪州都督阎伯舆翻修滕王阁，在九九重阳节这天于滕王阁内大宴宾客，小王也在受邀之列。

宴会上，嘉宾们觥筹交错、把酒言欢，而小王只是坐在角落，默默地端起碗，一口又一口地喝闷酒。耳边充斥着欢声笑语，可小王的眼里却殊无笑意，黯淡无光。

众人喝得酒酣脑热之时，阎都督忽然提议，滕王阁如今修成，在座的各位，谁愿意写一篇序文来纪念一下？

实际上，阎都督这是打算在这次宴会上，向诸多来宾们推荐自己的女婿孟学士。在他看来，不论再怎么有才的人，也不可能在这么短的时间内，写出一篇应时应景、保质保量的序文出来。

所以，他事前就让女婿准备好了文章，等所有人都做不出来的时候再由女婿出马，如此，可获得最大的推荐宣传效果。

他假意拿出纸笔，问："来宾何人愿为之序？"

众人心知肚明，纷纷摆手，推辞不写。

阎都督笑得眼睛都眯成了缝，正准备招呼女婿"粉墨登场"，却不想被一只手毫不客气地夺过了手中的笔。

那只手的主人是个年轻人，带着七分醉意、三分癫狂。他抓起纸张、铺开、挥毫泼墨，在上面笔走龙蛇……

阎都督又惊又怒，众人也纷纷起立。

有人交头接耳，问："那人是谁？竟敢扫阎都督面子。"

那个人正是小王，他这次不是不通人情，他是憋不住了。仕途的失意、胸中的愤懑、满腔的委屈，在这一刻，借着酒劲彻底失控。

他什么也不管了，脑海里一片空白，只有眩晕，天旋地转……

他的笔在一张张白纸上恣意描绘，那些文字在一瞬间竟连成了画面，一幕幕往事忽而浮现于眼前。

豫章故郡，洪都新府。星分翼轸，地接衡庐。襟三江而带五湖，控蛮荆而引瓯越。

幼年之时，出身名门、天资聪颖，曾经跨过山和大海，也穿过人山人海……

物华天宝，龙光射牛斗之墟。人杰地灵，徐孺下陈蕃之榻。雄州雾列，俊采星驰。台隍枕夷夏之交，宾主尽东南之美。

少年之时，步入仕途，却被斗鸡案断送了前程，曾经拥有一切，转眼都飘散如烟……

落霞与孤鹜齐飞，秋水共长天一色。渔舟唱晚，响穷彭蠡之滨，雁阵惊寒，声断衡阳之浦。

落魄之时，自我放逐，流落于巴蜀蛮荒，那时他曾失落失望，失掉所有方向……

关山难越，谁悲失路之人。萍水相逢，尽是他乡之客。怀帝阍而不见，奉宣室以何年？

为官之时少不更事，藏匿官奴，不仅身受牢狱之灾，还连累父亲贬谪南荒。他毁了自己的一切，只想永远离开，也曾堕入无边黑暗，想挣扎却无法自拔……

嗟乎！时运不齐，命途多舛。冯唐易老，李广难封。屈贾谊于长沙，非无圣主。窜梁鸿于海曲，岂乏明时？

可纵使受尽磨难又如何？人生总如此，若前方是高不可攀的畏途巉岩，那便心怀诗与远方，直面惨淡、迎难而上。绝望着，也渴望着，也哭着，也笑着，也平凡着……

勃，三尺微命，一介书生。无路请缨，等终军之弱冠，有怀投笔，慕宗悫之长风。

阎都督从一开始的震惊、恼怒，到渐渐地动容、愕然，再到最后的沉默、叹服。

他叹了口气，说："真是天才，如此文章，足以永垂不朽。"

其他的宾客也都陶醉在这篇序文当中无法自拔，良久良久，喝彩声响起，此起彼伏，再渐渐洪亮，直到声震云霄……

可在小王的世界里，只有他一人。

滕王高阁临江渚，佩玉鸣鸾罢歌舞。
画栋朝飞南浦云，珠帘暮卷西山雨。

他从没像今日这般放肆、这般癫狂过，文章本天成，妙手偶得之，他想，或许改天清醒后，自己就再也写不出这样的文章了。

或许是醉意恰到好处吧，让他一生的积淀、一世的遭遇，在这一刻，都毫无保留地喷薄而出——

闲云潭影日悠悠，物换星移几度秋。
阁中帝子今何在？槛外长江空自流。

——王勃 《滕王阁序》

序成，一笔划过。

自此，永垂不朽。

十一

《滕王阁序》迅速红遍大江南北，传播之快举世罕见，以至于连长安城的小儿们，都在传颂这篇脍炙人口的序文。

这年隆冬，唐高宗无意间看到了这篇序文，读到“落霞与孤鹜齐飞，秋水共长天一色”时，眼前顿时一亮。

他拍案叫好：“此乃千古绝唱，真天才也！”

皇帝迫不及待地继续往下看，只见落尾处有一联诗句映入眼眸："阁中帝子今何在？槛外长江空自流。"

他一字不漏地看完，反复阅读、不停咀嚼，越咀嚼越感觉这诗有味道。如果王勃真是一个小人，岂会写出这等气象的文章？他彻底扫除了往日因斗鸡文对小王所生出的偏见。

他叫来宦官，问："王勃现在在哪里？召他入朝，朕要重用他！"

那宦官缩了缩脖子，小心翼翼地说："前些日子，王勃已经落水而亡。"

皇帝怔愣了良久，这才重新拿起案上的文章。他一边若有所思地看着，一边用手指轻轻地抚摸着，嘴里还不停地念叨着什么。

宦官倾过身，竖起耳朵，只听到皇帝在自言自语："可惜，可惜，可惜。"

小王死了，确实死了。

他死在了从交趾看望父亲的归途上。

船翻了，他落水了。他大大的眼睛茫然无措，他看着上面透进海里的阳光，身体却向漆黑无光的海底沉沦、沉沦……

好不甘心。

他闭上了双眼，不再去看那束可望而不可即的光，任由黑暗把自己吞噬殆尽。

在深不见底的大海里，他是如此渺小，渺小到无力再反抗，他只能沉眠在冰冷的水中，让命运为他的这段人生画下了一个不成样子的句号。

上元三年，王勃落水而死，享年二十六岁。

二十六年，九千四百九十六天，八亿两千四十五万四千四百秒。

这样一个数字，渺小又庞大、短暂又漫长。

在如此倏忽的一生里，他留下了八十多首诗、九十多篇文、十六卷《王子安集》、十卷《汉书指瑕》、五卷《周易发挥》、十卷《次论语》、五卷《舟中纂序》、十篇《千岁历》《平台钞略》《合论》……

在比谁都短暂的生命里，他做到了别人穷其一生也无法做到的事。可是这天才般惊艳的他，却总是被生活恶意捉弄，原本应有一段波澜壮阔的人生，却沦落成了无法言说的戛然而止。

这段人生该如何去描摹？我又该如何去告诉别人，这个故事有着这样一个让人感伤的结局？

我思索了好久好久，直到多年以后的今天，才为他写成了这篇拖稿千年的传记。

我依稀记得，那一年，长安风雪卷灞桥，杨柳依依，他赶来为我送行。

明明自己就是个弱冠少年郎，却还要老气横秋地告诫我：“千万不要丧啊。”

从那些故纸堆里，我又翻出了那首当时他写的送别诗，反复咀嚼着那承载着无尽重量的字句：

城阙辅三秦，风烟望五津。
与君离别意，同是宦游人。
海内存知己，天涯若比邻。
无为在歧路，儿女共沾巾。

——王勃《送杜少府之蜀州》

只要世上还有你这个知己在，纵然彼此天各一方，我也依旧觉得你就在我的身旁。岔路口到了，再见。不许哭！咱们是男子汉，可别学女孩子那样，泪都湿了佩巾。

原来有时候，这世间的离别比相遇还要打动人心。

小王啊小王，其实我从不觉得你死在了冰冷的海水里。我在想，肯定是老天觉得自己的宠儿在人间受了委屈，所以才把你接了回去。

只是，这次我们分开实在太久了，哪怕我哭泣得泪水涟涟，你也不会再回来了。

十二

少年死了，故事也已经讲完了。按惯例，到此就该写完收工，但我还是没忍住，笔落下就收不回来，只好“狗尾续貂”，再废几句话。

我想跟大伙儿谈谈丧。

二零一九年初，对我来说是段很丧的时光。先是重要的考试没过，然后想课外做生意又碰上市场不景气，没做成，再就是好不容易喜欢上了一个女孩，结果人家还和别人在一起了。

那段日子惨到就连我去烫个头，理发师都给我烫坏了……

我想，自己是不是得丧一下才对得起这段时间的遭遇呢？

可是我没有。

我想起了王勃，那个生活在一千三百年前的少年。年少时的天之骄子，他走过万水千山，早早就步入仕途，前途不可限量，可谁知居然让一只鸡断送了大好前程。

他好不容易从跌倒的地方爬了起来，去京城重新参加考试，可谁知被政治斗争波及，变成了大人物们斗法的牺牲品。

无奈之下他跑去地方上“闲云野鹤”，从事自己喜欢的医学事业，可又身陷官奴案，自己险些丧命，还连累父亲被贬谪远荒。

再后来，他好不容易获得了皇帝的谅解，皇帝都准备重用他了，可他本人又死了。

你说说，这叫什么人生?

我问他：“这么难的日子，你都是怎么过来的？”

他告诉我：“穷且益坚，不坠青云之志。”

我忽然就懂了，残酷的命运曾让这个人号啕大哭，但却从没让他跪地求饶，那些文字，就是他一直都没有认输过的证明。

我明白，谁都向往成功，谁都惧怕失败。如果有一帆风顺的生活方式，可以不去理会生活中出现的磨难，我也会毫不犹豫地去选择。

可生命里的失败总是没法避免。

它会突然地出现，把你按在地上做各种角度的摩擦，接着就是一通巴掌，抽到你鼻青脸肿还不带道歉的。

你愤怒、你反抗，得到的答复却是被人家拎住脖颈，狠狠地扔进万丈深渊。

人家心满意足地听你大喊大叫，然后告诉你：“看吧，这就叫现实。”

当这些遭遇来临的时候，有些人会狼奔豕突、抱头鼠窜，有些人会愤世嫉俗、牢骚满腹，还有些人会因此而萎靡不振、再无斗志……

而笑着撑过去的，又有几人？

其实人生就是这样，明明是深陷泥潭之际，却不得不笑着拥抱世界。我们一边经历磨难，一边憧憬着明天。

最近我热衷于重温老电影，《泰坦尼克号》里夫人嘲弄杰克，故意问："你很喜欢四处漂泊的生活吗？"

杰克告诉她："是的夫人，我喜欢。我全部家当都在身上，我有健康的身体和作画时用的纸，我喜欢醒来的时候，要发生的事或遇到的人一切都是未知的，甚至不知道自己会到哪里去。就在前几天，我还睡在桥洞里，现在我却和你们这些善良的人在世界上最豪华的游轮上喝香槟……生命是上帝给我的礼物，我可不想浪费它。"

那一刻，我明白了萝丝为何会选择了他，这样的男孩子，谁爱不起来？

有个演员不是也说过吗：人嘛，总要在难搞的日子里笑出声来。

我真的很欣赏他们的人生态度。人生苦短，何必连自己都为难自己呢？倒不如把注意力放在当下，去享受过程而不是执着于结果。

这样未必会让你获得成功，但肯定能让你眼中的世界更加精彩。

本篇到了结尾，再来说说小王的《滕王阁序》。

其实很多人看这文，就看到了对仗工整、典故堆砌，可具体这篇文章到底哪里好了，大部分人都说不出个所以然来。

宋朝人评价这篇文："神俊无前，六代体裁，几于一变。"

自六朝以来流行的体裁都是骈文，讲究作词要有格式，写文得整整齐齐，可到了后面，形式捆绑了内容，文人片面追求辞藻的华丽，却忽视了文章的内涵。

换句话说，比如写歌词的，为了押韵什么都能写得出来。

而小王就不同。

《滕王阁序》依旧是骈文，格式工整、引经据典，乍一看与六朝的骈文没什么两样。唯独不同的只有一点，那便是气象。

什么气象？

盛唐气象！

纵观通篇的《滕王阁序》，你见不到半点失魂落魄的颓废气，也找不到任何矫揉造作的脂粉堆。文章的字里行间，你可以看出小王的委屈、倒霉、悲伤，但你却瞧不出半分的丧。只有朝气蓬勃、意气昂扬！

能写出这种文字的时代，只有唯我独尊的盛唐。

能写出这种文字的人，只有小王。

因为，他从来都不会丧。

第二章 侠客

后来他还是成了一个油腻的中年大叔，
每日每夜抱着一坛美酒，人事不省。
可谁又曾想到，当年他也纵马挂吴钩，
谈笑间，粪土千金与王侯。

一

从我认识陈大侠的那天起，他就一直喜欢往北边看。白天看，晚上也看，专心致志、目不转睛地看。

他在桥上看风景，而我在旁边看着他。

我问："你到底在看什么呢？"

他给我指着说："在北方有一座幽州台，也叫黄金台。"

我问："黄金台？是用黄金铸造的台吗？"

陈大侠没有正面回答我的问题，他给我讲了一个故事。

他告诉我，在遥远的战国时代，幽燕之地有一位英明果敢的国王。国王求贤若渴，铸造了一座黄金台，专门用来招揽天下英才。那位国王是燕昭王。

陈大侠还说："每个胸怀抱负的年轻士子，都渴望遇见这样一位慧眼识才的明主。"

他讲起这个故事的时候，眸子里仿佛闪烁着什么，整个人都神采奕奕。

那一刻，我有些明白了。

原来，他一直在四处寻找自己的"燕昭王"。

……

陈大侠是我这辈子见过的最任性的人。

他家里有矿，不差钱。不过，与为富不仁的地主老财们不一样，他们这一家子人个个都有一股子侠气。想当年他们家乡梓州闹灾，乡党邻里都要揭不开锅了，陈大侠的老爹当机立断，散尽万钟米粮，全部分给灾民，半点回报不求，就只图个心安。

陈大侠也继承了他们家祖传的侠气，义之所在，钱这东西那都是砸着玩儿的。这样的土豪，我若不和他交朋友，简直是要天诛地灭，毕竟，他有个外号，叫千金郎。

你问我为何叫他千金郎？

因为这又是一个有钱人真会玩儿的故事。

永淳二年，陈大侠去参加科举考试，本以为十拿九稳，谁知考试结果下来，他竟然名落孙山，这让他觉得各种人间不值得。

他若丧考妣地往西市走，这个逻辑我可以理解，考不中心情沮丧，可偏偏家里又有钱，那怎么办呢？

必须得报复性地消费一下，才能慰藉自己缺失的内心啊。

那天，西市内有一人在卖胡琴，也不知这琴哪块儿金贵，那商人竟索价上百万。没人是傻瓜，但不妨碍大家伙凑热闹，很快就把这卖琴人里三层、外三层地围了起来。

就在这时候，陈大侠来了。

他说："我买了。"

有钱就是任性，众目睽睽之下，他二话不说出价千缗，购得了这把胡琴。

唐人为方便，用绳子把铜钱串起来，这就是缗，一缗就是一串钱，而千缗即是千串。

眼见陈大侠出手如此阔绰，人群中发出了"世界上竟然有这么神奇的冤大头"的感慨，此起彼伏。

而陈大侠却向众人说："本人打算明天在宣阳里大宴宾客，好酒好肉免费招待，诸位谁若是有兴趣，都可以前来参加宴会。"

众人再次喟然叹曰：“太豪了。”

次日，长安城的达官显贵、贩夫走卒，统统汇聚宣阳里，毕竟凑热闹是人类与生俱来的本能。

陈大侠出场，他手里捧着那柄胡琴，环视了众人一圈，说：“我叫陈子昂，写了很多文章，却没人赏识，真是老天不开眼。”

他低头，抚摸手里的胡琴，语气里满是不屑：“至于这把琴，不过是不入流的技艺，才不值得我为之留心。”

话音刚落，陈大侠就抬起手，用力将琴摔在了地上，琴应声而碎，千金易得的胡琴就这么让他砸了，你不要给我多好……

众人顿时感慨：“有钱人的世界我们很难懂啊。”

陈大侠才不去理会这些闲言碎语，他借这个千载难逢的机会，把自己写的诗文分发给参与这次宴会的所有人。

当时的京兆司功叫王适，他读了陈大侠的诗作后万分钦佩，对朋友说：“此人必为海内文宗矣。”

后来有一次，我问他：“那卖琴的别是你的托儿吧？”

陈大侠面上却露出了蒙娜丽莎般神秘的笑容，看得我浑身都起鸡皮疙瘩。

他说：“不好意思，有钱真的可以为所欲为。”

我说：“我劝你善良。”

但不得不说，无论这次是有心还是无意，陈大侠摔琴这件事堪称一次教科书式的自我营销，给他换来了大把大把的流量。就在那天以后，全长安的人都开始关注这个叫陈子昂的年轻人。

陈大侠的名号，就此传遍了长安城的街头巷尾。

所有人都在传：此子人傻、钱多、宜交往。

二

陈子昂，字伯玉，四川小伙。

小伙自小受到家庭影响，总梦想仗剑走天涯，看一看这世界的繁华。

他说："我想当一个侠客。"

我问："什么是侠客？"

记得司马迁在《史记》里写了章《游侠列传》，那是最原始的侠。他们都有着统一的特征：言必信、行必果、轻生死、重然诺。这种侠又酷又拽，行走江湖、我行我素、轻财好施、劫富济贫……

司马迁受过迫害，吃过苦，对这种无拘无束的生活方式很是向往，所以不惜以最浪漫的文字赞扬这些侠客。

但韩非子却说："侠以武犯禁。这些人仗着武力，不受约束、扰乱秩序，什么路见不平拔刀相助，统统都是社会的不安分子。"

说来也是，不论是人治社会还是法治社会，随随便便代政府去执法，还美其名曰"替天行道"，这就很容易去吃牢饭。

不过纵然如此，历代国人都对侠无比推崇，先秦时的游侠、唐传奇里的奇侠、《水浒传》里的好汉、金庸小说里的武侠、电影里的古惑仔，以及如今网络上流行的仙侠……

说来说去，为什么从奴隶社会到封建社会，再从封建社会到资本主义社会乃至社会主义社会，人们都对侠如此仰慕，对江湖如此向往呢？

一言以蔽之：自由。

卢梭说：“人生而自由，却无往不在枷锁之中。”每个人都向往自由、向往无拘无束。而所谓任侠尚气，即是侠客们共同的特点，他们每个人都是自由的。

所以，侠到底是什么？

侠啊，就是一群追求自由的人。

这些是陈大侠告诉我的，他告诉我，他要自由，他要去江湖上与红尘做伴活得潇潇洒洒。他结交了很多狐朋狗友，他们任性妄为、打架斗殴，有时候经常一匹马、一把剑，就跑去策马奔腾、浪迹天涯。

年少的心总是轻狂的，可人也不会总停留在年少。

有一次，他用剑失手伤了人，看着面前那人的鲜血汩汩地流出，陈大侠脑袋嗡的一声，慌了，他呆立在原地手足无措。

旁边人愤怒地质问他：“侠客就是来欺负弱者的吗？”

陈大侠愣在了原地，胸口像是猛地被人打了一拳一样，他不知如何回答，隐约觉得自己似乎哪里错了，可到底哪错了？这是他第一次产生自我怀疑。

那人最后幸亏被救了过来，加之陈大侠有个有钱的老爹兜着，这件事也就过去了。

但陈大侠一直闷闷不乐。

他想，我只是追求自由、任侠使气而已，我到底哪里做错了？

哦，对了，自由是不想做什么就可以不去做什么，不是想做什么就做什么。不受束缚不代表没有规矩，向往自由不代表可以无法无天。

他突然就悟了，什么才叫侠客，一直以来自己追求的自由，根本就不是什么侠气，而是傻气。

我问："什么是侠客？"

他答："侠之大者，为国为民。"

三

一个男孩的标志是赤诚与热血，而一个男人的标志是责任与担当。一夜之间，那个男孩抽芽拔节般地长大，成为了一个成熟稳重的男子汉。

陈大侠真的变了。他先是和这些年结交的狐朋狗友一刀两断，然后把自己关在屋子里，谢绝往来、闭关苦读，之前就从来没见过他那么爱学习过。

弃武从文本就艰难，但谁知陈大侠天赋异禀，才不过短短几年，诸子百家、诗词歌赋，竟无不涉猎，真是一个文武双全的好男儿。浪子回头，从来都不算晚。从不学无术到学富五车，陈大侠的家人惊喜得合不拢嘴，谁不希望自己孩子能规规矩矩还有出息呢？

家人说："儿啊，给咱们家考个大官回来吧。"

二十一岁的陈大侠背着把剑，嘴里叼着根狗尾巴草，自信满满地去京城参加考试了。

然后，没考上。

那个，失误失误……

陈大侠安慰自己，人在江湖飘，哪能不挨刀？人在京城考，哪能回回好呢？没事没事，继续考。

第二次，还没考上……

这就很尴尬了，陈大侠暴脾气上来冲冠一怒、千金毁琴，从此千金郎的大名响彻京华。

估计文曲星被陈大侠的暴脾气吓着了，文明初年，他总算进士及第。

大唐有句话是这样说的："三十老明经，五十少进士。"

什么意思呢？

明经与进士，是大唐科举考试的两项科目，明经考的是儒家经典，进士考的是诗词歌赋。明经难度低，容易考，一个人若是三十岁考上明经科，人家也会嘲笑"你这人也太笨了，都这么老了才考上明经"。

进士难度高，比较难，哪怕一个人五十岁考上了进士科，人家也会惊叹"你也太聪明了吧，这么年轻就考中进士了"。

而陈大侠考中进士那年，二十四岁。

看来文曲星被他吓得真不轻。

四

陈大侠当上了光荣的大唐公务员。

既已步入仕途，那么一腔热血总要获得实践，可自己如今人微言轻，纵然是一匹千里马，食不足，也无可奈何。升官是要政治资源的，陈大侠没有。熬资历？这可不符合他的个性。

所以，他想找到那个赏识自己的"燕昭王"。

那谁是他的“燕昭王”呢?

这就要说起他中进士这年，朝廷发生的事了。

就在这一年，唐高宗驾崩了。唐高宗叫李治，大唐第三代君主，托他老婆武则天的福，他还挺出名的。可惜不是什么好名声。

在当代人民群众的眼里，高宗就是一个典型的“妻管严”，说起这个人，难保不会有几个大老爷们站出来，恨铁不成钢地给他脑门上贴一个大字：㞞。

其实说句良心话，唐高宗是有点小温柔，但若说他是个㞞包，未免太过分了。

历史上真实的唐高宗在位期间，无论文治还是武功，都有着可圈可点的建树。唐朝历史上最大的版图就是在他手里打下来的，只是他晚年患了顽疾，这才不得不把朝政托付给了武则天。

高宗驾崩前夕，也许是为了冲喜，昭告大赦天下，一开始他还想在则天门前亲自向老百姓宣布喜讯，却因气喘而无法上马，只好在殿前勉强颁布赦书。

他强撑病体，问侍卫：“民庶喜欢吗？”

侍臣答：“百姓蒙赦，无不感悦。”

他说：“苍生虽喜，我命危笃。天地神祇若延吾一两月之命，得还长安，死亦无恨。”

可天地神祇并没有给他一两月的生命，让他得以如愿回到长安，甚至连一两天的生命也吝啬的不肯给他。

而高宗好像也意识到自己大限将至了，就在当天夜里召令宰相裴炎入见，颁布遗诏，让皇太子李显继位，裴炎、武则天共同辅政。

那一晚，高宗驾崩于洛阳贞观殿，享年五十六岁。

高宗的遗愿说得很清楚，他想回到长安。武则天决心完成丈夫临死前的心愿，既然高宗生前未能回家，那么就把他的尸骨运回去，在长安建陵埋葬。

陈大侠伏阙上书，说："为什么要把先帝的遗体运回长安？你看这一路上山高路远的，这么劳民伤财瞎折腾，作孽啊！我看干脆就在洛阳建陵安葬吧，就近原则，多好！"

陈大侠的奏书洋洋洒洒、引经据典，充分展现了一个半路出家读书人所能达到的最高文采水准。

武则天说："你这个小同志很有想法嘛。"

陈大侠折服了武则天，然而武则天拒绝了他。

武则天说："就你事儿多，我的老公，他想埋哪，我就给他埋哪！"

高宗的灵驾依旧按照原定计划运回长安下葬，这即是大名鼎鼎的乾陵。

这让陈大侠很失落。正在失落之时，朝廷中传来消息，武则天要召见他。

按高宗颁布的遗诏，军国大事如不决者，皆由武则天处置。可以说，当时的朝局，皇帝李显就是花架子，没有什么实权。武则天才是大唐真正的一把手。

而如今武则天召见，对陈大侠而言，是一个千载难逢的机遇。

没人知道，金华殿里，武则天与陈大侠究竟聊了什么。

不过那天之后，陈大侠就被授予了麟台正字一职。

陈大侠隐隐约约地总能感觉到，他应该是遇到赏识自己的"燕昭王"了。

而且还是个女的"燕昭王"。

五

随着武则天权欲的疯长，皇帝李显、李旦以及宰相裴炎，所有阻碍她的人都被她用各种手段扫除了，哪怕是自己的至亲。

公元六九零年，已经没有任何人或势力可以阻碍这个女人了。武则天终于代唐而立、改号为周，中国历史上唯一的女皇帝，以空前绝后的姿态君临天下。

武则天称帝的时候，陈大侠满怀喜悦，亲自手书《周受命颂》献上，以示普天同庆。

因此很多儒家士大夫都瞧不起陈大侠：你是大唐的官，如今大唐被人家篡了，你不愤慨，还一个劲儿地拍马屁，这是个什么人呢？再说了，姓武的是一个女的，男尊女卑、三纲五常你懂不懂？你居然还写文赞颂，你的良心不会痛吗？

清朝的时候有个文人叫王士祯，对陈大侠更是近乎歇斯底里地破口大骂。他说："其下笔时不知世有节义廉耻事矣，子昂真无忌惮之小人哉！"

我知道，陈大侠你对于不理解你的人，向来是不屑一顾的，懂你的人自然会懂，不懂你的人继续不懂，而你始终都是你。

而我想说的是，陈大侠在初入官场之时，高宗便已经病逝，而后的中宗李显、睿宗李旦两代君主，更是犹如傀儡一般毫无存在感。也就是说，陈大侠并没有得到哪怕半分李家皇帝所赐予的恩泽。

对于胸怀大志，却苦于没有政治资源的陈大侠而言，当初那阵子他整个人都是迷茫的，因为他的未来完全望不见尽头。

恰好在此时，在陈大侠最空虚最迷惘的时刻，武则天对他伸出了援助之手。这个女人，不但在自己初出茅庐不知所措的时候，擢升自己为麟台正字，而且后来还多次召见他垂问政事。

陈大侠有一种被尊重的感觉。

她对他，有知遇之恩。

这就够了。

陈大侠家传的侠义之气，又怎会不知滴水之恩，当以涌泉相报的道理？况且，骂陈大侠的王士祯同志，你的祖父是明朝的封疆大吏，世受国恩，而你却投降了清朝，这又要怎么算？所以到底是谁更加不知廉耻？

再说陈大侠信奉的是侠之大者、为国为民，只要是可以实现自己的政治抱负，为国家和百姓做一点实事，效忠的皇帝究竟是男是女，抑或是姓李还是姓武，又有什么分别呢？

他正是这般想的，也正是这般做的。

武则天篡权窃位最是心虚，于是重用酷吏、罗织罪名、打击政敌，而这些酷吏往往扩大打击面，吹毛求疵，构陷了许多无辜的大臣，导致当时整个武周朝野都风声鹤唳、草木皆兵。朝臣们战战兢兢，每天上朝的时候都要和家里人诀别，生怕这一去就回不来了。

陈大侠看在眼里，冒死上书劝阻，反对滥刑，他说，如果再一意孤行，如此大兴冤狱，那么天下迟早大乱。

武周时，北方与西方的后突厥、吐蕃连年入寇，朝廷不堪其扰，武则天气昏了头，竟然决心从雅州开道，吞并无罪的生羌，进而达到奇袭吐蕃的效果。

陈大侠再一次上书劝谏，表示生羌无辜，我们师出无名，这要是打了人家，今后还要不要在国际上混了？而且从雅州开道是个什么鬼主意？你知道这个工程量有多恐怖吗？这期间，陈大侠更是两次从军，提出正确的办法应该是在甘州一带屯田，这样可以给边军提供军粮，还能扼守河西，将吐蕃入侵的道路堵死。

武则天这个人，有极其要命的自恋倾向，外加是个女的，思维比较感性，于是在位期间，有很多匪夷所思的政策。比如把官职名称改成上古的样式，因为名字很浪漫。同时还频繁地换年号，就如同有些人微信总爱换头像一样。而且建明堂、天堂，按照自己的模样整了个巨大的佛像，全然不管会浪费多少钱财与铁料。又因为她信佛，居然规定不准老百姓吃肉……

陈大侠能怎么办？他也很绝望啊，于是又上书，又劝……

陈大侠对自己曾经的想法产生了怀疑。

他看向武则天，这个自己曾将一腔热血寄托出去的人，自己发誓要效忠一生的人……

他喃喃自语："这个人，真的也配称得上是'燕昭王'吗？"

六

武则天从没看懂过陈大侠。

在武则天眼里，陈大侠不过是一个舞文弄墨、笔锋华丽的文人罢了，她需要这样的人为她的统治增光添彩。她从不明白，也不在乎，这个年轻人的内心中蕴含着怎样的经世致用、为国为民的理想，对他而言，究竟意味着什么。

而陈大侠也渐渐看透了，这个对自己有知遇之恩的女人，从来都不是什么明君贤主，太宗、高宗所打拼的煌煌盛世，在她的手里被搞得乌烟瘴气。他更看透了，这个女人从来不是什么慧眼识才的“燕昭王”，连正直的狄仁杰都不免惨遭酷吏下狱，险些遇害。

后世的史学家谈起武则天，总会津津乐道这个人礼贤下士、求才若渴，可只有陈大侠一眼便窥破了她美丽外衣下的本质。

他说：“外有信贤之名，而内实有疑贤之心。”

真是一针见血。

我甚至不敢去体会，陈大侠意识到这一点后，他心里该有多么悲凉与绝望。

呵，原来是一时建功立业的热忱，蒙了自己的眼。

他曾丁忧回家，为母亲服丧，丧满后他回到了洛阳，被提拔为右拾遗，升官发财按理来说应是喜事，所有人都恭喜他，可他看向面前那一张张做作的假面具，只感觉心里头犯呕。

后来有一年，同州有个人叫徐元庆，他爸被地方县尉赵师韫害死。后来这个赵师韫当了御史，有一次他要路过驿站，徐元庆为了报仇，便隐姓埋名潜伏在驿站里等候赵师韫，最终他手刃仇敌，报了血海深仇。

当时，对于如何处理这个徐元庆，舆论汹汹、朝廷热议。

一方人说：“法律没给徐元庆公道，那么徐元庆自己动手为自己讨回公道，有错吗？况且徐元庆是为父报仇，这是孝烈之举，所以应该免罪！”

另一方人说：“不论如何，徐元庆故意杀人就是触犯了法律，是死罪，如果迫于舆论而赦免了徐元庆，那么大唐的法治岂不是要沦为笑柄？”

双方争吵不休……

陈大侠建议：“徐元庆其情可悯，但不可置法律于不顾，所以，应该按照国法处以死刑，但是他的行为弘扬了孝道，朝廷可以在他死后将他风光大葬，同时表彰他的孝义之举！”

于是，这个折中的方案最终被通过。

陈大侠的这个建议，说好听了是中庸之道，说难听了是在和稀泥。

可他明明是一个有侠气的人啊。小的时候好勇斗狠、约架街头，那是因为侠气。后来他明白了那不过是混混斗殴，侠之小者、不足为法。所以，他与狐朋狗友们断绝来往，潜心读书、高中进士、直言犯谏，为的还是心中的那一股子侠气：为国为民。

关于什么叫侠，我之前还得到过一个解释，侠就是舍弃程序正义而采用结果正义的人。若是如此来说，徐元庆才是真正的侠，他与早年的陈子昂别无二致。

而这次裁决，就是如今的陈子昂在审判当年的自己。

我一直以为，以陈大侠的性格，他要么会坚定地认为徐元庆无罪释放，要么就坚持徐元庆触犯了刑典必须伏法，这是他的棱角，这是他的侠气，更是他对曾经的自己的一个交代。

可是他没有，他选择了一个极其官僚的方法，太官僚了，以至于完全不像他。

也有人说，陈大侠是成熟了。

可我不认同那样的成熟。

周国平说：“许多人所谓的成熟，不过是被习俗磨去了棱角，变得世故而实际了。”

而陈大侠呢？我看不到他的棱角在哪里，看不到了，曾经他胸中的那颗豪侠之心，在这一刻，终究是停留在了当年。现实裹挟着时光，残忍地将那层壳剥开，渐渐地，那个曾经行侠仗义的热血青年，还是变成了一个杯里泡枸杞的油腻大叔。

七

有时候，当你认清一个人的丑陋时，在那之前你从未察觉的恶臭会在一瞬间扑鼻而来。武则天的爪牙终究没能放过陈大侠，他被酷吏以莫名其妙的罪名关入监狱，这一关，就是两年。

两年后，陈大侠获释出狱。

他终于明白了，自己一直以来服务的武周政权，原来是这般令人作呕。

于是，他满腔的悲愤都化为墨水，在他的手中倾泻于纸张上，名流千古。

三十八首《感遇》，写尽了他的苦闷、他的委屈、他的怒火，以及天下间的悲欢离合。

在唐初，诗句依旧无法摆脱六朝的脂粉气，内容空洞乏味，无非都是一些宫廷琐事，一言以蔽之：矫情。

历史到了大唐，在以王勃为代表的初唐四杰的革新下，宫体诗终于脱胎换骨，开始了一场新的转变。

王勃号称诗杰，一生命途多舛，可从他的诗句中，我们却看不出半分颓废厌世的感觉，反而更多是积极向上的气概，纵然全世界都针对他，他也照样会整理好心情再出发。他不屈不挠的笔触，奠定了大唐诗坛的盛世气象。

王勃用他的诗将宫体诗百年的壁垒，砸出了一道深深的裂缝。只可惜，过慧易折，这位天才般的少年不幸早逝，终究是没有迈出那关键的最后一步。

而这一步，由陈大侠迈过。

他越过了六朝，追寻遗失已久的汉魏风骨，寻找那个雄浑豪迈的时代气象。

齐梁文风奢靡软弱，那他便把自己胸中的侠气注入进去，他的辞藻并不华丽，相反很笨拙，经常词穷，可他偏偏就是凭借这种钢铁直男的姿态，硬生生地去冲击那横在诗歌历史上的百年瓶颈。

而六朝的壁垒，也在他的进攻下轰然倒塌。

他有了一个名留青史的称号——诗骨。

而我也只能从他的文字里，才能再度看到那个记忆里铮铮铁骨的陈大侠了。

八

万岁通天元年，武周政权东北部的契丹族，因不满朝政起兵作乱。朝廷决意发大军镇压，而这场突如其来的战火也烧起了陈大侠冷藏许久的赤子之心。他投笔从戎，随建安王武攸宜一同出征参与平乱。

军队开到渔阳，前方传来消息，朝廷的先遣大军已经全军覆没，将士们几乎无一生还。这一噩耗迅速传遍了军营，全军上下都弥漫着恐惧情绪。

元帅武攸宜是武则天的侄子，他本就是托关系上位，根本不懂打仗，听到前军兵败的消息，人都蒙了，于是他命令全军驻扎在幽州，打死也不肯往前走。

兵贵神速，陈大侠也从过军，当然知道武攸宜这样顿兵不前有多危险。他忍无可忍，径直闯进了武攸宜的营帐。

他说："你不行你早说啊，㞞成这样是几个意思？干脆你给我一万人让我去当先锋，我一定给你把契丹小丑擒来。"

武攸宜翻了个白眼，说："呵呵。"

这个关系户心里清楚，他不需要有功，只要无过，他的好姑妈武则天就不会难为他。

可陈大侠不理解，在他眼里，军队在这里多拖一日，战事就会败坏一分，就会有更多的老百姓惨遭战火荼毒。

他多次劝说武攸宜出兵，终于把武攸宜惹恼了。

武攸宜将陈大侠贬为军曹，不准他进入决策大营。

陈大侠长叹了口气，他算是明白了，讲道理这种事对武家子弟来说，除非是他们真的占住了道理，不然一般是不会讲的。他好不容易重新燃起的报国之心，就这样被生生地浇灭掉了。

当天深夜，陈大侠独自一人走出军营，浑浑噩噩、漫无目的地向前走。

似乎是冥冥中命运的安排，无意间，他竟来到了幽州台。

幽州台是战国时燕昭王为招揽贤才建造的，而如今，早已经成了断壁残垣。

他怔愣许久，终于回过了神，迈步登了上去，他一步一步，走得虔诚又庄重……

他登上了台顶。

上面什么也没有，只见到星斗满天。他俯瞰人间，四周静悄悄的空无一物，没有燕昭王，也没什么礼贤下士的君王。

破碎的月光照亮了他半边的脸庞，另外半边融化在泼墨一般的夜色里，他的眼眶忽而开始温润，视线渐渐模糊不已，鼻尖发酸、发涩，他再也无法压抑……

他又想到了燕昭王，那位慧眼识才的伟大国王，可横在他们两个面前的巨大天幕，是他穷尽一生也无法跨越的距离。

他只好大大地喘气，歇斯底里地大喊，仿佛要把这些年受的委屈全都喊出去一般：

前不见古人，后不见来者。
念天地之悠悠，独怆然而涕下。

——陈子昂 《登幽州台歌》

他再也忍不住，泪水夺眶而出，毫无形象地号啕大哭……

这是他屈指可数的落泪，他分明是那样坚强的一个人，到底是受了怎样的委屈，才会逼得他死死压住喉咙的哽咽，却还是止不住泪水盈满眼眶。

那一刻，我突然觉得，纵然有万千繁华，只要在他的身边，也都成了可有可无的影子。

他茕茕孑立站在了时间的尽头，就如一柄沉寂了千年的剑，只剩萧瑟。

九

后来我想，如果陈大侠没有经历坎坷，会是怎样的一个人？

肯定是桀骜不驯、洒脱不羁，绝不为这世俗的泥泞所拘束，那样的他一定会自由自在，浑身都浸满了人世间最夺目的光华。

我想他会选择独身四处游历，然后自由地驰骋在这旷阔的天地间。

可他没有。

他把自己的一切都挥洒在了这片他深爱着的土地上。

他在人心险恶中挣扎向前，他在世事无常中悲哀感伤，他在无能为力中失声痛哭……

凛冽的风霜雨雪，毫不留情地打在了他的傲骨上，让他终究还是换了模样，少了一份不折的风骨，多了一份违和的市侩。

有人说，侠其实就是英雄。

这话我不同意，总觉得差点意思，因为英雄的对立面是普通人。

而侠呢？侠不是，若是愿意，人人都可以成为侠。

有什么样的环境，就有什么样的侠。

正如陈大侠这般，进既不得，那就退去，依然是侠客一枚。

既然人间荒唐市侩，那便山中作怪。

十

在洞悉了武周政权无可救药的本质后，陈大侠终于下定决心归隐回乡了，当一个他曾不屑为之的“侠之小者”。

> 夫道之行也，命也。夫道之将废也，命也。子昂其如命何？雄笔，雄笔，弃尔归吾东山，无汩我思，无乱我心，从此遁矣。
>
> ——陈子昂 《与韦五虚己书》

这是他辞官前夕写下的字句。

很抱歉，我曾把你当作我的“燕昭王”，一厢情愿地将希望寄托于你的身上，让你担负起本不该担负的希冀。现在看来，是我错了，你从来都不是什么英明的“燕昭王”，一切都是我的错，既然如此，也不必将错就错。

我们，后会无期。

离开武周朝廷的前一天，陈大侠思虑再三，还是上了一份奏疏。

他指出，如今蜀中逃亡的农户多达三万余人，一些人已经开始聚众为盗了，长此以往，必然生乱。而这些祸乱的根本，就是当地官吏压榨百姓，他恳请朝廷及时治理，否则迟早酿成大祸。

最后一份奏疏交上去，他如释重负。

他能做的，就只有这么多了，至于武则天听不听，那就是她的事了。

这份唠叨，就算是他对武则天知遇之恩的最后报答吧。

十一

陈大侠回到家乡，在江湖庙堂闯荡了一遭，又当回了他的富家翁。

兜兜转转，他又回到了起始点。此后的日子他过得安安稳稳，没有半分波澜，他终日浸泡在回忆里，感受时间摧残着自己的肌肤。

后来啊，他还是成了一个油腻的中年大叔，每日每夜抱着一坛美酒，人事不省。

可谁又曾想到，当年他也曾纵马挂吴钩，谈笑间，粪土千金与王侯。

他回到了老家后从此远离庙堂是非，偶尔行侠仗义，怀念一下逝去的青春岁月。就这样吧，与世无争，任时光匆匆流去吧，曾经的抱负，就当是年少轻狂时做的一场梦。

可却不曾想到，饶是如此，他还是没能逃脱酷吏的魔爪。

陈大侠家乡的县令段简是一个酷吏，因贪图陈家的家产，想方设法罗织罪名，打算构陷陈大侠。

匹夫无罪，怀璧其罪。

陈大侠想破财免灾，送段简二十万缗，可没想到段简贪得无厌，必要置陈大侠于死地，以莫须有的罪名将陈大侠逮捕入狱。

狱中，陈大侠给自己算了一卦。

卦成，他说："天命不祐，吾殆死乎！"

十二

陈大侠死在了狱里，那年他四十三岁。

对于他的死因，我无话可说。

他反对了一辈子的酷吏，却没想到，最终死在酷吏的手里。

闲暇之余，我又翻了翻他的诗集，一眼就被他早年间的一首《感遇》吸引了眼球。

他是如此写的：

本为贵公子，平生实爱才。

感时思报国，拔剑起蒿莱。

——陈子昂 《感遇·其三十五》

那个曾经年轻气盛的贵公子，拔剑江湖、励志报国，多么的春风得意啊。

他怀揣热情，为武周王朝奉献了自己的一生，直到最后一刻，还在为武周王朝的安危担忧。

可最后他竟然死在了武周的鹰犬之下。

多么的讽刺……

我合上了他的诗集，只闻耳边一声叹息。

恍惚间，我似乎又看到了一千三百年前的某个夜晚，一个落魄失意的诗人，独自登上了幽州台。

他站在天与地的交错处，望着看不到尽头的夜空，不顾形象地涕泗横流。

哭泣的诗人，是一个很油腻的中年人。

但很少有人知道，这个人曾经也是个鲜衣怒马的美少年，他也给自己的未来描绘过一幕幕叱咤风云的诗篇。

第三章 记忆中的你

她总爱坐在空旷的长廊，捧着脸颊，
扬起面庞，费力地向远处张望。
可无论她怎么张望，却始终越不过那
爬满了青苔的宫墙。

一

婉儿告诉我，她在书上看到过，在宫墙之外，有冰雪覆盖的平原、万里无云的沙漠、幽静宜人的水乡……

她问我："你看见过那样的景色吗？"

我颔首，冰原、沙漠、江南小巷，这些对常人而言最普通不过的景象，却是面前这个少女做梦也不敢奢望的地方。

我第一次见这个少女，是在壁垒森严的宫墙。宫廷富贵华丽，却也最是无趣乏味，这里面的人都是被关在笼子里的金丝雀，将青春赔给了囚笼，于是，一入宫门深似海，从此自由是路人。

少女也是个失去了自由的人。

她犹如一片白云，只能跟随着风的方向向远处飘去，身不由己。

恍惚间，我又想起来了，当时我在远处凝望她垂头的侧脸，是那么悲伤，却又闪闪发亮。

上官婉儿，一个曾在我记忆里翩翩起舞的少女。

原本，她也是一个被上苍垂青的孩子，早在她母亲怀她之时，神明便毫无征兆地出现在了她母亲的梦境里。

神明递给母亲一杆秤，说："你的孩子，将来可以称量天下。"

母亲从梦中醒来，又惊又喜，逢人便说这个梦。很快人人都知道了，上官家的孩子可不一般，有吉兆加身。

直到婉儿出世，发出第一声啼哭。

母亲大失所望：“怎么是个女孩子？”

在男权社会里，一个女孩子怎么可以称量天下？或许，那真的就只是个梦吧。

母亲逗弄她，说：“小家伙，你将来真的能称量天下吗？”

却不想，怀中婴孩竟笑了，嘴里不停地咿咿呀呀，好似是在说：“是呀！”

多年以后，昆明池彩楼。

诗卷被一张张地抛了下来，诗人们从被抛下来的纸卷里找到了自己的诗作，一个个唉声叹气，因为被扔下来，代表自己落选了。

及至尾声，只有两人的诗作还握在品评人的手里，一时之间，抉择不下。

这二人，一个叫沈佺期，一个叫宋之问，皆是当时身负盛名的诗坛天才。

众人鸦雀无声，静静地注视彩楼之上的异动，谁都想知道，这两位文苑人杰，究竟谁的文采更胜一筹。

不一会儿，一张纸卷从天而降。所有人争先恐后地去抢，一看，是沈佺期的。

换句话说，宋之问赢了。

为什么？

不仅沈佺期这么问，其他人也疑惑，敢问品评人的考量标准是什么？

品评人是一个女子，容颜惊艳，额间一朵花妆乍然绽放。她告诉大家：“沈、宋二人的诗句功力不相上下，可是，在结尾处，宋之问的意味更胜沈佺期。”

这次比试本为应制诗，因唐中宗出游，诸臣为之写诗应和，二人开篇皆是叙事，点名君主驾临，故而不相伯仲。

关键在结尾。

沈佺期结尾：微臣雕朽质，羞睹豫章材。

——沈佺期《奉和晦日幸昆明湖应制》

这是自谦之句，说自己资质平平，却蒙圣主垂青，今日与群英荟萃于一堂，当真是羞不敢当。

而宋之问结尾：不愁明月尽，自有夜珠来。

——宋之问《奉和晦日幸昆明湖应制》

文风随心所欲、汪洋恣意，他认为不必忧愁今夜没有月光，因为天子驾临，夜明珠将会更加璀璨，光耀整个昆明池。

她说：“沈诗词气已竭，宋诗犹陟健举，二者之间，高下已见。”

众人心服口服，自此，宋之问一摘桂冠，在文坛上的评价，更优沈佺期一筹。

宋之问，或许是天下第一大才子了吧？

或许是吧，谁让品评人是一个女子呢。

可她的一番话，却能让自负的沈佺期低下了高贵的头颅，让所有支持沈佺期的人都无言反驳。

因为那个品评人，复姓上官，小字婉儿。

所有人都知道，这是个有着惊艳才情的女子。

她可以，称量天下。

二

婉儿尚在襁褓中时，就已经被命运安排得明明白白了。

她的祖父上官仪，在高宗时贵为宰相，同时又是当时的文坛领袖，因其辞藻华丽，一时间人人模仿其文风，谓之“上官体”。

原本该是个无忧无虑的故事，婉儿会拥有其他女孩羡慕到死的小公主般的生活。

不想，祸从天降。

我来介绍下当时的大唐政局。

唐太宗驾崩之前，担心儿子年少被人欺负，就留下长孙无忌、褚遂良等人当顾命大臣，辅佐儿子治理江山。

多年后，唐高宗李治年纪渐长，处处受制于长孙无忌，这让他从心底越来越不满。他决心拿回本就属于他的权力。可如今朝外已是长孙无忌的天下，高宗若想反击，只能从宫内入手。

高宗的原配皇后出身太原王氏，和长孙无忌是一伙儿的，这让他始终心存芥蒂，恰好此时，高宗在感业寺邂逅了自己当太子时就偷偷好上的小情人——武则天。

于是，宫斗大戏开了幕。最后在高宗明里暗里地帮衬下，武则天胜出，王皇后被废黜，高宗要立武则天当皇后。

褚遂良不干，说：“皇上要改立皇后，可以，但必须得是世家大族，武氏一个寒门小姓，我们不同意。”

高宗心想，去你的吧，谁不知道世家大族都是你们的人，那我改了和没改有什么区别？

他说："不行，我就要立我家武媚娘！"

就此，以立后事件为导火索，皇权与相权的战争就此引爆。高宗聪明，懂得分化瓦解，将朝中被长孙无忌排挤的李勣等人拉拢到身边，取得了最终胜利。长孙无忌、褚遂良相继败亡，高宗掌权亲政，武则天如愿以偿地当上了皇后。

但没过多久，高宗恍然惊觉，自己的枕边人武则天也是一个权欲极重的人，她竟然在一步步侵夺自己的皇权。原本亲密无间的夫妻，因为权力，出现了一丝裂痕。

上官仪敏锐地发现到了这一点，他可是一个正统儒生，对女性掌权先天性地反感。

《尚书》说："牝鸡司晨，惟家之索。"

意思是，如果你们家的母鸡打鸣了，那么你们这个家也快完蛋了。

恰好有一日，宦官王伏胜跑到高宗面前，揭发皇后将一个道士领进宫内搞厌胜之术。自古以来，帝王最忌讳巫蛊、厌胜之类的鬼神咒术，高宗听后顿时火冒三丈。

上官仪见状，在旁说道："皇后如此跋扈，不如废了她。"

女人恋爱时智商为零，男人发怒时智商为负。

高宗就在气头上，想都不想，大手一挥："好！"

上官仪大喜过望，当场就开始撰写废后诏书。

而他们身边，有武则天的眼线。武则天几乎在第一时间就得到了消息，风风火火地赶了过来。

上官仪惊了，高宗也惊了。

武则天指着高宗的鼻子，各种数落："你个臭男人好过分，想当年你被你舅舅长孙无忌欺负的时候，是谁在你身边陪伴你、呵护你的？你现在翅膀硬了是不是，居然想废我？男人果然都是大骗子，嘤嘤嘤……”

高宗当场就㞞了，畏畏缩缩地说：“我错了，真错了，今晚就跪搓衣板。”

武则天一指上官仪，说：“那他呢？”

不必说，人家夫妻床头打架床尾和，上官仪就这么给高宗背了锅。

没过多久，武则天指使人告发上官仪谋反，在高宗的默许下，上官仪以及儿子均被杀害，全家惨遭籍没。

这一年，还在襁褓中的婉儿与她的母亲，被充入掖庭，成了低人一等的官奴。

三

小小的婉儿多么可怜，从此被禁锢在了高高大大的宫墙里，每天还要去干重活儿。

可就算是如此落魄，婉儿还是坚持看书。她热爱看书，因为在书里，有很多她从未见过的东西。有冰雪覆盖的平原、万里无云的沙漠、幽静宜人的水乡……

她好憧憬，好向往……

外面的世界，究竟是怎样的？

她总爱坐在空旷的长廊，捧着脸颊，扬起面庞，费力地向远处张望。

可无论她怎么张望，却也始终越不过那爬满了青苔的宫墙。

时光匆匆，留下一缕若有若无的痕迹。

邻家有女初长成，十四个春秋须臾而过，婉儿也出落成了一个亭亭玉立的美人。与掖庭里其他浑浑噩噩度日的官奴不一样，她这些年来的积淀，培育了她与众不同的气质与才情。

渐渐地，连武则天也听说了她的名字。

武则天召见了她，当庭考验她的才学。婉儿年纪小小，却落落大方，对答如流。

武则天非常喜欢她，除去了婉儿官奴的身份，晋升为才人。

婉儿谙熟朝廷的典章制度，武则天就让她代替自己去整理诏敕，后来武则天当了女皇，婉儿担任她的秘书，权势日盛，成了名副其实的巾帼宰相。

婉儿不恨武则天吗？

明明上官家族就是因武则天而覆亡的，她的爷爷、父亲都是死于武则天之手，这个女人更是在掖庭囚禁了她十四年。

她应该恨她，不是吗？

究竟恨不恨呢？

说不清楚。可恨又如何，不恨又如何？爷爷与父亲惨遭杀害之时，婉儿尚在襁褓，她对于亲人全无印象，而她的母亲似乎也是随遇而安的性子，只盼女儿能平平安安、快快乐乐地长大。

说仇恨，谈不上。

婉儿清楚，这个女人是解救自己摆脱掖庭的唯一稻草，她得紧紧抓住，绝不放手。

所以婉儿只能依附于武则天，人生从没给她第二种选择，她只能埋头向前跑，身不由己。

那么，武则天不怕婉儿复仇吗？

不好意思，这么多年净杀人了，仇家太多，你是哪个？

实在记不起来了。

四

婉儿获得了久违的幸福。母亲也终于可以离开掖庭，不用再每天去做那些永远也干不完的重活儿了。她也收获了友情，与武则天的女儿太平公主成了一对好姐妹。

一切似乎都在变好。

只是，这寂寞的宫廷掩盖了多少欲望，就窒息了多少渴望。

婉儿也有过喜欢的人。

有次朝堂议事，婉儿伴在武则天身侧，埋头处理手头的政务。那个男子，就这么突然地闯进了婉儿的生活，让她把死守的寂寞放开了……

婉儿从来没有过这种感觉。

他的一言一行、举手投足间都洋溢着数不尽的温柔，暖得令人如沐春风。

没人能如此撩动她的心弦，由于感情上的浅薄阅历，婉儿并不清楚，这就是一见钟情的感觉。她只知道，那个人一出现，自己便挪不开目光。

她看呆了，沉溺得太深，也失去了往日的谨慎小心，完全没注意到身旁的武则天已经发现了异样。

当天晚上，武则天就手握一柄小甲刀，狠狠地刺向了婉儿的眉心。对于武则天而言，婉儿是属于她的东西，她的一切都应该由自已指定，感情？那种东西你不应该需要。

婉儿咬牙忍受额头的痛楚，作诗乞求拔下小刀，在她万般请求之下，武则天这才恩准婉儿将额头上的刀子拔出来。

从此，婉儿的额头上留下了一道丑陋的疤痕。

看你还敢动春心！

年少时那青涩懵懂的情愫只闪现了一刹那，就这样被武则天生生扼杀了。

第二日，婉儿再次出现在众人面前，额上多了一点朱砂绽放，犹如一朵含苞盛放的花儿一般。

看上去她的容颜更加惊艳了，但脸上却了无生机，令人感到疏远，不寒而栗。

从此以后，她与爱情成了陌路，恐怕是不能再爱上谁，也不会让谁来爱上自己了。

她丧失了爱一个人的能力，也不用再为谁相思无益。爱情，对于一只困在牢笼里的金丝雀而言，实在太过奢侈了。

她想：我这种人，大概不配拥有爱情吧。

五

婉儿的归宿，是唐中宗李显。

故事又要从头说起。

唐高宗驾崩前指定由儿子李显继位，武则天与宰相裴炎共同辅政。中宗登基后，不满母亲管得太多，他打算提拔自己的岳父韦玄贞担当宰相，与武则天打擂台。

这是一步臭棋。

按照地球人的逻辑，当时的政坛上，中宗、裴炎、武则天三足鼎立，谁也奈何不了谁，中宗既然反感武则天，完全可以去拉拢裴炎，这才是正确的路数。

而中宗却想另起炉灶，他提拔岳父韦玄贞当宰相，这一举动，不但没遏制住武则天，反而先把裴炎得罪了。

裴炎坚决反对韦玄贞当宰相。

中宗与宰相在大殿上怼上了。

一时之间，中宗情绪激动，口不择言："我就是把天下都给韦玄贞又如何？更何况区区一个宰相？"

这是一句气话，但是授人以柄。

裴炎与武则天联合了，他们直接废帝，把中宗拉下龙位，流放外地，改立中宗的弟弟李旦当皇帝。李旦，也就是唐睿宗。

如果说，哥哥中宗从父亲手上接位，手上还有点资本的话，那弟弟睿宗从一开始就是母亲立的傀儡，啥凭借也没有，只能对母亲俯首帖耳。

没过多久，武则天击败了裴炎。

至此，已经没有谁可以阻挡武则天了。

睿宗识趣，主动请求将皇位禅让给母亲，自己退位成皇太子。

就这样，武周代唐。

女帝日月凌空的时代到来了。

女帝在位，始终有块心病：自己死了以后，这皇位传给谁？

以往的皇帝没这个问题，直接传给儿子就行。可她不一样，她是第一个女皇帝，如若传给儿子，那就相当于把皇位再给还回去……吃饱了撑的吧？到那时，国家势必重回李唐，大周一世而亡，她冒天下之大不韪，当了中国历史上第一位女皇帝，这岂不是白忙活一场吗？

对，她还有侄子，传给侄子就不是李家王朝，而是武家王朝了。

可如果是传侄的话，那么百年以后，这帮小兔崽子还认自己这个姑妈为太祖皇帝吗？而且，把家产宁可留给侄子也不给自家儿子，这也太别扭了吧？

纠结了好多年，女帝始终抉择不下。

于是，武、李两家，为了储位争斗不休，朝堂上掀起了一阵又一阵的血雨腥风。

……

一个人物的出现，给这场争斗画上了句号。

这个人，就是神探……不，一代宰相狄仁杰。

狄仁杰知道女帝信佛，封建迷信思想浓重，所以他跟女帝说："太宗、高宗打下的江山，如今将它与李显、李旦两位孩子托付给您，您忍心抛弃他们吗……"

言下之意是，姑侄与母子，究竟谁亲谁疏？这傻子都知道，若武家人当了皇帝，您的孩子会是什么下场，您别说您想不到。如果您立儿子，那么千秋万代后，您还能配享太庙，如果您立了侄子呢？您的魂灵会挨饿的……

什么叫语言的魅力，爱情、亲情，再加上点封建迷信，女帝终于被说动了。

还有一次，女帝问狄仁杰："朕做了个梦，梦到一只鹦鹉的两翼皆折，你说这是个什么兆头？"

狄仁杰的情商功力不愧是一绝，他说："鹦鹉，就是武，这是陛下的姓，而两翼，就是您的两位儿子，正是因为有了两翼，鹦鹉才能冲天而起啊！"

后来女帝把李显从房州接了回来，藏匿在宫中的帐子里。她召狄仁杰进宫，故意提及李显，狄仁杰慷慨陈词、老泪纵横，力求女帝将他接回来……

女帝看着面前这位两鬓斑白、涕泗横流的老人，最终长叹了一口气，她拉开帐子，把李显放了出来。

她也哭了，说："还卿储君。"

可女帝还是对侄子放心不下。直到契丹叛乱，女帝派遣武家子弟前去平定，实际上是想给他们机会多去历练，同时也镀镀金。

奈何，武家子弟的表现让人无言以对。

侄子武攸宜，领着大军出征，听说前军败没，吓得屯兵不前，陈子昂要求进兵，他不听，硬是要当缩头乌龟，谁劝都劝不住。

侄子武懿宗更不堪，大军到了以后，他也是听闻契丹将至，尿得不行，人家武攸宜好歹是停兵不走，他倒好，直接掉头往回跑了，一路上还丢了不少兵器粮草，全都资助了敌人。

女帝无奈，让太子李显当元帅，讨伐契丹。

原本，朝廷在民间募兵每月不满千人，等到大家听闻太子为元帅，一时之间应募者云集，没过多久竟过五万人。

女帝终于明白了，原来这天下，还是心向李唐。

六

李、武的夺嫡之争，就这样落下了帷幕。

久视元年，眼见大局已定，狄仁杰安心地合上了疲惫的双眼，再也没有睁开。

女帝选择了传子，也默认了自己死后李唐复国，但她也想保住武家。她设法让李、武两家亲密一堂，不惜采用联姻，将自己的女儿太平公主嫁到了武家。

后来，女帝甚至将李、武两家的头面人物一起带到明堂，让他们都对天起誓，自己死后，绝不相犯。

按理来讲，这样就告一段落了。只要等到女帝死掉，李显登基，一切都可以尘埃落定了。

奈何，因女帝的一己私欲，导致第三股势力崛起。

女帝虽年迈，却包养了不少男宠，其中有一对兄弟，即张易之、张昌宗。二张在武周后期的政坛上异军突起，成了政治新秀。

一次，李显的儿子李重润、女儿永泰公主，以及武承嗣的儿子武延基在背后议论二张，嘲笑他们吃软饭。

这话被二张听见了，于是去女帝那里告了一状。

最后的结果是李重润、武延基以及永泰公主，皆惨遭逼死。

这一案，李、武两家同时炸了锅。

原本斗得不可开交的两家，因为同一个敌人——二张的出现，终于摈弃前嫌，联合在了一起。

本来蛋糕就这么大，李武两家分起来就难受，还分一块给你们张家，你梦没做醒吧？

神龙元年，经过多年矛盾的积淀，一场针对二张的宫廷政变爆发。这场政变由宰相张柬之牵头，李、武两家的头面人物统统参加，简直就是王者阵容。他们的敌人是二张，以及站在二张身后的女帝，史称神龙政变。

二张被当场斩杀，女帝被迫退位，传皇位于李显。

数月后，这位空前绝后的女帝于上阳宫黯然而逝，享年八十三岁。

她在临死前对李显说，不要给自己谥号成皇帝，那样会一个人被关进冷冰冰的帝陵，她想被谥为皇后，然后与丈夫高宗李治合葬在乾陵。她笑着说，这么多年了怎么还是想他，什么皇图霸业，原来不过弹指一挥间，而此刻，她只想再去看看他的笑脸。

生同眠，死共穴，曾经有个男人，他震古烁今，傲视天下，不论是波斯突厥，还是高丽日本，都被他死死地踩在脚底下。他是多么威风，多么不可一世啊，可就是这样的他，却独独为了一个女子，甘愿倾其所有，什么都依着她、由着她，甚至连大唐的江山社稷都拱手相让。

这份爱意，如果只是一生一世的话，那可没办法回报，所以啊，我就和你一起睡在乾陵里吧，我死后，用永远也用不完的时间陪伴你好了。

无字碑上，千秋功过后人评，而那个红妆堆砌、巾帼飞扬的时代，也在历史上翻篇了。

七

我们再来说回婉儿，婉儿是作为武则天的影子继续活下来的。

她要完成武则天的遗命——稳定李、武两家。

她成了中宗李显的昭容，名义上的妻子，敲重点，名义上的。

宰相张柬之等五个人，因为主导政变，成了李唐复国的最大功臣，后来一次性全体封王，史称“五王”。

慢慢地，“五王”也开始飞扬跋扈、独断专横，直到中宗李显忍无可忍。

中宗这回聪明了，他选择和武家联手。

当时武家的掌门人叫武三思，是女帝的侄子。

而负责与武三思联络的人，正是婉儿。

有人说，婉儿淫乱宫闱，与武三思有过床笫之欢，所以才把武三思引荐给中宗。还有人说，婉儿与当时的大才子崔湜，乃至于武则天的男宠张昌宗都有过不可描述的关系。

这些都出自五代时的官方史书，成了历代文人茶余饭后的谈资。这些人说起婉儿的艳史来总会露出会心的笑容，语气要多暧昧有多暧昧，仿佛他们就是当年的亲历者一样。

而据我所知，唐代文献里从来没有相关的记载。

《景龙文馆记》里倒是有一句：“晚年颇外通朋党，轻弄权势，朝廷畏之矣。”

这个“通”字，可以是私通，也可以是往来，从语境判断，显然是后者。

但五代的文人不管，牝鸡司晨，惟家之索，女子从政就是原罪。于是，这些大男人们就把脏水朝一个女子身上肆无忌惮地泼去，然后对着观众扬扬得意，犹如打了胜仗一般。

但无论如何，史学家把这样的文字写在官修的史书上，就是对历史的犯罪。

你们也从来没有代表过正义，你们只是在宣泄戾气。

仅此而已。

八

中宗与武三思联手，最终“五王”落败，被先后流放、诛杀。

“五王”是儒家书生，在史书上是正面人物，婉儿参与了对付“五王”的争斗，那么自然不会留下什么好名声。历代文人同情“五王”，视婉儿为妖女毒妇。

嘿，这话说得就好像婉儿有的选似的。

凡是有人存在的地方，斗争就不会停止。“五王”没了，可政局没有平稳，反而再次发生了动荡，这一次婉儿险些丧命。

这又要从中宗说起（为啥哪儿都有他）。

中宗的老婆姓韦，当年中宗被母后流放时，在不堪苦难的日子里，一度想要自杀，都是韦氏在旁劝说他、陪伴他、鼓励他，给了他活下去的勇气。在深不见底的黑暗岁月里，韦氏是中宗唯一的光。

中宗对妻子说：“若有朝一日我能翻身，不论你要什么，我都会给你。”

后来中宗果然否极泰来，成了皇帝。

他兑现了当年对妻子的承诺，不论韦皇后做什么他都不管不问，连带对韦皇后的女儿安乐公主也百般溺爱。这对母女卖官鬻爵、胡作非为，中宗也全然默许，只为了补偿曾经对她们的亏欠。

但中宗怎么都没想到，他的韦皇后，居然想当第二个武则天。

这时候的太子叫李重俊，非韦皇后亲生。韦皇后瞧不起李重俊，她的女儿安乐公主更是对哥哥百般凌辱，骂李重俊是“奴”。

李重俊的地位岌岌可危，他心知如此下去不是办法，干脆一不做二不休，想发动宫廷政变灭了他们。

刀剑无眼，可不认你是大人物还是小人物。武三思第一个倒霉，他在家里好好地吃着火锅唱着歌，突然这帮疯子就杀进了家门，脑袋全都搬了家。武则天心心念念想延续的武家，就这么被一个冲动的小伙子终结了。

李重俊意犹未尽、舔舐刀口，率军杀入宫城。

这次，他们的兵锋，正好指向婉儿。

九

李重俊从肃章门斩关而入，大肆搜捕婉儿。他已被愤怒冲昏了头脑，长期的压抑已经把这个年轻人变成了一头野兽，必须要用鲜血才能让他冷静下来。

换作其他女子，怕是早被吓得六神无主了。

但婉儿却不一样。

面对险境，她几乎是当机立断，跑去告知中宗与韦皇后。

她说：“太子决定先杀了我，再杀了陛下与皇后。”

中宗与韦皇后就这样被婉儿绑上了战车。

中宗带着婉儿等人，先退守玄武门，再让羽林军反击。

政变，讲究就是措手不及。婉儿反应太快了，及时通知了皇帝，皇帝一出，太子大义名分已失。李重俊败局已定。

这场政变在婉儿的从容应对下，终于还是雷声大雨点小，被安安稳稳地平息了。

然而事还没完。

政局的动荡远没结束，因为有武则天称帝的先例，韦皇后的女儿安乐公主也不甘寂寞，嚷嚷着要让父皇封自己当皇太女。

安乐公主想得很美好，有皇太子，咋就不能有皇太女了？

婉儿听了，谏议不可，而中宗却置若罔闻。

婉儿心知，这个国家已经禁不住这样的折腾了。她先是辞官不做，再是削发为尼，全力阻止这出荒唐闹剧的发生。

但对女儿溺爱的中宗皆不置可否。

最后，婉儿选择以死相劝，她喝了药。幸好被人发现得早，好不容易才救了回来。

不止如此，她还建议过中宗，延长百姓成丁的年龄，这样可以减轻底层穷苦人家的负担，让农民们可以放心去耕种田地。

看哪！朝堂上的无情倾轧，外界里的流言蜚语，她总是选择沉默，不置一辩，但她却用宽恕与温柔去拥抱每一个人，去消融那一片片的寒天冻地。

她犹如一张纸一般脆弱，可她从来没有被击倒过，她分明就是个羸弱的女子，但看上去却能撑起整个天地。她身在泥泞污浊的环境里，却始终是那个纯洁如莲的女子。

可就是这么好的她，上苍却吝啬于给她一个善意的结局。

唐中宗不久便死了。怎么死的？有人说是病死的，有人说是被韦皇后母女毒死的，这是宫闱秘事，实难考究。

韦皇后下定决心效仿武则天。

婉儿无法阻止韦皇后，孤立无援的她找到了自己的好闺密太平公主。

一场新的政变，开始酝酿……

神龙政变后，李旦和太平公主一直都在韬光养晦、等待时机。李旦生性软弱、与世无争，不愿参与政斗，但他的三儿子可不安分。

他的三儿子，叫李隆基。李隆基敏锐地意识到，韦皇后居心不良，而如今可以联合的，只有自己的姑姑太平公主，而且双方一拍即合。

李隆基与太平公主联合，又一次发动政变。

李隆基率领禁军，以迅雷之势杀入宫中。

大祸将至，人有百态。

韦皇后慌慌张张地跑到禁军那里求援，希望可以重演李重俊政变时的反杀。可今非昔比，她被反水的禁军砍了脑袋，还送到了李隆基手上。

安乐公主这个大唐第一美人，得知禁军杀来，安静地坐回梳妆台打扮起自己，纵然死，她也要留下最美的一面。只可惜，妆还没化完，就被闯入的士兵一刀斩下了头颅。

最后，就是婉儿。

我一个细节一个细节地拼凑那天的画面——

那个晚上，李隆基带兵围住了婉儿的住所。婉儿依旧镇定，把她之前抵制韦皇后称帝的诏书拿出来，证明她是与李唐站在一起的。

李隆基骑在马上，傲然地看向俯跪于地的婉儿，唇边露出了一丝意味深长的冷笑。

婉儿何其聪明，一看到李隆基的冷笑，她顿时恍然大悟。李隆基才不会让她活下去，她是太平公主的闺密，迟早是他的敌人，不如趁现在，在乱兵之中把她杀掉。

婉儿的眼神刹那明亮，忽而变得迷惘，再一瞬间，却又是解脱。

有人说，人之将死，都会回忆自己的人生，我不懂她最后的神情代表着什么，或许她用手细数过自己一生所拥有的全部，母亲的爱、太平的友情、武则天的信任，她爱过一个人，还从事了最热爱的文学工作。

五个手指头刚好数满，另一只手摊开又收紧，再也没有第六件能让她感到幸福的事，这便是她的一生。

她闭上了眼，认真地等待命运给她的裁决。

果然，李隆基下令，杀婉儿于旗下。

一代才女，香消玉殒。

从此以后，全世界都是她，可全世界又不是她。

其实有时候，我特别希望岁月可以倒流，这样我就能站在这个温柔又可怜的女孩面前，揉揉她的小脑袋，给她一颗糖，看她因甜腻而笑出声的模样。

然后我会告诉她："以后想哭就哭出来，别再那么坚强了。我知道你是个懂事的好孩子，不想让别人看到你的脆弱，可我想告诉你，眼泪从来都不是过错……"

可是我没有办法。

我只能站在最远最远的地方，不走近、不安慰，毕竟横陈在我们之间的沟壑实在太深，任谁也无法跨越。

我的世界里虽有她，她却没有一丝关于我的记忆。

可我的好姑娘，我是明白的。

如若你知道千百年后有个深爱你的我，你的心里，也必然会有我的一席之地。

十

二零一三年九月，咸阳某郊区，一座古墓出了土。

墓葬的规模不大，一开始根本没人在乎，毕竟在关中这块随地一锄头下去就能出土个上千年的墓地，这次要不是被断定是个唐墓，八成都没哪个学者想理。

直到深挖进去，一座墓志沉沉地伫立在墓口，阔别千年的阳光照了进来，上面九个桀骜的大字刻在了专家们的眼中：大唐故昭容上官氏铭。

婉儿啊婉儿，一千年了，你终于又看到了这个世界。

家住西安，有一年闲暇，我坐了一上午公交，顶着毒辣的日头，特地去看了看这个惊艳了一个时代的才女。

墓葬处很荒凉，行人寥寥，地上儿处野花散落。

我和村民闲谝："知滴道这墓斯谁滴捏？"

大多数人都摇了摇头，一脸迷糊，倒有几个能说出来是唐朝的，还是个女的，至于其他的……就再也说不上来了。

陕西这地方，大家伙儿甭管文化程度高低，都爱津津乐道个历史悠久十三朝古都，谁家的地下要是没埋个王侯将相，那出门都不好意思跟人打招呼，大家伙儿吹牛的起步，起码得是一座唐墓，唐代以后基本可以退下了，如果是秦汉墓倒是可以下馆子聊一聊，要是先秦墓，那无论走到哪儿都能傲娇得油光满面。

可你要问，那些墓主人生前都有过什么故事，没几个人知道。

其实有人和我说，婉儿没被安葬在这里，因为不见尸骨。

一提起这个，我的脑袋不由得一团乱麻。我宁可坚信她真的沉眠于此，也不愿相信上苍真的那么无情，竟要让这个善良的女孩尸骨无存。

傍晚，我往回走，回首望去，几朵纯白色的野花迎风飘荡，婉儿，你看那漫山遍野，你还觉得孤单吗？

我的旁边有个孩子，正在低头玩手机，他放着外音，是首熟悉的古风老歌。

在那一刻，就好似是跨了千年，飒然而来：

血染江山的画，
怎敌你眉间一点朱砂。
覆了天下也罢，
始终不过一场繁华。

我回到家就开始翻史书，想找到这个女子死后的记载。但只看到在她死后，她的闺密太平公主哀伤不已，派人去吊祭，并出了五百匹绢，给婉儿修缮了墓穴。

可不久后，太平公主与李隆基的斗争爆发，太平公主败了，自尽而死。李隆基让人去捣毁婉儿的墓穴，就算是死，他也不让婉儿安宁。难怪婉儿的墓室内被人砸得七零八落，陪葬品碎了一地，跟遭了贼一样。

那个红妆时代过去了，武则天、韦皇后、安乐公主、太平公主、上官婉儿，这些在那个特殊年代闪耀过的女人们，到头来也不过是流星一瞬，匆匆划过，给千百年后的人们留下了无穷无尽的遐想。

而李隆基也终于大权独揽，当然，他就是历史上赫赫有名的唐玄宗，大唐王朝，也在他的带领下，走向另一段黄金年代——开元盛世。

结尾，我们不谈盛世，只谈诗。

我们前面讲了，六朝余风给大唐带来的是浮华的宫体诗，多为无病呻吟之作。

而唐初宫廷诗的代表人物就是婉儿的祖父，上官仪。上官仪的诗作均为歌功颂德的应制诗，虽辞藻华丽，但内容空洞、千篇一律，于是在民间有颇多批评。

批评他的人就是以王勃、陈子昂为代表的改革派，在改革派刚健、向上的诗风挑战下，宫体诗节节败退。

因为宫体诗只有文辞，没有内容，无法打动人心。

直到婉儿的一首《彩书怨》出现：

叶下洞庭初，思君万里余。
露浓香被冷，月落锦屏虚。
欲奏江南曲，贪封蓟北书。
书中无别意，惟怅久离居。

——上官婉儿《彩书怨》

婉儿常年寂寞的在宫廷生活，她对江南、蓟北的向往，以及对爱情的渴望，竟在她的笔下充实了空虚的宫体诗，一首打动人心的名作，无意间促成了宫体诗的一次自我救赎。

它没有改革派的斗志昂扬，却有一种幽怨婉约，戳人心房的感伤。

祖父，虽然没见过您，但您的场子，我可是给您搬回了一局。

但是真的好可惜啊……

直到最后，我也不知道，和自己心爱的人一起策马天涯，走过冰原、沙漠、江河，究竟是怎样的感觉。

那会很幸福，对吧？

一定是啊。

第四章

归人

“碧玉妆成一树高
万条垂下绿丝绦”

贺知章

老头酒品怪，谈不上好，也很难说坏，总爱骑马饮酒，一前一后地晃荡，乘船一样。

一个不小心掉井里头，他还浑然不觉，眼皮一翻，呼噜噜睡过去了。

一

老头爱喝酒，喝多了就作，人家说，酒壮㞞人胆，再㞞的人三斤“马尿”灌下去也能生起几分豪气英雄胆，更莫说老头这种清醒时就很狂的人了。

我平生最大的乐趣，莫过于灌老头酒，老头好糊弄，或者说人实在，跟他碰碗，你哪怕只沾一口，他也定然一饮而尽。

所以最后先趴下的肯定是他。这时候，问啥答啥，爽快。

我说：“老头子，你中过状元、编著过法典、教导过太子，还和那么多名流结交成好友，到底哪一件事，你觉得最为自傲？”

他醉眼惺忪，迷迷糊糊间，口齿不清地吐出了两个字：“回家……嗝儿。”

……

多年以后，会稽山下依旧风平浪静、欢声笑语，儿童的嬉戏声充斥四周，一片安静祥和。一个年迈的老人，牵着马从远处徐徐走来。他走得很慢，眯起眼，像是要把四周的景象深深地印在那双浑浊的眸子里。

玩闹的小孩没一个认识他，不过他们说：“这个老爷爷衣着好漂亮啊，而且他牵的马又高又大，肯定不是一般人物。”

老人还是慢吞吞地走着，直到他停在了一处碑前，只见上面写着：大唐状元贺知章故里。

老人沉默不语，久久地伫立在碑前。旁人不清楚，此时此刻，他虽面上平静如水，实则内心早已翻江倒海。

一个小孩一蹦一跳地跑过来，奇怪地看向这个老人，对老人说："这个碑是为我们会稽第一位状元贺知章先生立的，他是我们会稽人的骄傲。"

老人开口，嘴唇颤抖："贺……贺知章？"

小孩眨巴眨巴眼，好奇地问："爷爷，您是外地人吧？从哪里来？"

小孩再看，惊呼出声："爷爷，您怎么哭啦？"

故乡是什么？

对于贺知章而言，那是记忆里，一座永远也无法再回去的城。

有人说，一个人二十岁之前在哪儿，他的乡愁就在哪儿，它与童年相关、与回忆相连，生根缔结于此，充满了不可言说的眷念。纵是跨过悠久的岁月，如今再次回到这久违的故地，却也无法再靠近它，与它重新契合相融。

他拼命地回想，这条街的下一家是不是印象里的馄饨铺？村口的人家是否还是小时候认识的那位裁缝？

如果现实与记忆吻合，他会兴奋得恨不得马上昭告天下。

可有些东西，早在时间的风化下物是人非。

这一路上，他发现故乡少了很多东西，也多了很多东西，这些东西和他印象里的全无关系，留给他一片陌生与茫然。

直到他看到一座家乡人在五十年前为自己所立的碑，阔别了半生的地方，在思念里被自己美化了无数遍的净土，终于回来了……

当一个小孩子出现在他的面前时，他尽力回忆，试图摆脱这五十年来京城官话的束缚，重操一口故土的乡音，甚至强求自己比家乡人还要更会说家乡话。

直到小孩笑嘻嘻地问他：“爷爷，您从哪里来啊？”

他布满褶皱的脸，一时间，凝固了。

少小离家老大回，乡音无改鬓毛衰。
儿童相见不相识，笑问客从何处来。

——贺知章《回乡偶书二首·其一》

恍惚间，他已老泪纵横，不知所言。

原来，一个人一旦离开了家乡，家乡就是一个你再也回不去的地方了。

孩子，我不是过客，我是归人啊。

二

贺知章，字季真，浙江人。

他出生那年，恰逢大书法家褚遂良去世，有人说，这世上有轮回，褚遂良没准儿到地府里转了一圈，又借着贺知章的身回到人间来了。

是的，贺知章就是我口中的老头，后来，他真成了一位大书法家，连画圣吴道子都是他的徒弟。

老头是三十七岁那年考中的状元，据说，他是有记载以来，浙江历史上的第一位状元。他披红挂彩、骑马上京的那天，全乡的人都跑过来送他，一时间锣鼓喧天、鞭炮齐鸣、红旗招展、人山人海，他是故乡第一位状元爷，给浙江人争了气，理应受到这样的待遇。

在乡亲们的簇拥下，他眼中含着热泪，慢腾腾地离开了家乡。

记得临走前，乡亲还跟他说会给他立一个碑，毕竟他考中状元爷了，这可不得了。大家都拍着胸脯打包票，说等他下次回来一定立好。

他走了，在那个春和日丽的上午。

蓦然回首，看到身后一个个熟悉的面庞，向他用力地挥手。

他也笑着回应，说："放心吧，不久我就会回来的。"

可谁能想到，老头这一走，就是整整五十年。

老头是状元，刚一上京就被授国子四门博士，后迁太常博士。

在京城，老头好友不少，当时的社会名流几乎都与他有交集。比如，他和张若虚、张旭、包融等人都是吴人，于是一起并称为"吴中四士"。

再比如，他爱喝酒，又与李白、李适之、崔宗之等人成了酒友，一起互相取了个诨号，谓"饮中八仙"。

不止如此，他又与陈子昂、卢藏用、宋之问、王适、毕构、李白、孟浩然、王维、司马承祯这九人，一起称为"仙宗十友"。

换句话说，不论什么社交圈，都有他。

老头交友广，朋友圈阔，在朝中总有人愿意带他，什么肥差都能落到他手里。

开元十年，在唐玄宗李隆基的励精图治之下，大唐国力蒸蒸日上，大有赶超贞观、永徽之势。

玄宗得意，为了给盛世锦上添花，决定编修《六典》与《文纂》。常言道，盛世修书，《六典》是大型行政典籍，《文纂》是大型文化典籍，这些都需要有才能、有学识的人参与编辑。

这次的主编是宰相张说，在张说的推荐下，老头也参与了撰修，他进了殿书院，当了一个编辑助手，这也成了老头的政绩之一。

老头人好，脾气倔，平时看不出来，可一旦犯起驴，谁都拦不住。

开元十四年，唐玄宗的弟弟岐王李范去世，要办葬礼。葬礼过程中有个环节，要从一些官吏家庭里选一批十四五岁的贵族子弟，在出殡时牵引灵柩、唱颂挽歌。

而这些参与治丧的少年，在葬礼结束后可以直接在吏部挂名分配工作，成为公务员。

这名额金贵啊。

达官贵人为了自家孩子，几乎都快争破头了。

恰好，负责挑选挽郎的负责人，就是老头。

那阵子，老头家里的门槛都快被这帮人踏平了。最后名额公布出来，落选的贵族颇有不满，他们纠集在一块把老头府邸的门堵住，扬言要老头给他们一个说法。

这帮人叽叽喳喳地闹腾了一天。

老头想开门解释，但一看对方气势汹汹的架势，还是算了吧。

他窝囊了一夜，这些人还不走。

第二天，还不走。

第三天，还不走。

嘿，真当老子泥捏的没脾气？

他叫下人搬梯子，自己爬上墙头，须发皆张，怒吼道："喊什么喊！我听说宁王那边也快不行了，有时间堵我的门，还不如去准备准备宁王那边的事！"

宁王李宪是唐玄宗的大哥，这么咒人家，你也太狂了吧？

对了，老头的外号好像就叫诗狂。

三

老头为人随遇而安，不在乎官大官小，一辈子四平八稳地，慢悠悠地升官。直到开元二十六年，任太子宾客，加银青光禄大夫，还兼了个正授秘书监。

于是他有了个新外号，人称“贺监”。

恰恰就是在这个职位上，老头这个与世无争的人，竟也卷入了一场是非。

唐玄宗的太子，可不怎么好当。开元三年，玄宗的次子李瑛被封为皇太子，这本来是钦定的，可后来却凭空出现了诸多波折。

玄宗有一宠妃，即武惠妃，是武则天侄子的女儿，武家的血脉。武惠妃很聪明，很得玄宗宠爱，二人生有一子叫李瑁，封了寿王。

武惠妃希望自己的儿子李瑁当太子。一开始，因宰相张九龄反对，力保太子李瑛，武惠妃也无可奈何，直到后来张九龄罢相，李林甫上台，形势发生了变化。

武惠妃与李林甫联手了。

他们做了一个局，说宫中有盗贼，假传圣旨让李瑛率兵进宫清剿贼人，李瑛果然中计，领了兵就傻愣愣地进了宫。

武惠妃这时跑到玄宗面前，故作失态地诬告：“太子欲图谋不轨！”

这戳到了玄宗的底线。别忘了李隆基是怎么当上唐玄宗的，当年那一场又一场的宫廷政变他经历的还少吗？

玄宗不由分说，控制了太子，最后没有弄清楚青红皂白，便赐死了自己的儿子李瑛。

武惠妃成功了，却没有如愿以偿。做了亏心事，总怕鬼敲门，武惠妃用奸计害死了李瑛，结果受到了良心的谴责，夜夜梦到李瑛前来索命，不久便一命呜呼。

李瑁没当上太子，白白便宜了李亨。

李亨代替李瑛为太子，也发生在开元二十六年。那一年，老头任太子宾客，成了李亨的人。

别忘了，整件事里还有一个人不服气，那就是宰相李林甫。李林甫当年是打算支持李瑁当太子的，但是如今却阴差阳错地成就了李亨，这可真是见鬼了。

于是，李林甫开始对李亨采取行动，多次运用阴谋诡计打击太子。

李亨岌岌可危……

在那些担惊受怕的日子里，都是老头在保护他。

李亨经常说："有你在，我太安心了。"

多年以后，老头早已经作古，而当日他所保护的李亨也已登基称帝，成了历史上的唐肃宗。肃宗念旧，特意追赠老头为礼部尚书。

他还记得，在当时整个朝野都不看好他的时候，有一个老头，始终不离不弃地陪伴他，为他出谋划策，保驾护航。

如今老头已经去世很久了。

他说："真可惜，若您能看到我今日已经称帝，该是多么的欣慰啊！"

四

说起老头，不得不提起他的人缘。老头年纪大，不论是官场还是文坛，谁都肯卖他面子，可唯独他自己却像个老顽童一样，没啥架子。

比如，他和他的忘年交——李白。

天宝元年，大才子李白进京，在一座道观游览时，与老头不期而遇。

老头听闻这个人就是名满天下的李白，连忙与之攀谈，此时，老头已经身居高位，而李白还是一介布衣，两个人的年龄更是差了四十多岁。老头当李白的爷爷都绰绰有余……

结果两个人最后成了忘年交。

老头看了李白的新作《蜀道难》后，赞叹不已，说："你简直就是天上贬谪下来的神仙啊！"

从此以后，李白有了一个外号——诗仙。

二人相见恨晚，一直交谈到了黄昏，恰好两个人又都嗜酒，老头便邀请李白一起去酒肆，他埋单，不醉不归。

屁股刚坐下，老头一摸口袋就愣了，呃，没带钱，而这边，李白也是囊中羞涩。

李白说："算了算了，这酒不喝了。"

老头不干："说了今儿请你喝酒，那就得今儿请。"

他二话不说，把腰间的金饰龟袋解下来，换作酒钱。

李白连连摆手：“这是皇家按照品级给你的装饰，可使不得。”

老头不管，他狂起来可没边儿，说今天喝就今天喝，哪怕卖了脑袋上的乌纱帽他也乐意。

李白也不是着相之人，便敞开肚子舍命陪君子。

这两个酒鬼不出意外地都趴下了。

第二日，老头向玄宗推荐李白，加之玄宗早已听闻李白的大名，故而李白得以入仕，拜翰林待诏。

这份恩情，李白从来没有忘。

后来老头病逝的消息传到他耳朵里，李白怔愣了好久，忽然就流下了泪：

四明有狂客，风流贺季真。
长安一相见，呼我谪仙人。
昔好杯中物，翻为松下尘。
金龟换酒处，却忆泪沾巾。

——李白《对酒忆贺监·其一》

仙人很少流泪，这一次，他是为了狂人。

五

天宝三年，八十六岁的老头害了场大病。一天夜里，他昏昏沉沉地梦到自己身着道服，当了个闲散的道士。

第二日，他觐见玄宗，请求致仕。

他说："我打算回家，当个道士。"

老头年纪实在太大了，玄宗准许，并且同意老头把自己在长安的宅邸捐出来，作为道观，还特赐名为"千秋"。

第二日，玄宗下诏在京城东门设立帐幕，亲率百官为老头践行。

玄宗亲自赋诗为之送别，并且把老头家乡的鉴湖一曲赐给了老头，以作修道之用。

老头临走前对玄宗说："臣还有一儿子，尚未定名，希望陛下赐个名字。"

玄宗想了想，说："信乃道之核心，孚者，信也，卿之子宜名为孚。"

回到家乡以后，老头忽然一拍脑袋。他说："皇上这是故意取笑我啊，我是吴地人，孚字是爪字下面加上子字，他为我儿取名孚，岂不是说我儿是爪子吗？"

你还别说，唐玄宗这个人有时候还挺皮的。

六

老头命好，仿佛是上苍垂青，因政治活动都在开元年间，他既错过了武则天之后的一系列宫廷政变，也没有遇到后来的安史之乱。他这一辈子顺风顺水，所以从他的诗中，我们看不出半分怀才不遇、愤世嫉俗的情绪，只有一派"风和日丽"。

老头活的时间长，与盛唐的诗人都有交集，以至于人们都忘了，他实际上和王勃、陈子昂一样，都是初唐时代的人。

作为改革派，他们面对百年流弊下来的六朝文风一同发起了进攻，而陈子昂做得更多是“破”，而老头所为，更多是“立”。

他擅长绝句，喜欢以景抒情，晚年逸居于家乡，一首脍炙人口的《咏柳》应运而生。

碧玉妆成一树高，万条垂下绿丝绦。
不知细叶谁裁出，二月春风似剪刀。

他站在了初唐与盛唐的衔接点上，承上启下，有人说老头的诗是“一花引来万花开”，在他的前面是王勃、陈子昂的辛勤耕耘，而老头则给这片莆田上留下了一抹舒服的新绿。

再回首，必是姹紫嫣红。

老头的晚年过得很惬意，功成名就，回到家里，又最爱喝点小酒，这小日子……

老头酒品怪，谈不上好，也很难说坏，他总爱骑马饮酒，一前一后地晃荡，像乘船一样。一个不小心掉井里头，他还浑然不觉，眼皮儿一翻，呼噜噜睡过去了。不过，毕竟他都是八十六岁的高龄了，就算当场喝死，也是喜丧。

老头从长安回来前，玄宗将鉴湖一曲赐给老头，晚年的老头，最老怀大慰的事莫过于躺在鉴湖边，自饮自酌。

他喜欢看鉴湖，从早上看到晚上，仿佛怎么也看不够。

我笑话他说：“至于吗？不就是皇帝赐给你一片湖水吗？”

老头瞪了我一眼，没有说什么，继续鼓着腮帮子，气呼呼地饮酒。

怎么了？还有什么不能说的吗？

我不理解，给他灌酒都套不出来话。

直到后来，老头撒手人寰。

我在他的案头，发现了他弥留之际，所写下的诗句：

离别家乡岁月多，近来人事半消磨。

惟有门前镜湖水，春风不改旧时波。

——贺知章《回乡偶书·其二》

是啊，五十年了，我离开家乡的时间已经太久太久。如今虽然回来了，但早已物是人非，岁月的变迁，实在让我内心感到惶恐不安。

幸好啊幸好，还有门前那一汪鉴湖的碧水，在春风的吹拂下，泛起一圈圈的涟漪。那景象和五十多年前，一模一样……

这是只属于他一个人的守望，旁人又如何能体会得到，那半分的哀伤？

第五章 童年与他

他再一次回来了，回到这个我们曾经留下无数回忆的地方，我问他：“还走吗？”

他瞬间红了眼眶，哽咽地说：“不走了，不走了，再也不走了。”

一

老孟回来了。

我大声招呼，好酒好菜都上好。老孟回来了，我的小伙伴们都惊呆了，一个个都忙碌得像勤劳的小蜜蜂，杀鸡、煮酒、开席、搬板凳……

见我们忙里忙外的，老孟哭笑不得，说："诸位客气了，客气了。"

我们都停下手中的活儿，目光齐刷刷地看向他。

老孟被我们看毛了，说："怎……怎么了？"

我有点惆怅地说："老孟，你以前可没这么疏远我们。"

老孟呆住了，低下头，结结巴巴、期期艾艾，口中半天也没蹦出来半个字。

那晚的饭，大家一直沉默着埋头吃……

最终还是我打破了沉默，问他："还走吗？"

……

老孟还是小孟的时候，我们一块儿住在涧南园，一起念书、一起学剑，每天都过得很开心，现在想想，当年也不知道都在傻乐些什么。

印象里的涧南园总泛着温柔，那时晴空朗朗、岁月悠悠，十几个孩子没心没肺地把时间挥霍在了一个又一个夏天里。那时候的夏天不燥热，铺天盖地都是暖色，镌刻在了每个人的心底。我们打鱼、捕蝉、逗猫，有时还会结伴跑去鹿门山，那是属于我们的“远征”。

那时的老孟最皮了，典型的熊孩子，在小溪边嬉闹的时候，他故意光着脚丫踢踏出一阵阵水花，把规规矩矩钓鱼的老大爷气得直跺脚！

老孟他还会写诗，写得贼好，以前我们常去鹿门山，那个地方承载了我们童年的无数欢笑，可人的记忆只是一瞬的，总有一天我们会忘记了那些欢乐，所以只有老孟的文字，可以把那些笑声保存起来：

山寺钟鸣昼已昏，渔梁渡头争渡喧。
人随沙岸向江村，余亦乘舟归鹿门。
鹿门月照开烟树，忽到庞公栖隐处。
岩扉松径长寂寥，惟有幽人自来去。

——孟浩然 《夜归鹿门山歌》

寺庙里的钟声响起，天色已昏黄，渡口的人争相渡河，喧闹声此起彼伏，听得人不禁露出微笑。

行人沿着沙岸三五成群地朝江村走去，我乘着一叶小舟，荡漾在水面上，向鹿门山缓缓漂去。

天色已深，静悄悄的夜色笼罩下来，月光皎洁，真美哟，把鹿门山照得一片迷蒙，恍如仙境。

不知不觉，我就到了庞公曾经隐居过的地方，也是我栖身的住处。

唔，这山岩、这小路，万籁俱寂，唯有那隐匿在世间倒影里的人，独自来去。

我问他："老孟，你写的这是什么？"

他回答："没什么，就随便写写，反正以后考试要背的人又不是我。"

时间不比流水，是没有声响的。从春秋到冬夏，溜走的是谁也握不住的年华。树木多了一个又一个的年轮，时间绕过好几场的花开花落，故事里的人悄悄长大。

其实每个人都是一座孤岛，岛屿之间永远不会相连，相连了那就不叫岛屿，得叫大陆了。

孤独是生命的常态，人生中遇到的人来了又走，或此去经年，或后会无期。他们陪伴你一段旅程，留下只言片语，然后离你远去，成为匆匆的过客，供彼此在夜深人静的时候去矫情、去怀念。

我们也长大了，身边的人一个个远去，而夏天的蝉鸣、鹿门的渔歌、涧南园里慵懒的猫叫，他们还在用熟悉的方式，怀念那段被我们抛弃的时光。

我们一边怀念过去、不断回望，一边又拼命地向前奔跑。

我只记得，那时候的老孟充耳不闻，一意离开这个属于我们的山间。

他说："我要去长安，在那里，我能写出最美的诗篇。"

原来……

到了最后，我们都开始追求庸碌的明天，然后一起崩溃在了这个俗不可耐的尘世间。

二

孟浩，字浩然，我也不知道为啥，后人总喜欢把他的名字连称，叫孟浩然。

圣贤孟子说过："吾善养浩然之气。"

老孟的名字就这么来的，他也乐得自称"孟山人"，我们管他叫老孟。

老孟从小就和我们一块儿，斗鸡走狗，无所不通，不同的一点是，他会写诗：

春眠不觉晓，处处闻啼鸟。
夜来风雨声，花落知多少。

——孟浩然 《春晓》

这首诗里的每个字我都认识，但谁知道还能这么排列的？可老孟能，冲这点，他就比我们强。

这些文字经老孟这么一排列，就足以让他永垂——语文教科书。

天真烂漫的日子总会过去，忧郁的日子总会来临。

我还记得，那一晚月明星稀，我和他登上了森林里那棵最高的树，我们坐在树干上，双脚一荡一荡的，一同眺望远处的大山。

我问老孟："山的那边是什么？"

老孟说：“还是山。”

我又问：“那边的那边呢？”

他想了想，摇头说：“不知道，不过等改天，一起去看看就好了。”

后来我们知道了，原来那边的那边，叫长安。

那时候，我不清楚那地方对老孟而言究竟意味着什么，大家想的也不过是今朝有酒今朝醉，秋月春风等闲度。可过去的岁月流逝得太快了，仿佛只是轻轻地一个眨眼，所有的故事都变成了曾经沧海。

有一天，一个我与老孟共同的伙伴张子容对我们宣布，说：“我要去长安，去考进士。”

他离开了，留给我们一个神气的背影，那是追梦人的背影，要多伟岸有多伟岸。

老孟不放心他一个人，也陪他去了。

那时，我们都没意识到，这一去，对老孟来说，险些成了一条不归途。

……

后来老孟回来了，他却变了。

他时常发呆，心里装着事，神思不属。不管我怎么问他，他都不肯说。我常常见他独自一人跃上高高的树干，眺望山的那边。

我不知他为何神游天外，也不明白他在凝视什么。有一天，我看着树干上他的剪影，心里头五味杂陈，恨不得赶紧逃离。我在害怕，害怕岁月不但改了他的容颜，也变了他的性子，时光多么喑哑无情，流年绕过了童年时的枝丫，我记忆里的他在眼前慢慢融化……

我忍不住问他：“怎么回事小老弟？”

他说：“你知道吗，张说来到荆州了。”

我问：“张说？之前的宰相，如今新任荆州大都督府的长史？”

他说：“嗯，我想去干谒。”

干谒……

我瞬间就明白了这些天来老孟为何会心不在焉，又为何会在树干上凝视远方。他看的从来都不是近在咫尺的大山，而是那万里之遥的长安。

老孟的干谒文如泥牛入海，没什么音讯。

他决定要离开，离开这个我们曾留下漫山遍野脚印的家园。

他走那天，我拽住了他，问道：“要去哪里？”

他说：“听闻天子驾临洛阳，我想去碰碰运气。”

“不去可以吗？”

“不去你养我啊？”

“我养你啊！”

“你还是先把自己养活好再说吧！”

经典的对话落幕，老孟还是走了，留给我们一个渐行渐远的背影。

追寻梦想的路上，不论是回顾过去，还是展望未来，都无非是在重复着无从选择的生活。等到某一天蓦然回首，却发现只有被拉长的影子相随，不知何时已是只身而行。

就如他离开的那天。

我看到时间在那一刻牵扯出了他身后的影子，慢慢地拉长、慢慢地搁浅……

三

老孟在洛阳逗留了三年，一无所获，只好灰头土脸地回了家。

我们给他接风洗尘，我能感觉到他的心结没放下，因为他依旧喜欢坐在树干上，眺望远处的长安。

长安啊长安，成了他挥之不去的梦魇。

开元十五年，老孟得到消息，文坛上的才子们在长安一个个都混得风生水起，王维、常建、严挺之、储光羲、王昌龄等等，都凭科举考试步入了仕途，在官场上大显身手。

老孟心痒了，他对我说："我想去考科举。"

我说："科举挺难的，挂科率贼高，你……"

老孟打断我说："男人不可以说不行，这是尊严问题。"

他拍了拍我的肩，说："等我的好消息吧，兄弟。"

老孟一直都没回来。

他落第了，心有不甘，所以决定滞留长安，慢慢寻找机会。

长安有大把大把的机会，也有各式各样的人，老孟结识了不少文人墨客，如王维、王昌龄……这些人才华横溢、出口成章，这里正对老孟的胃口。

王昌龄在秘书省供职，经常举办文人沙龙，老孟是王昌龄的座上宾。一次酒宴上，众人作诗助兴，其他人还在搜肠刮肚，老孟张口就来。

他的诗风清新俊逸，句子一出口，满堂竟无人敢接，只好纷纷搁笔不作。

老孟红了。而且是红红火火，恍恍惚惚。

他在文坛上闯出了一番天地，盛唐的大诗人纷纷与他结交，人人都赞扬他，说孟浩然是个妙人，李白更是写诗告白："吾爱孟夫子，风流天下闻。"

可风流的孟夫子始终没找到入仕的机会。

他曾给张九龄写过干谒诗，剖明他的心迹：

八月湖水平，涵虚混太清。
气蒸云梦泽，波撼岳阳城。
欲济无舟楫，端居耻圣明。
坐观垂钓者，徒有羡鱼情。

——孟浩然《望洞庭湖赠张丞相》

他羡慕那些入仕的小伙伴，可自己却始终不得其门而入。

他甚至想过去给朝廷投稿……

唐睿宗的时候，朝廷设立四铜匦，其中之一叫延恩匦。但凡想求官的人都可以投赋于此匦中，献于朝廷，以之进身。

老孟也试过。但赋投进去后，就如同新人的文稿投到出版社，半点波澜也激不起来，什么消息也没有。

开玩笑，想借投赋入仕的人犹如过江之鲫，匦里积压的文章垒了一层又一层，谁会一件一件地耐心看完？再说了，光是朝廷里的官还不知怎么安排妥帖呢，又有谁会闲着没事干，去花时间研究一个无名小辈的献赋？

任你可跃千里，没伯乐赏识也是无用。老孟没门路，只好徒有羡鱼情，不过幸好，他认识一些文人朋友，这些朋友肯拉他一把。

比如，王维。

王维在当时也当了个小官，他经常邀请老孟去公署，老孟非官身，若无王维相保，是没资格进这里来的。

就在这天，王维和老孟正在聊天，唐玄宗突然驾到。

老孟又惊又喜，心心念念的天子近在眼前，他恨不得赶紧跑过去自荐，可自己是被王维私下放进公署的，若此时出去，岂不是连累了他？权衡再三，老孟还是决定不给王维添麻烦，自己躲进了床底下，藏了起来。

玄宗进来，见了王维，随口问了几句话，而王维知晓老孟一直想入仕的心思，也懊恼自己没能力举荐好友，于是干脆实话实说，说我把我朋友给放进来了，他叫孟浩然，是个很有才华的诗人。

谁知玄宗听了，没怒，反而喜上眉梢，说："朕听说过这个人，早就想见他了，快把他叫出来。"

王维大喜过望，连忙把老孟叫了出来。

玄宗早就听闻老孟才名，便当场考验老孟的诗才。老孟紧张得不行，掌心的汗渍浸透了衣袖，玄宗这一问，问出了他这些年求仕的心酸回忆，脑海里有千万念头在萦绕，却没有一件可以抓得住的。

他的记忆如雪花一般飞舞，想到了自己干谒高官毫无音信、长安旅居受尽白眼、投赋献文泥牛入海……一股子委屈从心头冲上喉间，一首诗脱口诵出：

北阙休上书，南山归敝庐。

不才明主弃，多病故人疏。

白发催年老，青阳逼岁除。
永怀愁不寐，松月夜窗虚。

——孟浩然《岁暮归南山》

老孟情商低，这么个好机会他没抓住，这首诗是什么诗？牢骚诗，怪唐玄宗，你咋现在才想起来见我呢，你知道之前我过得有多苦吗？哼，不可能哄好的……

王维当场气晕。

没什么好说的，老孟凉了。玄宗骤然听到“不才明主弃”这一句时，脸色顿变，说：“卿从来就没求过仕，怎么就成了我弃你？奈何如此黑我？”

玄宗才不关心你求仕是否心酸，他只关心自己招贤纳士的名声可不能让老孟“造谣”，说罢，皇帝愤愤负手，拂袖而去。

王维捶胸顿足，说：“老哥，不是我说你，没事念这句干吗，你怎么不念那句‘坐观垂钓者，徒有羡鱼情’呢！”

老孟泪流满面，说：“第一次面试，我……我紧张啊。”

人生的机会转瞬即逝，且往往只有一次，要是错过了，那就是错过了，没有重来的机会。老孟欲哭无泪，只能痛饮，饮到酩酊大醉，感慨自己出来这么多年了，还是一事无成……

王维安慰说：“不能这么说，到底是酒不好喝了？还是书不好看了？何必非要去当官呢？”

老孟唉声叹气，一抹脸说：“罢了罢了，既然入不了仕，大不了回家去！”

老孟选择离开长安，临走前，他赠给王维一首诗，题目就叫《留别王维》：

寂寂竟何待，朝朝空自归。
欲寻芳草去，惜与故人违。
当路谁相假，知音世所稀。
只应守索寞，还掩故园扉。

当权者没一个有眼力见的，都不提携我，这世间就没几个懂我的人。算了算了，大不了怀揣着这份寂寞回到老家，从此与世隔绝吧。

发完最后的牢骚，老孟与王维抱拳告别，二人约好他日江湖再见。

追梦人失败了，那就回家吧。

只是彼时不论是老孟还是王维，他们都不知道，这竟是二人最后一次见面了。

四

他再一次回来了，回到这个我们曾经留下无数回忆的地方，我问他："还走吗？"

他瞬间红了眼眶，哽咽地说："不走了，不走了，再也不走了。"

我们沉默不语，一起喝闷酒，不一会儿，大家齐刷刷地都喝趴下了，呼噜声此起彼伏。

第二天，我迷迷糊糊起来，只见大家四仰八叉地躺在地上，老孟已不见踪影，桌面纸上的墨迹还尚未冷却：

故人具鸡黍，邀我至田家。
绿树村边合，青山郭外斜。
开轩面场圃，把酒话桑麻。
待到重阳日，还来就菊花。

——孟浩然 《过故人庄》

我捧着老孟的诗句，嘴边反复默念："待到重阳日，还来就菊花……"

开元十六年，老孟选择出去旅游散心。

仕途上的失意让他心神俱乱，失落、不甘、悔恨、彷徨……多种情绪交织在一起，在脑海中翻涌，疼得他仿佛快要窒息，好似下一秒就要沉溺在海里……

他去了洛阳，之后又南下跑到了吴越。我懂他，这是老孟在排解心头的苦闷，他垂头丧气、满腹愁肠，前路迢迢，而他却失去了方向：

遑遑三十载，书剑两无成。
山水寻吴越，风尘厌洛京。
扁舟泛湖海，长揖谢公卿。
且乐杯中物，谁论世上名。

——孟浩然 《自洛之越》

别看老孟嘴上说得潇洒，可我清楚，到头来他还是掉入了泥潭里，无法自拔。

开元二十四年，朝堂发生动荡，李林甫陷害张九龄，说什么广东人爱吃福建人……总之就是在李林甫的谗言下，张九龄罢相，被贬为荆州长史。

张九龄是老孟的故交，他到荆州后，老孟特意前去拜会，还写了干谒文，大唐的封疆大吏是可以私自开辟幕府的，故而张九龄就把老孟提拔在自个儿身边，担任了一个幕僚。

老孟多年来入仕的心愿，就这么不伦不类地实现了。

可人真是奇怪，你纠结了多年，追求了多年的东西，一旦得到了，反而并没有什么喜悦的感觉。老孟成了张九龄的幕僚，受到了来自四面八方的敬畏，可这与之前似乎没有什么不同……

老孟悟了："原来如此，原来如此……我这么多年执着的东西，从不是功名利禄，只是不甘心而已。"

他仰天长笑："功名利禄算个什么？爷爷我才不稀罕呢！"

得不到的总是在骚动，得到了之后却发现也不过如此。曾让他一度魔怔的心结，突然就这么无声无息、毫无预兆地解开了。

老孟从没有这么轻松过，他当日就推辞了幕僚一职，跨越山河大海往家里赶。

路途上，他遇见了一位官员，叫韩朝宗。韩朝宗欣赏老孟的才华，约他同赴长安，他要举荐老孟，老孟寻思了一下，应允了。

可到了相约之日，恰好老孟的朋友前来看望他，老孟摆酒设宴，与朋友欢聚一堂，高兴地喝得昏天黑地。

有人提醒他："别忘了，您与韩公有约。"

老孟醉眼惺忪，说："酒都喝上了，及时行乐才是王道，其他的改天再说！"

韩朝宗听闻勃然大怒，撇下老孟，独自一人去了长安。

老孟对此并不后悔。

拿得起，放得下。对于仕途，他是真的厌倦了。

五

这里我要说一说关于老孟的诗。

实际上，别看老孟那句“春眠不觉晓，处处闻啼鸟”家喻户晓，可严格来论，他的诗在文学史上一直颇受诟病。

因为他的诗句，优点很鲜明，缺点也很鲜明。

宋代的苏轼曾经有过一句经典评论：“孟浩然之诗，韵高而才短，如造内法酒手而无材料尔。”

这一句“韵高而才短”，可以说把老孟诗句的精髓道尽了。在这里，很多人注意到的都是一句“才短”。说清楚些，就是老孟的才情与才学不够。

与苏轼汪洋自恣的行文风格，以及那些天马行空的比喻手法相比，老孟诗句的内容与文笔实在是相形见绌。

不仅苏轼批评他质不好，就连与老孟同时代的杜甫，也曾感叹他诗句的量也不多：“吾怜孟浩然……赋诗何必多，往往凌鲍谢。”

量不多，质也不好，更没有才情，这对于一个诗人来说，那怎么行？

可既然如此，老孟为何能在当时风流天下闻，后来更是名垂青史？

不错，老孟的确才不够，作为学神的苏轼，以他的标准而言这点没有说错，可苏轼这辈子的问题恰恰就是他太有才了，有才有得过了头。

庄子曰过："周将处乎材与不材之间。材与不材之间，似之而非也，故未免乎累。"

一个人太笨自然不好，可太聪明也未必是一件好事，随心所欲、变化无穷的写法固然妙不可言，但曲高和寡的心酸，唯有当事人自己知晓。

庄子是隐者，而老孟又何尝不是流连于山水之间的诗人呢？

不错，正因老孟懂得山水之间的大智慧，所以，他的诗句才能冲破才气的藩篱，独取一份魅力，正是苏轼口中的韵高。

韵高，韵味而已。

初读之时，只道平平无奇，但在反复咀嚼之后，却是越读越有味道，越看越有感觉。老孟的诗不似李白、苏轼等人的作品那般惊艳时光，却可凭一缕余味，温柔岁月。

这也就能窥出老孟为何屡屡科举不中，因为他的诗作不似考场作文，得反复阅读才能领悟其妙处，恐怕阅卷老师可没那个闲心，把一个考生的作品看那么多遍，所以这也只能算是造化弄人吧。

宋代有个人叫严羽，他把老孟和韩愈相比较，说："孟襄阳学力下韩退之远甚，而其诗独出退之其上者，一味妙悟而已。"

而那"一味妙悟"，便是读后唇齿之间久久不散的那份余味。

中华上下五千年最不缺有才的诗人，然而，以韵味见长的诗人却是凤毛麟角，这就是老孟的过人之处。

陈子昂、贺知章等人，借建安风骨给诗句注入了刚健有力的一面。而老孟不同，他的人生既有追求仕途的勃勃雄心，也有耽于山水的归隐之意。所以在他的笔下，竟将建安风骨与魏晋风流合二为一，开辟了一派清新自然的新诗风，谓之盛唐山水田园诗派。

而后人给他的诗号，便叫诗隐。

诗隐的诗，以韵味下酒，论风格，就是一个淡然罢了。

闻一多感慨："淡到看不见诗了，才是真正孟浩然的诗。"

不，说是孟浩然的诗，倒不如说是诗的孟浩然，更为准确。

诗隐几曾做过诗?

他只是谈话而已。

六

白驹过隙，须臾之间，老孟已然到了垂暮之年。

在涧南园，他时常煮一杯清茶，捧上本书，与友人言笑晏晏，为后辈指点迷津，闲云野鹤的日子过得怡然自得。

开元二十八年，王昌龄被贬，途经襄阳。

老孟当时患了背疹，大夫嘱咐他千万不要暴饮暴食，尤其不准吃海鲜。可如今有朋自远方来，怎么可以怠慢?

老孟那性情，早把医嘱抛到了九霄云外了，他与王昌龄通宵达旦、饮酒欢宴，上了几盘硬菜，肯定也吃了海鲜。

不久，背疹复发，老孟在南涧园去世，享年五十二岁。

也就在同年，王维以殿中侍御史的身份知南选，路过襄阳时原想来探望老孟，却没想到会遇上如此噩耗，当即双眼发昏，痛得锥心刺骨，哭泣不止。

人世无常，谁能知道，当年一别，二人日后竟阴阳两隔……

他前往了郢州，在刺史亭为老孟画了幅肖像。那幅画如今已经失传，不过，曾经有好事者观过此画，并为之留下了笔墨：

> 襄阳之状颀而长，峭而瘦，衣白袍，靴帽重戴，乘款段马，童总角，提书笈，负琴而从，风仪落落，凛然如生。
>
> ——张洎　《孟浩然像》题识

恍惚间，我似乎又看到了一个身材颀长、体态消瘦的白衣男子，戴着厚重的帽子，携琴、携书，昂首走来，好似浸透了天地间所有的风华。

那是老孟，我的朋友，他已经离开我很久了。

有人问，生活是什么？

在我看来，生活一半是回忆，一半是继续，它承载着过去，更推着你走向未来。

有些人陪你走过了一段岁月，可他们终究要离开，你也只好目送他们远去，然后在呛鼻的酸涩中泣不成声。

或许今后就不会再见面了吧？

但是，那些有过他们的岁月，将会永远保存在回忆里，无法替代……

但我还遇到过一些人，他们就此拘泥在了过去走不出来，连带着未来也弄得乱七八糟。我跟你讲哦，这样的人不叫怀旧，叫不觉悟。

谁都喜欢有故事的人，但都不喜欢一直沉浸在故事中的人。

我以前认识不少情感博主，我们平时也没少天南海北、人生人性地聊。有一回，一个做情感咨询的博主跑来找我，还记得当时，她对我说：“我觉得你是个很有故事的人。”

我答：“没有故事，全是事故。”

她笑得花枝乱颤，说：“你不知道吗？有故事的男人才最讨女孩子喜欢……”

我睨视着她，说：“那你可知什么叫有故事？”

她做了个请的姿势，说：“愿闻其详。”

我说：“一个人有故事，就代表他有遗憾，有遗憾就代表他失败过，所以每个有故事的人都是失败者。”

毕竟，我从没见过一生顺风顺水的人，还能满脸沧桑地说自己有故事。只有失败者，才会感到人生留有遗憾，而有遗憾才会有故事，如果要是能选，我宁可自己没有那么多故事。

有句话叫“往者不可谏，来者犹可追”，谁的故事里都会留有遗憾，但过去了就是过去了，无论如何也无法挽回。如若一直抱着回忆不撒手，那还拿什么去拥抱未来？

所以，不如放下顾虑，微笑地和过去和解，一手牵着过去，一手牵着未来，在往后的余生里做自己想做的事，释怀之后，再开怀大笑。

敬上往事一杯酒，烈酒入喉，初时或许辛辣难耐、灼口烧舌，可待到回味之时，却是清香萦绕、绵甜悠长。

那一刻，每个人的唇齿之间，咂摸的都是过往的余味。

我说得对吧？

老孟。

第六章 佛系是你的谎言

暮年的他，变得愧疚而自责、宁静而忧伤，每当退朝之后，他的生活就只剩下焚香独坐、诵禅念佛，这是他选择的赎罪方式。

我的泪不由自主地落了下来，明明没有人责备你啊，大家都知道那不是你的错，可你为什么还要这么折磨自己？

一

从前，有个风仪落落的男子，他有着世间最澄澈的笑颜和最干净的眉眼，他行走在凡尘俗世，总是一袭白衣，纤尘不染。

他给人的印象，是田园、是山间、是流水，是“空山新雨后，天气晚来秋”，是“明月松间照，清泉石上流”。

他明明高官得做，却还是选择隐居到深山老林，以淡漠出尘的姿态，应对这包罗万象的大千世界。

他喂马、劈柴，关心粮食和蔬菜，他还有一所房子，伫立在终南山缭绕的云雾里，虽没有面朝大海，但都是春暖花开。

说起他的生活，我不知道该说闲散好，还是懒散好，总之，很单调就对了。

他信佛，每日起床后都会跪坐在蒲团上，手握念珠、紧闭双眼，口中喃喃自语：“南无阿弥陀佛……”

我说：“没关系，北边也许就有阿弥陀佛了。”

他翻了个白眼没理我，我气呼呼地说：“我要吃饭，快给我做饭，不给饭吃就捣蛋！”

他无奈地叹口气，站起身来去做饭，好堵我的嘴。其实他的伙食很简单，只吃斋，从不沾荤腥，我是个合格的室友，很尊重他，所以饭桌上的荤腥我都替他消灭了。

他虽避世离尘，却依旧逃不开官场名利，若实在躲不过，便央我出来，帮他把前来拜访的权贵对付回去。我正好坐地起价，让他晚上给我讲故事，哄我睡觉。

他最喜欢独自一人走入山林，沿着小溪一路走下去，走到没有水的地方就坐下看云。在“云深不知处”，他一边闻着寥寥几户的炊烟，一边感受田园生活的安逸与喜乐，我知道，这是他排遣苦闷的办法。

有时候他一整天不见踪影，急得我团团转，我心想，别是被狼叼去了吧？那我岂不是不能免费蹭吃、蹭喝、蹭住了？这还行？

等他傍晚慢悠悠地踱回家后，我气得拽着他领子说：“你今天跑哪去了？不说个所以然出来我是不会放过你的！”

他慢悠悠地拿出纸张，一番划拉，然后伸了个懒腰，回屋睡觉去了。

我伸着脑袋看向桌上的纸张，只见一首诗跃然纸上：

中岁颇好道，晚家南山陲。
兴来每独往，胜事空自知。
行到水穷处，坐看云起时。
偶然值林叟，谈笑无还期。

——王维 《终南别业》

唔，你遇见了个老头子一起聊天，因为相谈甚欢结果忘了回家的时间，所以这就是你不回家的理由？

真是理不直，气也壮啊……

所以说，摊上一个不回家的男人，真的好累。

二

从前有个孩子，打一出生就好似夺走了天地的造化，完美得令他人艳羡不已。

比如说，他拥有人世间最为高贵的出身。

隋唐时期，门第观念盛行，处处都讲身份，科举制在原则上一视同仁，但实际操作里，贵族出身与寒门出身还是会被区别对待。门第高贵的孩子，总能被时代青眼相待。

自从南北朝以来，世家门阀林立，其中地位最为尊隆的当属大名鼎鼎的“五姓七望”。

什么是“五姓七望”？

“五姓七望”指的是七个家族：陇西李氏、赵郡李氏、博陵崔氏、清河崔氏、范阳卢氏、荥阳郑氏、太原王氏。

在唐高宗的时候，有一位宰相叫薛元超，不仅出自关中名门，还位极人臣，可他晚年却感叹：“我这辈子的遗憾，就是没能当上‘五姓七望’的女婿。”

“五姓七望”是顶级的贵族门阀，自然对血统有着严谨的要求，他们仗着自己是名门后裔，故而耻与异姓通婚。据说，唐文宗曾想把女儿嫁给“五姓七望”，谁知后者连李唐皇室都瞧不起，认为公主配不上他们的高贵门第。

“五姓七望”，就是这般地凌驾于社会之上。

而我说的这个孩子，身上流淌的便是“五姓七望”的血统，他的父亲出身于太原王氏，母亲则是博陵崔氏的子女。

他身上兼具两大世家的血统，天生就高人一等，未来的路途可说是光鲜亮丽。每个人看向他的目光中有欣羡、嫉妒、赞叹、眼红……可他却从不以为意，总是用温柔与真诚去对待身边的每一个人。

他母亲信佛，据说生他的那一夜，母亲梦见了一位菩萨，菩萨交给了她一本佛经。这本佛经叫《维摩诘所说经》。维摩诘，是古印度一位有大智慧的高僧，在梵文里维就是无，摩诘就是污垢，加起来就是，无垢。

于是，母亲给他取名王维，字摩诘。

他的一生也正如母亲期望那般，不染纤尘，超然物外。

阿维是家中的老大，有很多弟弟妹妹，他们的父亲又早早过世，这一家子都是被母亲崔氏拉扯大的。

他母亲虽出身名门，却无半分娇贵气，反而向来衣着朴素、不沾荤腥，谨守清规戒律。在母亲的影响下，家中的孩子都崇信佛教。这也影响了阿维，后来他与我隐居时那些莫名其妙的行为，都是常年受到佛教信仰熏陶的结果。

崔氏对孩子们的教育十分上心，阿维也没有辜负母亲的期望，年纪轻轻就诗画双绝，而且弹得一手好琵琶。

他慢慢地在母亲的期待中长大，那时候他总会受到各式各样的褒奖，既华丽又空洞。而他也总会礼貌回应，然后光着脚丫子，陪弟弟妹妹们一起坐在走廊里，一起仰望那万里之上的漫天繁星。

我还能想起他的笑，温和又包容，尤其是他看向弟弟妹妹的时候，带着独有的宠溺。

他是诗人里面最会画画的，也是画家里面最会写诗的，魅力实在是无处安放，以至于到了几百年后，一个叫苏轼的人还捧着脸蛋感慨："味摩诘之诗，诗中有画，观摩诘之画，画中有诗。"

殊不知，我也曾赞叹过阿维那名满天下的诗画，而且我还记得我夸赞他时，他用手不好意思地挠脑袋，很谦虚地冲我笑着，说："没有没有，其实我就是瞎画，至于作诗，那纯属爱好，纯属爱好。"

三

子曾经曰过："父母在，不远游，游必有方。"

十五岁时，阿维背上行囊，走向了辽阔的远方。

与大多数诗人的选择一样，他入潼关，过骊山，跋山涉水、迢迢而来，目的地直指当时世界第一大都市——长安。

这里我插一段，先说个交往定律，就是人和人之间，互相交往的基础，就是每个人的高价值。

什么叫高价值？

高价值分成两部分，一个叫硬价值，一个叫软价值。

一般来说，硬价值都是与生俱来的，比如金钱、容貌、地位等，这些都是硬价值，拥有硬价值的人如天之骄子一般，很容易就会被众星捧月。但大多数人都是普通人，那就只能凭仗软价值了，这是种可以通过后天努力获得的高价值，比如才华、内涵、幽默等，这样的人也能在交际圈里如鱼得水。

总而言之，凡是社会普遍认同的优点，都叫高价值。

人与人之间交往的本质，就是高价值的互相流通。

阿维显然是个高价值满分的人。他到了长安没多久，很快地就崭露头角了，从成百上千的文人雅士里脱颖而出。

譬如，有人得了一张奏乐图，但不知其名，阿维只是扫了一眼，就淡淡地说道："这是《霓裳曲》第三叠的第一拍。"

有看热闹不嫌事大的不信邪，找来学工试音，最终结果正如阿维所言，一节无差。众人纷纷侧目，觉得这个少年人很不简单。这件事很快传了出去，阿维便在长安城渐渐地小有名气。

不过阿维从不想过这样的生活，在饭桌酒局上强颜欢笑、虚情假意，听那些人互相吹捧一气，这些都让他感到无所适从。

他宁可陪在弟弟妹妹身边，给他们讲睡前故事，哄他们入眠……

只是他实在没得选，他的出身早已注定了，他必须去追求这世俗的功名利禄。

有一年的九月初九，正逢重阳佳节，他想到往年的此时，他都会与兄弟姐妹们一起登高饮酒、放声高歌。而如今，却只剩自己一人独居长安。

弟弟、妹妹，大哥很想你们呀……

深夜是他唯一允许自己脆弱的时间，他翻来覆去，无法入睡。他的思绪飞到了家乡，大家是否还像往年一样，一起佩上茱萸、结伴登山，共饮菊花酒呢？

他披上衣服，拿出纸笔，心中浮现出母亲以及弟弟妹妹们的模样。

也不知为何，莫名的委屈涌上了异乡人的心房，一首隽永感伤的小诗落在了纸上：

独在异乡为异客，每逢佳节倍思亲。
遥知兄弟登高处，遍插茱萸少一人。

——王维《九月九日忆山东兄弟》

阿维本来就血统高贵，又诗画双绝，这首诗一出，更是让他名动长安。

我说了，人与人之间交往的基础是高价值，阿维的价值不论软硬，都足以在人前闪闪发光。当时，不说什么达官贵胄，就连宁王、薛王这些皇亲国戚都纷纷与阿维结交，每有奢华宾宴，都会盛邀阿维。

这里头有个人叫李范，是唐玄宗的弟弟，受封岐王，此人附庸风雅，向来乐于交往文人墨客。

阿维的血统、文才均是万中无一，正对岐王的胃口，他把阿维招到自己的岐王宅里当幕僚，凡是有沙龙酒宴，都会把阿维带在身旁。

阿维的心头跟明镜似的，这是岐工看重他，故意给他推销自我的机会。于是阿维认识了不少朋友，有达官贵人，也有三教九流，但他向来谦和，对谁都一视同仁。

譬如在岐王宅，他结识了一个乐师，叫李龟年。

李龟年爱作诗写歌，有一回他高兴，写了一首歌叫《胡渭州》。

他兴致冲冲地给众人演绎，还油光满面地炫耀，说："如何？如何？"

其他人都交口称赞，唯独阿维不言不语，只是不咸不淡地附和了几句。

李龟年不满意，问他："我写的歌有问题？"

阿维有点尴尬，说："内容还行，就是有点不工整。"

李龟年哂笑："说得好像你还会写歌一样。"

"会一点，会一点。"

"那你给我写一个出来。"

阿维挠了挠头，恰巧看到宴席之上摆了几颗红豆，他思虑一番，不由得露出了笑容，说：

红豆生南国，春来发几枝。
愿君多采撷，此物最相思。

——王维 《相思》

李龟年从此缠住了阿维。他说："往后余生，风雪是你，平淡是你，荣华是你，反正全部都是你。"

阿维仰天长叹："你到底想说什么啊？"

李龟年咳嗽一声，清了清嗓子，整了整发型，说："往后余生，我想请你为我写歌。"

一首《相思》轰动了长安城。

直到很多年后，安史之乱爆发，战火荼毒了原本安宁祥和的大地。彼时，岐王宅早已化为焦土，李龟年远走避乱。某天，在一叶小舟上，李龟年忽而心有所感，手指拨弄琴弦，《相思》依托一枚小小的红豆，揉成了一串串哀恸的音节，涔进船上行客的心壁上。

山河破碎风飘絮，如今再听起这曾经风行于开元时代的乐，当年的盛世气象不禁再度扑面而来，行客纷纷泪流满面，向唐玄宗所在的巴蜀方向遥拜。

阿维的诗词在李龟年的琴弦上，包裹了一个繁华落幕的盛世年代。

四

虽说阿维在长安大展风采，可如若无法及第，还是没办法入仕，最后难保不会走孟浩然的老路。

所以，阿维要想入仕，他的着眼点还是科举考试。

唐代的科举制有贡举的习惯，如果哪个考生有达官贵胄的推荐，而这个推荐人又有社会地位的话，那么这个考生及第的可能就会大很多。

而阿维的科举路，倒是有一段儿故事。

开元七年，阿维欲参加京兆府试，他对自己的文采颇为自负，说自己不只要及第，还必须拿第一名。可彼时大街小巷都在传言，有个叫张九皋的考生，走通了玉真公主的门路，扬言必取第一名。

这个玉真公主是唐玄宗的妹妹，玄宗又是出了名的宠妹，对她向来是言听计从，而张九皋有玉真公主推荐，第一名岂不是相当于内定了？

阿维不甘心，他把忧虑告诉了岐王，说："如果拿不到第一名，我宁可不参加考试。"

岐王虽是纨绔子弟，但颇讲义气，听了阿维的诉苦，他拍拍胸脯说："放心，这事儿包在我身上。"

他先让阿维回去，准备好几首诗和一首曲子，五天后再来见他。

五日之后，阿维如期而至，岐王让侍女捧着一身锦衣华服，对阿维说："快点穿上。"

阿维一脸茫然，任凭侍女帮他把衣服换上，再抱上另一个侍女给他递过来的琵琶，好一个粉雕玉琢的翩翩佳公子！

岐王打了个响指，说："妥了，咱们走！"

阿维问："去哪？"

岐王说："当然是去见我妹妹，玉真公主。"

玉真公主的别馆前，岐王人还未到，声却先传了进去："承贵主出内，故携酒乐奉宴。"

玉真公主见岐王拜访，又素知这个哥哥的心性跳脱，她莞尔一笑，令下人设酒张筵、添置歌舞，然后她自己去内屋梳妆打扮一番，这才姗姗来迟，翩然入宴。

她刚入宴坐下，一抬眼，就见到了哥哥身旁站了一个唇红齿白的少年，那少年肤色洁白、风姿都美，好看得如同从水墨画里走出来的人一般。

公主修道多年，性子向来娴静，可今日见了那少年，心头却好似被一只猫儿挠了一下，痒痒的。

她问岐王："斯何人哉？"

岐王的回答也有意思，说："知音者也。"

见向来大大咧咧的哥哥，如今竟卖起了关子，公主不由得掩口失笑，她看向少年，说："我见你身上背着琵琶，能为我演奏一曲吗？"

少年不发一语，拿出琵琶，自顾自地弹了起来，大弦嘈嘈如急雨、小弦切切如私语，声调哀切婉转，满座朋客皆动容不已。

他指尖的音符，一节一节地蹦了出来，渗进了公主的心绪里，那一秒，她只想在爱里沉溺……

公主情不自禁问道："此曲何名？"

少年说："《郁轮袍》"

少年的嗓音清清淡淡，面对这个权势通天的玉真公主，他的语气与姿态虽然谦和，但无半分的卑微，更是让公主对他生出了好奇。

岐王见时机已熟透了，说："此生非止音律，至于词学，无出其右。"

公主更是讶异，长得这么好看，琵琶弹得这么好听，居然还会写文吗？

她连忙问少年："你可有带文章来？"

少年用余光看向岐王，见岐王不动声色地微微点头，他便向公主颔首，献出了怀中的诗卷。

公主拿起诗来，开始一卷一卷地读，她越读越惊讶……

直待她看到那首《相思》后，不禁失了态，娇声地惊呼："这些都是我平时诵习的诗句，我一直以为是哪位古人的佳作，常恨不能相见一面，没想到这……竟然都是你写的？"

公主情绪翻涌，再也按捺不住，她迫不及待地问："你叫什么名字？"

少年回答："王维，字摩诘。"

公主在那一刻竟羞红了脸颊，连忙令阿维更衣，升之客右，赐座于身侧。

阿维风流蕴藉、语言谐戏，或许是经常给弟弟妹妹们讲故事的原因吧，哪怕是一件平常的事，只要在他的叙述下都能显得娓娓动听。故而只要有他在，宴会就始终热闹非常，从不会冷场，所以阿维很快就让在座的权贵们记住了他。

这时候，岐王故意挑开话头：“若今年京兆试得此生为解头，诚为国华矣。”

公主也正开心，问：“何不遣其应举?”

岐王说：“此生心气高，不得第一名，他宁可不去就试，但听说……妹妹已经把解头给了那张九皋了。”

公主掩口而笑，说：“这有什么难的吗？”

她看向阿维，柔声道：“你去考吧，有我在，你大可放心。”

阿维起身谦谢，而他俯下头时，恰好错开公主那一脸红晕。

开元七年，阿维一举登科，取得了第一名，时年十九岁。

五

开元七年，阿维高中榜首，次年却并未去参加更进一步的进士考试，反而把精力都花在了与京城权贵的交往上。有人说，此时的阿维身上沾染了烟火气、市侩气，在世俗的阿谀奉承里失去了自我。

对于这些指责，我想讲一个故事。

唐玄宗有个大哥，叫李宪，受封宁王。宁王生活奢靡，有娇妻美眷数十人，却还不知足。有一次在大街上，他看到一个卖饼人的妻子长得年轻美貌，就动了色心，给了那卖饼人一笔钱，就把他妻子纳回了王府，做了妾。

这天，又是一次文艺沙龙，宁王携这位美人设宴，包括阿维在内的很多文人墨客也在其列。

宴会上，众人玩得开心，宁王突然问身边的美人：“你还想你那卖饼的丈夫吗？”

美人一听，这就是道送命题吧？可“不想”这两个字她始终说不出口，只好怯怯地低下了头，抿起唇，不言不语。

宁王心里头有点不痛快，恰好酒又喝多了，就让下人把那卖饼人叫来，一起参加宴会。他要让在场的所有人看看，这个卖饼人粗布烂衣一身的穷酸气，而自己是锦衣玉食浑身的王霸气，他和自己简直是云泥之别，你嫁给我，你得感激涕零才对，怎么还去想那个卖饼的卑贱百姓呢？

可那卖饼人来了以后，美人见了以前的丈夫，双方相顾无言，唯有泪千行。

气氛有点不对。

宁王又让众人赋诗，其他文人为了巴结讨好，在诗句里都对宁王极尽吹捧，比如说，以前那些王爷都是强抢民女，而宁王殿下却还给了卖饼人一笔钱，更宅心仁厚地让他们夫妻相见，这也太有情有义了吧，完全可以去评选中国好王爷了呢。

拍马屁的句子一声声响了起来，众人嘻嘻哈哈，宁王也满脸笑意，至于尴尬地站在大堂上的两个人，没人关心。

这对可怜的夫妻，求助似的看向周围，没有一个人回应他们，他们手足无措，又拘谨、又尴尬、又要无力地忍受着四周的觥筹交错。

这时候，一个人出声了。念的是刚写好的诗句：

莫以今时宠，难忘旧日恩。
看花满眼泪，不共楚王言。

——王维《息夫人》

那个念诗的人，正是阿维。

春秋的时候，息侯的妻子息夫人，长得倾国倾城、国色天香，楚王早就垂涎三尺，于是灭了息国，把息夫人占为己有。

后来，息夫人与楚王生了两个儿子，但她却始终不愿和楚王多说一句话。

楚王不解，问她原因，息夫人说："吾一妇人，而事二夫，纵弗能死，其又奚言？"

而大堂上的此情此景，又何尝不像当年楚王与息夫人那般？阿维这首是咏古诗，他没有妄加议论，也没有半分指摘楚王或者息夫人的言语。

他只是用最感性、动情的语调，将息夫人内心中的绝望表露了出来而已。

满腹经纶的文士们，再也无一人敢继续写下去，原本热热闹闹的宴会，此刻竟鸦雀无声、落针可闻。

宁王沉默了许久，终于还是长叹一声，将美妾还给了卖饼人，成全了这一对有情人。

那美人临走前，对阿维感激涕零，她提起裙裾，"扑通"一声拜在阿维面前，泪水盈满脸颊，泣不成声。

阿维连忙让她起身，穆然回礼，一派云淡风轻的模样。他不是陈子昂，从没有什么锄强扶弱的侠气，但却有一颗悲天悯人的佛心。

好了，那现在你说说，阿维，他失去自我了吗？

六

开元九年，二十二岁的阿维进士及第，授职太乐丞。

名门之后、诗画双绝、诸王公主待之师友、豪右权贵奉若上宾，如今闪亮出道，少年得志，比之当年的王勃都不遑多让，今后还不得前途无量、一展青云？

还真不是。

仅仅几个月后，阿维因“黄狮子之案”被贬出了京师，任济州司仓参军（一个管仓库的小官）。

怎么会这样？

官方给出的解释是，因为阿维擅自命令伶人，让他们表演了皇帝才能看的黄狮子舞，这触犯了忌讳，所以他才被皇帝黜出京城。

可事实并非如此简单。阿维虽有些天然呆，但绝对不傻，擅自表演黄狮子舞这种事他都敢做，是脑子抽了吗？

那当年到底发生了什么事，导致正意气风发的阿维居然栽了这么大的一个跟头？

真相只有一个。

那就是阿维与宁、薛、岐诸位王爷走得太近，惨遭政治斗争的波及。

大唐皇帝向来有一个潜意识，防火防盗更要防兄弟。

没办法，我大唐自有国情在此，自开国以来，兄弟阋墙的事简直成了传统，武德年间唐太宗李世民与隐太子李建成，以及贞观年间李承乾与李泰的那点破事就不说了，近点的，唐中宗李显便狠狠地打压自己的弟弟，也就是唐睿宗李旦。

如今的皇帝李隆基，就是唐睿宗的儿子，当年自己的父皇究竟是怎么被伯父打压的，他从小就耳濡目染，所以自己登基以后，怎么处理兄弟问题，就摆在了他的面前。

李隆基不是嫡长子，排行老三，他之所以能当太子，是因为在父亲夺权的时候，是他牵头先后打败了韦皇后、安乐公主、太平公主等人。他立了大功，风头盖过了大哥李宪，这才得以当上唐玄宗。

所以，他当了皇帝之后，对大哥和弟弟们的态度就有些别扭。

一方面，因为政治斗争，他们从小就被祖母武则天囚禁在宫内，住在一起，吃在一起，可以说就是穿一条裤子长大的，感情上没的说。

可另一方面，任何问题一旦上升到权力层面，再深的感情也不免失了颜色。

李隆基对兄弟确实很关心，要啥给啥，从不吝啬，但唯有一点——别碰政治。

而与阿维哥俩好的岐王，性格向来不拘小节，喜欢与文人雅士们汇聚一堂。这些在李隆基看来简直是触目惊心，你莫非要结党吗？

开元八年，李隆基果断出手，下诏禁止大臣与诸王私下交往，并且罢黜了一大批与诸王走得近的官员。

老子说：“祸兮福所倚，福兮祸所伏。”

阿维与岐王走得近，这对于他曾经是福，现在却成了祸。

开元九年，岐王被贬为同州刺史，而作为岐王挚友的阿维，又岂能成为皇帝的漏网之鱼？刚进入仕途，屁股还没热乎就被赶出了京城，这换谁都无法接受。

当初，他的友人考试落第，阿维安慰他："圣代无隐者，英灵尽来归。"

而如今友人又来送他，他的心态顿时崩了，不禁牢骚满腹："微官易得罪，谪去济川阴。"

或许正是从这一刻开始，一颗归隐的种子，在不知不觉间埋在了阿维心中，它总有一天会抽芽，开出馥郁芳香的花。

恰是在他被贬的同年，将他含辛茹苦抚养长大的母亲病逝。他得知后悲伤过度、柴毁骨立，可当时他刚任太乐丞，实在无法抽身回家。

如今，他自嘲道："起码终于有机会回家看看了，老天还真待我不薄。"

他的语气轻描淡写，可谁知道他的心口到底划过了多少刺痛。亲人噩耗，又逢仕途失意，这一连串的打击，让原本春风得意的阿维开始变得脆弱。

夕阳西下，他走向济州那个穷乡僻壤，橘黄色的光把他的身形剪影似的勾勒，细细地描绘、淡淡地晕染。我见他的背影明明笼罩在温暖中，却还是透出了几分难以掩盖的萧索。

他逆来顺受，听从朝廷的安排去济州管仓库，在这里，这个自小被花团锦簇包围的少年郎，终于见识到了什么才叫民间疾苦。原来在这盛世之下，不只有长安里的物欲横流，在长安之外偏远的地方，还有人挨着饿、受着穷。

闹了半天，纵然是盛世，也是这般令人无可奈何……自己到底为了什么而存在，为了什么而奋斗，为了什么而求仕，为了什么而挣扎……阿维开始疑惑，却也不想再去探求。

幼年时，母亲强迫他背诵的佛经涌进脑海。

他终于开悟了——原来，众生皆苦。

七

三十岁那年的阿维，感觉到自己被命运扼住了咽喉，不能呼吸。

这些年他一直颠沛流离，被朝廷派出去四处奔波，去跑腿做一些微不足道的事。本来他都不想干了，想着干脆归隐山林。可弟弟王缙突然金榜题名，他想给弟弟问上一门亲——如今母亲不在了，长兄如父，这种事得大哥忙着张罗。

办婚事，得花钱……别无选择，他需要俸禄，只能向现实妥协，去做他曾经不屑为之的杂务。

直到三十岁那年，他以为总算可以喘口气了，可谁知妻子却突然患了病，没过多久便死了。

我还记得，阿维的妻子出殡的那天，他抚摸着妻子安详的脸颊，手一直在颤抖。

彼时，没人知道这个女人的死对阿维而言究竟意味着什么。自古文人多薄幸，在大唐，狎妓可称风流，纳妾亦属寻常，况且正所谓不孝有三，无后为大，阿维现在连子女都还没有呢。

你看看，韦丛死后，元稹写下“曾经沧海难为水，除却巫山不是云”，可转头就和别人谈恋爱去了。

王弗死后，苏轼写下“十年生死两茫茫，不思量，自难忘”，可他还是娶了王闰之，后来更是有了侍妾王朝云。

魏氏死后，归有光写下“庭有枇杷树，吾妻死之年所手植也，今已亭亭如盖矣”，可实际上归有光不久又续弦了王氏，晚年还娶了费氏。

都说男人的爱与性是分离的，每个人都以为，像阿维这般人物，留下几首情诗后便会续弦再娶，毕竟他从不缺倾慕者，就连高贵如玉真公主都对他倾心不已。

可谁曾想，他没有写诗，什么都没写，他只是默默收起了亡妻的牌位，从此常伴青灯，孑然一身三十年。

死去的爱人，又怎么会被活人战胜?

可是万般深情，在史家眼中，也不过是落笔在《旧唐书》里那十六个冰冷的字眼 :“妻亡不再娶，三十年孤居一室，屏绝尘累。”

从此以后，他承载的所有东西，再也无人可以分享。后来那些一个又一个撕心裂肺的夜晚，大概也只有山寺那般安静、那般祥和的钟声，才能伴他入眠。

如此生活三十年，直到大厦崩塌……

他也知道这个世界很大，可他就只想要个她。

这很过分吗?

有一度我非常害怕，我怕阿维就此变了模样，纵使他朝相逢，也对面不识。

我去见他，他示意我端坐，生涩地煮上几杯茶，说 :“以前都是我妻子煮的，我还不怎么熟练，别嫌弃。”

雾气在他的眼前氤氲四散，遮住了他眼角的晶莹，水已经煮沸，袅袅茶香扑鼻而来，拘谨蜷缩的茶叶慢慢舒展、沉底、蛰伏。

他懊恼地弹了弹杯壁，说："她泡茶从不这样的，我的手艺果真还是不如她。"

我知道，每个淡漠的面容下都隐藏着无声的疼痛与无奈。

我忍不住问道："你既然这么想她，为何不给她写诗呢？"

他目光露出诧异，沉默了好久，突然开口问我："你有没有过这样的感觉，心里像空了一块，呼呼地漏着风，苍白又无力，令人感到发慌。"

他告诉我，这是失去的感觉。

那种感觉，就好像是你对生活的所有希望，在一刹那被全部地剥夺了，你的世界静默到可怕，什么喧嚣、什么声响，全都没有了，只有空洞与恐惧在肆意蔓延，而你却无法阻止……

他说到这里，就不说了，我也不问了。

还有什么可问的？那种悲伤，用什么诗句也表达不出来，或许用泪水来诠释才会更到位一点。我不知道阿维在夜深人静的时候有没有哭过，我宁愿相信他真的哭过。

不然的话，他该有多疼啊。

后来我在书页上写下了他的名字，希望他能安好，这两个字倾尽了我毕生的虔诚，可我也知道，那不过是一种自欺欺人。

后来的后来，阿维老了的时候还是热衷于煮茶，那时他的手指枯槁而僵硬，就连拿个茶杯都会颤抖不已，甚至偶尔还会脱手，滚烫的茶水溅在他身上，弄得他浑身都是茶味儿，久久不散。

他端起残茶剩水，小心翼翼地抿了一口，味道还是又苦又涩，沾在舌苔上怎么也下不去。

他眉眼弯弯，笑说："哎哟，你看看，三十多年了，我怎么还是没学会煮茶。"

这话像是自言自语，却又像是在对别的什么人说的。

那是多年以后的王家故宅，回廊仍然明亮，院落里的花开得繁盛，他的眼前一片恍惚。

八

开元二十二年，文坛盟主张九龄担任宰相，这对于士林而言，可谓是一件值得欢呼的盛事。

如果你没听说过张九龄，那么也一定听过他写的名句——海上生明月，天涯共此时。

若你连这两句都没听说过，那……自己去面壁五分钟，谢谢。

张九龄担任宰相期间，任人唯贤、刚正不阿，尤其是他经常提拔一些怀才不遇的下层官吏，这让天下士子备受鼓舞。

阿维终于转运了……

他给张九龄写了一封干谒信，渴望张九龄能拉他一把。

张九龄出身岭南，又是寒门，他一路从底层杀到了宰相，心知仕进有多么不易，故而虽每日案头干谒的信件多如牛毛，他还是会挤出时间，一封一封认真地看，争取不让明珠蒙尘。

他果然没让阿维失望，千万封信件里，张九龄一眼便挑中了他。说起来，张九龄还是张九皋的哥哥，阿维当初抢了他弟弟的第一名，他非但不记恨，反而还慧眼识英雄，足见其大公无私。

在张九龄的擢拔下，阿维荣升右拾遗，担任谏官的角色。

或许，真的否极泰来了呢？

阿维对未来信心满满，可命运却偏爱捉弄人，又朝着他的脑袋重重砸下了一棒槌。

仅一年后，张九龄被唐玄宗罢相，贬出荆州。给予他希望的人，倒台了。

当张九龄荣任宰相时，人人笑脸相迎，只要能和张丞相扯上关系，恨不得把祖宗十八代都拉出来排排族谱。

而如今，张九龄失宠被贬，继任宰相的又是他的政敌——那个口蜜腹剑的李林甫。人人都对张九龄避之不及，看见人家就装近视看不见。谁都知道李林甫小家子气，最记仇，谁要是和张九龄牵扯上关系，肯定会被李林甫穿小鞋。

人情冷暖哟，张九龄当初帮助了那么多人，可如今人家落难了，他们却视而不见。

只有阿维，只有他，在张九龄被众人隔离的时候，大大方方地寄去了自己的诗句。

他说：“举世无相识，终身思旧恩。”

这几句话掷地有声，狠狠地抽到了那些旁观者的脸上，火辣辣的疼。

患难见真情，时穷节乃见。

自古皆然。

开元二十五年，一支唐军深入青海，大破吐蕃。捷报传了回来，皇帝欣喜若狂，决定派遣一位大使代表自己远去前线犒劳三军将士。

是的，朝廷选定的这个人，是阿维。

这年秋天，阿维改任凉州府判官，出塞前往西北边陲。

历来人们总把阿维说成山水田园派的人物，认为他的性格就是与世无争的，这话不能说错，但肯定不全面。

比如，又有谁能知晓，阿维早年间也有过一腔驰骋疆场、杀敌报国的男儿豪情。

还记得“劝君更尽一杯酒，西出阳关无故人”吗？

那是阿维送行友人前去边关的诗，没有半分颓唐，反而是为友人即将建功立业的羡慕。

而如今，年少时的军旅梦，竟成现实。他骑着战马，一身戎装，用尽浑身上下每一个毛孔，去感受来自边塞大漠的风光无限。

单车欲问边，属国过居延。
征蓬出汉塞，归雁入胡天。
大漠孤烟直，长河落日圆。
萧关逢候骑，都护在燕然。

——王维 《使至塞上》

这次犒军终究是短暂出差，过了一段时间阿维又被调回了长安。而如今任宰相的，是嫉贤妒能的李林甫。

李林甫对谏官们说：“如今明君在上，我们顺从还来不及，还乱提什么意见？”

而阿维此时的职位，正是谏官。

如今的唐玄宗，已经失去了早年间的意气风发，开始耽于享乐，而李林甫在朝廷里一手遮天，政治日趋黑暗。

阿维也应付过李林甫，有人笑话他这么多年升官慢，他自嘲说：“丞相是慧眼识才的，我升官慢是我自己没本事，和丞相无关。”

他不肯谄媚李林甫，但也不敢与李林甫为敌，官场愈发险恶，目睹了这些现实后，阿维更加心灰意冷。

开元二十八年，阿维担任“知南选”，前往岭南。路过襄阳的时候，他得知了好友孟浩然病逝的消息，这番打击更是让阿维心如刀绞、意志消沉。

在南阳，他又偶逢南禅宗的神会大师讲法，一时间人山人海，香客信徒络绎不绝……

他流连数日，终于决定前往求教。

他问神会：“如何可得解脱？”

神会答：“众生本自心净，若是更欲起心有修，即是妄心，不可得解脱。”

九

后人品评盛唐的诗人，首推李白、杜甫。而这第三名，无可争议地都选定了阿维。

李白崇道，人称“诗仙”；杜甫尚儒，人称“诗圣”；而王维参禅，号“诗佛”。

你看看多有趣，代表盛唐诗史巅峰的三个人，恰好代表了儒、释、道三家。

而比起李、杜二人的庞杂，阿维则有所不同。因为他把自己所学的佛理，以及他对人生的那一层了悟，都融进了自己的文字里。

他的笔墨，为大自然而舞动。在阿维的眼里，万物都有生命，那盛开于路边的野花，那潺潺流过的溪水，那巍峨不动的大山，都有属于自己的过往。而他的诗句，就是在记录它们的故事。

正是如此，阿维成了山水田园派的集大成者，后人惯称“王孟”，而阿维的地位尚在孟浩然之上。

孟浩然笔下是复杂的情绪，而阿维的笔下一无所有，空余一片，万籁俱寂。

因为空寂，反而醉人心。

开元二十八年后，阿维深感仕途无望，他在终南山上买下了宋之问的旧宅，过上了一种半官半隐的生活。

他常坐在竹林里，双手相扣、结印盘膝，眼睑微微敛起，不言不语。

月色初上，我去寻他，只见清辉投射在他的睫毛上，使他的脸颊更加冷若冰霜，再也不似当年的温润如暖阳。

他正襟危坐，八风不动，静默在流淌的月光之下波澜不惊，白衣在幽柔的空间里缀了一点寂寞的踪影。

他神色漠然，瞧不出悲喜，眉宇间流溢出几丝疏离的贵气，有淡漠、有清高、有自负，就好似这世间的万物，都换不来他的轻轻一顾。

忽然，他睁开了眼，眸光明澈如水，月华尽蕴眉梢。他看见了我，他笑了，这一笑，化开了月色下万千凝固的寒芒，那个温柔的他又回来了。

独坐幽篁里，弹琴复长啸。
深林人不知，明月来相照。

——王维　《竹里馆》

我突然明白了，这世间的温柔分两种，一种是未谙世事的天真无邪，而另一种是饱经沧桑后那份对他人的体贴。

我突然有点心疼这个温柔的他，锥心刺骨般得疼……

我见到月光下，他独坐在那里对我笑，那笑眼里承载着满天的星斗，却没有一颗在闪耀。

之后的他，总是沉浸在佛理与禅意里，自私地消磨时间。

他自嘲："晚年惟好静，万事不关心。"

人生在世，总逃不过爱恨，若连爱一个人，恨一个人的能力都失去了，大概也就真的了无牵挂了。

而无欲无求，就是最出尘的修行。对于这样一个没有欲望的人，你还能说他什么呢?

就这样，往事在他的心底落满了尘埃，他不拂拭，也懒得去拂拭。

直到天宝十四载，安史之乱爆发，打碎了他这仅存片刻的宁静。

十

天宝十四载，安禄山起兵范阳，宣布造反。他一路势如破竹，次年便攻克长安，史称安史之乱。

唐玄宗惊慌地出逃蜀中，阿维也跟着跑，只可惜没有跟上，掉了队，被叛军俘虏。

安禄山看了半天，说：“我很中意你啊。”

闹了半天，因为阿维太有名气了，安禄山想让他当自己朝廷的官，给他的新王朝增添点名人效应。

阿维想，别了吧，那岂不是做贰臣？

他说：“我王摩诘就算是饿死，就算是从这里跳下去，也绝对不会出任你安禄山的伪职！”

他吞药装病，想蒙混过关，可安禄山铁了心要收服他，把他关在了菩提寺里。

不久，叛军开庆功会，贼将逼迫唐宫里的乐工在宴会上表演，乐工雷海青摔碎乐器，坚决拒演，还面向唐玄宗逃亡的方向号啕大哭。

叛军火了，当场将雷海青肢解。

阿维说：“那个，那个……”

阿维还是当了安禄山的伪官。

当时，我得知消息后气得火冒三丈，没想到你个浓眉大眼的也叛变革命了！

我冒险去菩提寺找他，质问他：“为什么要出任安禄山的伪官，背叛大唐？”

阿维不辩，只是泪如泉涌。

他偷偷送了我一首诗：

万户伤心生野烟，百官何日再朝天？
秋槐叶落空宫里，凝碧池头奏管弦。

——王维《菩提寺私成口号》

我看着这首诗，长叹了一口气，离开了。

我抽了自己一个耳光，用手指着自己的鼻子质问："你又不是官身，又没有人要挟你，你有什么资格要求王维？"

你又不是大唐官员，更非烈士，你凭什么站在道德的制高点上要求他？

你无耻不无耻啊！

我蹲在地上，眼泪噼里啪啦地往下掉……

其实，我早该想到的，出任伪职，最难受的应该是他自己啊。

安史之乱在中兴名将郭子仪、李光弼等人的努力下，终于渐渐平定。

唐肃宗在收复两京后，开始清算在安禄山手下当过伪官的人，罪分六等，阿维被定为三等罪，锒铛入狱。

肃宗对于投降过安禄山的官员的处罚十分重，前宰相陈希烈直接就是死刑，阿维这种情况就算死罪可免，活罪怕也难逃。

幸好，阿维的弟弟王缙在平定乱军的过程中立下了大功，肃宗要给王缙加官晋爵。

王缙乞求："臣什么都不要，只愿降职替我的兄长赎罪。"

王缙还呈上了当年阿维在菩提寺写过的诗，当肃宗看到"万户伤心生野烟，百官何日再朝天"这句时，再抬头环视四周，现实却是硝烟弥漫、万里焦土，不禁让他感慨万千。

这位皇帝终于松了口："算了，就给他个降职处分吧。"

可无论如何，他终究是失了气节。

尽管所有人都原谅了他，可他自己却不放过自己。

他说："臣闻食君之禄，死君之难。当逆胡干纪，上皇出宫，臣进不得从行，退不能自杀，情虽可察，罪不容诛。"

“罪不容诛”，这是他自己对自己定下的判决。

暮年的他变得愧疚而自责，宁静而忧伤，每当退朝之后，他的生活就只剩下焚香独坐、诵禅念佛，这是他选择的赎罪方式。

我的泪不由自主地落了下来，明明没有人责备你啊，大家都知道那不是你的错，可你为什么还要这么折磨自己？

暴露在空气中的伤口，但凡日头久了便可以忘掉伤痛，可隐匿的伤痕纵使结了痂也无法得到救赎。所以他选择了忏悔，那个曾几何时绝代风华的美男子，在忽然之间就苍老了。

他变得老眼昏花、苍颜白发：

宿昔朱颜成暮齿，须臾白发变垂髫。

一生几许伤心事，不向空门何处销。

——王维《叹白发》

在余生的晚景里，所有的人都离开了，只有他被留了下来。被留下来背负绝望与悲伤，被留下来品味这生活究竟有多么悲凉。

我已不奢望他可以获得救赎，只求他死的时候，有人陪在他的身旁，别让他那样孤单、那样绝望。

上元二年，六十岁的阿维预感自己大限将至，他平静地写信向友人们辞别：“各位，我要死了，再见。”

写完后，他安然地躺在榻上，永远地合上了双眼。

在故事的结点，他抽身而去的姿态还是那么风轻云淡。

我看着他安详的容颜，不由得湿了眼眶……

王维，你太干净了，这个世界太脏，它配不上你。

王维，字摩诘，维摩诘，梵文即是无垢之意。

王维啊王维，你知道吗？在你死了以后，我突然就开始相信前世今生，甘愿就此做个奈何桥下的撑蒿人，看尽繁华落幕，只为渡你一人。

我会载你驶向遥远的彼岸，哪怕没有交流，哪怕沉默弥漫整个忘川河，只要能看见你柔和的侧脸，我便会心满意足。

在你喝下孟婆汤的那一刻，我会和你说："下辈子，请你自私一点，做个没心没肺的人，把所有的温柔都留给自己，好吗？"

可我知道你不会，因为你从来都是你，那个山水明净、温润如玉的你。

时光倏尔远逝，却从未改变过你的本真，你一袭白衣的身姿，住在我内心最温暖的一隅，我也从来都没有忘记过。

在我的回忆里，时光依然如故，你的眉眼依然如初。

刹那间，我好似看到你脸上的笑容阳光和煦，上扬的嘴角温暖柔和。

王维呀，一千年过后，我还是希望你会安好。

毕竟，每个温柔的人，都值得被这个世界温柔以待。

第七章 谪仙

他向来无酒不成欢，一斗剑南春下去，
文思犹如泥石流一般流畅，什么锦绣
诗句层出不穷，全是吼出来的。
吼完就蔫儿，躺在酒肆里神游天外。
天子呼他上船作诗，他不去。
“臣可是酒中仙，就算是皇帝老子，
也莫要打搅我喝酒！”

一

那天下午，醉鬼被拉扯到了县堂。

堂上的县令正襟危坐、不怒自威，堂下一个中年人醉眼惺忪、一脸茫然，这一场面引得外面围观的百姓们议论纷纷。

这里是华阴县，虽不属京师，但也在关内道，可以说是天子脚下，而这个中年人却喝得酩酊大醉，骑了一头驴在大街上优哉游哉，这让恰好撞见的县令大为不爽。

岂可修！我华阴治下秩序井然，今日竟然有这般纨绔之徒，必须严惩！几个差役将醉鬼拘了，驴也扣了，推推搡搡地将醉鬼押到堂上，让他写供状。

“嗝儿……”醉鬼一个酒嗝出来，熏得几个衙役捂着鼻子齐齐退后。有人一声呵斥，醉鬼却不顾，他看了看供状，咧嘴一笑，拿起笔就写，全招了。

一个衙役捂着鼻子把那张供纸小心拿起，交到了堂上。县令看完，却发现供状上没有写姓名，顿时发怒，须发皆张，拍桌而呵：“你是何人，竟敢如此无礼！”

醉鬼两眼无神，左看看右看看，挠了挠后脑勺，说：“我喝醉酒吐一地的时候，是天子用他的龙巾来为我擦拭，我写诗的时候，是天子亲手来给我调羹，贵妃娘娘就在一旁给我捧着砚台，我写完诗了，觉得穿着鞋不舒服，又懒得动，当场让大宦官高力士来给我脱靴。奇怪了，在天子门前，我骑着马都没人管我，怎么跑到你华阴县里，还不准人骑个驴了？”

此言一出，满座哗然。

县令惊愧不已，他知道面前这个醉鬼是什么人了，刚才不怒自威的气势顿时不见了踪影，他连滚带爬地蹿了下来，拜谢说：“竟不知翰林至此……”

醉鬼无视他，反倒还乐了，他站起身来跌跌撞撞地长笑而去，空留一群围观的人目瞪口呆。

醉鬼半梦半醒地离开了华阴县地界，走了一段路，顿时意识到了什么。

等会儿！我忘了我的驴了！

我听到市井上有人绘声绘色地在讲这故事的时候，不由得忍俊不禁，小白果然是小白，哪怕人不在江湖，江湖上也到处都是他的传说。

好了，现在请各位深吸一口气，我接下来要给大家介绍一下这位传说中的大神了。他曾经的梦想是当个行侠仗义的剑客，最后却成了大唐无人不知、无人不晓的第一诗人。

他想家：“举头望明月，低头思故乡。”

他赠友：“桃花潭水深千尺，不及汪伦送我情。”

他惊叹：“噫吁嚱，危乎高哉！蜀道之难，难于上青天！”

估计大家应该猜到我说的是谁了吧？

千呼万唤始出来，李白，字太白，号青莲居士。

也是我最最最最最喜欢的小白……

二

小白差点就变成了歪果仁。据小白自己说，他家祖上是五胡十六国时期，西凉国王的后代，家族出自陇西李氏，对，也是“五姓七望”之一。

如果是真的，那小白还和李唐皇族是同宗。只可惜，这全是小白后来空口白牙自己说的，也没什么族谱证明，谁知道是不是真的。

然而，小白却出生在碎叶，如果用如今的地图看，就是吉尔吉斯斯坦。

那小白为何会在那么远的地方出世呢？

原来，小白祖上在隋末时，不知因何原因举家迁徙到了西域碎叶城。不过幸好，小白出生在了大唐，那时候碎叶是安西都护府治下，正儿八经的中国疆域。

小白出生前也有异象发生。有传言，他母亲在怀他的时候，有一日做梦，梦到太白金星飞进了自己的怀里，她恍然惊醒。这件事后不久，小白便出世了。这就是小白名字的由来。

而小白日后自号青莲居士，也是因青莲花多生于西域，小白孩童时对这种花有种懵懂的记忆，后来为了怀旧，这才以此为号。

这种生活持续到小白五岁那年，那年，他彻底告别了西域。他的父亲带着全家从碎叶迁回了四川绵州，就此李家便在这里定了居。

大唐时，四川民风剽悍，重山阻隔，王法不行，属于半开化的地界，在文教上比较原始落后。比如，著名的四川人陈子昂，早年间就是混迹市井的游侠，后来之所以成了名满天下的诗人，全靠自学。

这也就说明，小白从小接受的教育，都是野路子。

比如小白说，他五岁就开始学“六甲”。

“六甲”是一种道教典籍，汉魏时期中原儿童都会学这个。但到了隋唐时期，为了考科举，别人家的孩子都开始学“五经正义”了，唯独因家族远徙西域的李家人，实在落伍太多，到如今还恪守汉魏时的教育流程，导致小白的学习路数和别人大不一样。

小白看书也绝不仅仅局限儒家的书，诸子百家他都看，百无禁忌。说起来，小白最喜欢的其实是纵横家的学说，为此他还专门跑到深山老林里拜名家为师，苦修纵横之术。

除了纵横术，小白还对道家很热忱，年少时去岷山隐居，自己饲养了很多奇珍飞禽，时间长了，这些鸟也不怕他，他一声叫唤，这些鸟就犹如能听懂他的话似的，都扑闪扑闪地飞到他手上就食。

这事很快传开了，绵州刺史亲自前来观看，见这些飞禽对小白如此亲近，口中连连称奇，他以为小白真的会道法，就想推荐小白去参加道科的考试，小白听了哭笑不得，连连摆手拒绝。

除了看书“荤素不忌”外，小白还有一项爱好——剑术。

晚唐时，唐文宗曾评点，说李白的诗、裴旻的剑术、张旭的草书，可以合称为“大唐三绝”。而教小白剑术的，正是裴旻。

这么一说，“大唐三绝”，四舍五入一下，小白一个人就占了两个呢。

当然最关键的一点是，小白学剑可不是做样子，他是真的揣把剑就跑去行侠仗义了。

小白曾跟我说，他杀过人。

托身白刃里，杀人红尘中……

笑尽一杯酒，杀人都市中……

十步杀一人，千里不留行……

大唐国法森严，杀人者死。

开元年间，有一个官员叫杨万顷，冤杀了一个叫张审素的人。不久，张审素的两个儿子就为父报仇，杀死了杨万顷。当时，社会舆论都很同情这两个给父亲报仇的小伙子，甚至连宰相张九龄都为他们求情。

可唐玄宗思虑再三，说："这两个人是孝子没错，但毕竟法不容情，赦免他们只会坏了国法，所以这个先例不能开。"

这两个小伙子最终的判决是被杖杀。

那小白这么打架斗殴、仗剑杀人怎么就没事呢？

所以我开头就说了，蜀中地形本来就重山环合，与中土隔绝，山高皇帝远的，法律贯彻力度差，再加上蜀地民风凶悍，这种事怕是见得多了。而小白家里好像也比较有钱有势，所以这事也就给揭过去了。

其实小白这一派江湖行径，可不只在家乡横，后来进了京以后他更横，光天化日之下竟和一群地痞流氓动起了手。人家流氓有禁军的人当后台，让人把小白抓进了军中，最后是小白的好友找人托关系，这才把他捞了出来。

杜甫曾给小白写诗："飞扬跋扈为谁雄？"

作为正统儒家书生的杜甫，肯定无法理解小白这种快意恩仇的行为，因为这种游侠风的本质，是墨家的思想。

可以说，小白就是一个诸子百家思想的集合体。

开元九年，文坛“大手笔”苏颋罢相，出为益州长史，他在任职的途中偶遇了刚二十岁出头的小白。二人言谈甚欢，苏颋对小白这个小年轻是越看越喜欢，他对左右群寮说：“此子天才英丽，下笔不休，虽风力未成，且见专车之骨，若广之以学，可以相如比肩也。”

翻译过来，就是说：“这个小伙子真是个天才，别看他现在文章火候还不够，但只要广泛学习，总有一天可以和汉朝的司马相如比肩！”

三

渡远荆门外，来从楚国游。山随平野尽，江入大荒流。

月下飞天镜，云生结海楼。仍怜故乡水，万里送行舟。

——李白 《渡荆门送别》

这是开元十二年，小白第一次离开家乡出游时写的作品。当时每个诗人都爱远行，用他自己的话，这叫“仗剑去国，辞亲远游”。

不过与其他诗人都不一样，他去的地方不是长安，也不是洛阳，而是江南。

不知当时四川人是否都有挥金如土的毛病，陈子昂当初千金毁琴，而小白也不例外，他这次出行出手豪奢，在扬州不到一年便花了三十万钱。

这钱花到哪了？

据他自己说，但凡见了落魄的公子，必定掏钱接济，眼皮都不带抖的。

他管这叫仗义疏财……

我说："我读书少，你莫要骗我，你肯定对仗义疏财这个成语有误解。"

我估计，后来他与孟浩然八成就是这么认识的，这大概是小白认识的第一个有名气的诗人。二人具体相交的细节不知道，不过分别的时候，小白特意写了一首诗相赠，为千年以后的语文课本做出了不可磨灭的贡献：

故人西辞黄鹤楼，烟花三月下扬州。
孤帆远影碧空尽，唯见长江天际流。

——李白《黄鹤楼送孟浩然之广陵》

这里可以看出，小白的诗风已经渐渐形成，夸张的表述、大气的意象，就如杜甫形容的一样："笔落惊风雨，诗成泣鬼神。"

他的一字一句，都是以前所未见的章法，冲击着盛唐诗坛的惯例。

比如，他路过江西登庐山时，在香炉峰看见一道瀑布奔腾而下，他的白式唐诗张口就来：

日照香炉生紫烟，遥看瀑布挂前川。
飞流直下三千尺，疑是银河落九天。

——李白《望庐山瀑布》

“三千尺”“落九天”，以前的诗人可没几个敢这么写的，可小白不厌，他就爱这么写，笔法飘逸不群、天马行空，久而久之就成了专属于他的风格。

他一路挥霍，一路玩，很明显，他这么任性的下场，就是很快要挨饿了。

没钱了怎么办？

回家？不行不行！说好了得混出一番事业才能回去的！

咕咕咕……肚子好饿，想吃饭！

小白垂头丧气地在街上走，忽然见到天边一只鸟，顿时福至心灵，有办法了！

他跑去寿山干起了老本行——隐居。

没过多久，山下的老百姓都知道了，这山上新来了一个年轻的隐士，热衷于驯养飞禽，神奇的是这个隐士好像会魔术，他居然可以命令这些飞禽，这些飞禽就好似能听懂他的话一样。

人有猎奇心，一传十，十传百，不论远近，每天都有人来寿山围观这个隐士变魔术，大家都说，这个隐士简直就是神仙！

隐士有了人气，很快又衣食无忧了。

这个隐士当然是咱们的小白。

可估计连小白自己也没想到，就是这么个权宜之计，居然邂逅了她……

四

小女孩姓许，五官精致、琼鼻小巧，一对小虎牙晶莹又可爱，还有双乌黑浓亮的眸子，透着未谙世事的纯真。她的头发扎得随意，举止落落大方，人也活泼好动，时常一蹦一跳地来到寿山，围观隐士小白的现场表演。

她时而欢呼雀跃，时而捂嘴惊叫，等表演到了精彩时刻，她会激动得各种咋呼，一点都没其他女孩子的矜持。

有一次，她看到乌鸦气赳赳地啄小白脑袋，她吓得面如土色，扯开嗓子大呼小叫，音色就跟杠铃一样。转眼间，又见那只畜生温顺地落在小白的肩头，她总算闭了嘴，放心地拍着自己的胸口，长舒了一口气。

小白的头发被啄得凌乱，他一边揉脑袋，一边看向那个引人注目的许家小姑娘。

他一抬眼，正对上人家姑娘的那张俏脸。

小姑娘原本白皙的脸颊，渐渐地烧了起来，泛起两团红晕……讨厌讨厌讨厌！虽心里这么叫，可她的身体却很诚实，她没跑，反而鬼使神差地对上了小白那双粲若星辰的眸子。

一眼万年。

有人说，爱是想触碰却又收回手，收回手却又掩盖不住一颗小鹿乱撞的心，处处都渗出不经意的温柔。

桀骜不驯的小白、大大咧咧的许姑娘，在彼此面前，却好似换了副模样。

你不得不说，有的时候，恋人坠入爱河的过程，就是这么的无厘头。许姑娘是官宦家庭，祖父在唐高宗的时候官至宰相，而小白却是商贾的儿子。那时候讲个士农工商，商人虽有财富，可没社会地位，许家这样的士人家庭根本瞧不起小白的门第出身。

他们要追求的爱情，前路实在漫漫。按照惯例，这对年轻人又会在世俗的压力下含泪分手，然后给千百年后的人们留下一段凄美的爱情故事，正如元稹与崔莺莺、白居易与湘灵……

可谁知道，这世间的任何事只要发生在李白身上，就没按正常套路来过。

他们居然冲破了世俗的枷锁。

许姑娘一哭二闹三上吊，各种哭闹，这谁能顶得住？

她家里人顶不住，最后勉强同意，但提出了一个要求："不是你嫁给他，而是他嫁给你。"

换句话说，小白想和许姑娘在一起可以，但必须得给许家当上门女婿，否则的话，婚事免谈！

谁都知道，封建社会男尊女卑，儒家标榜夫为妻纲，哪个男的若是去倒插门，那会被全社会看不起的。他小白是谁？一个自比苏秦、鲁仲连的人物，向来心高气傲、不可一世，让他去当个被人讥笑的赘婿，这怎么可能？

可这是许家唯一的条件。许姑娘泪眼汪汪，她颤着声音对情郎说出了家人的条件，然后嘴巴一扁，委屈地哇哇大哭起来……

她知道小白肯定会拒绝的。

她捂着耳朵嚷："我知道你要拒绝我，但你能不能先骗骗我。"

小白说："我答应。"

许姑娘泪如雨下，哭得更厉害了。

小白无奈地说：“我没骗你，我答应，真答应，真答应！”

许姑娘不哭了，抬起头：“咦？”

小白好看的眉毛上挑，说：“你家里人条件这么简单，你就早点说嘛，这把我吓得……”

他豪气干云地说：“至于别人怎么看我，和我有什么关系？再说了，我到底是不是那窝囊的赘婿，也轮不上给他们那些人证明！”

许姑娘不敢置信，她叫道：“你刚说什么？你再说一遍，再说一遍啊啊啊……”

爱情是一朵开在悬崖峭壁上的花，想要采撷，就得拿出勇气。

婚后的小白与许姑娘，几乎天天都在秀恩爱，把我这个单身狗给虐得体无完肤。

小白嗜酒如命，常常烂醉如泥，许夫人寸步不离地侍奉，他捻着她的发丝在指间绕来绕去，还调皮地说：“三百六十日，日日醉如泥。虽为李白妇，何异太常妻？”

意思是说：你看看你，嫁给李白这么个醉鬼，一点情趣都不懂，是不是很委屈？

许夫人：“呸呸呸，分明是你嫁给我啦！”

小白冲他嘿嘿笑，后来他还写诗回忆这段婚后生活：“朝共琅玕之绮食，夜同鸳鸯之锦衾。”

翻译一下：白天吃吃吃，晚上啪啪啪！

呵，我酸了……

再后来，他们有了爱情结晶，还是龙凤胎。

男孩子叫伯禽，小白给他取了个乳名，叫“明月奴”。女孩子叫平阳，兄妹两个人可爱得伶伶俐俐，喜欢的不要不要的。

两个小孩渐渐长大，每天都一前一后地跑来跑去，许夫人给他们准备早餐，小白一抖手上的文书，探出半个头，招手让他们过来，他压低声音问，“昨天你们的母亲是不是又因为我醉酒生气了？”两个孩子又是对视、又是笑……

许夫人没事就爱逗弄他们，小白还给明月奴喂酒，直接被许夫人一巴掌甩得老远……

该！真是个恃宠而骄的大小姐！小白揉着脸想着，脸颊上有一道新鲜的巴掌印。

哎呀，如果能这样和她一起白头偕老，那该多好啊。

可天不遂人愿。突如其来的一场病，许夫人没了。

她脸色憔悴，艰涩地对他说："我失约了，陪不了你了。"

她不得不闭上双眼，再也无法陪伴面前的男人，更无法看着明月奴和平阳一天天长大……

许夫人永远长眠了，活着的人呆立在墓碑前，两个孩子已经哭到嗓子沙哑，男人脸上尽是撕心裂肺的悲恸。

他记得她当年在寿山，见到他被乌鸦叼啄，吓到花容失色；他记得在他们缔结诺言的那个夜晚，她捂着耳朵喊“我知道你要拒绝我，但你能不能先骗骗我”；他记得她油尽灯枯前，面色苍白如纸，费尽最后一丝气力道歉“我失约了，陪不了你了”。

可记得这些又有什么用？

她再也不会出现，再也不会生动地立在他的面前，对他说上哪怕是一句话了。

多年后，秋风哀恸、寒鸦夜啼，他醉到天旋地转，举杯邀明月，一首情诗从泪水里滂沱而出：

秋风清，秋月明，
落叶聚还散，寒鸦栖复惊。
相思相见知何日？此时此夜难为情！
入我相思门，知我相思苦，
长相思兮长相忆，短相思兮无穷极，
早知如此绊人心，何如当初莫相识。

——李白 《秋风词》

在那天的月光下，他又哭又笑，桀骜的眼里透出了难言的寂寥，活脱脱像个疯子。

后来的小白也归隐过几次，那时他的身影是伶仃的、萧条的，他也没有再驯养过飞禽了。

五

许夫人死后，小白再待在许家就很尴尬。于是他带着两个子女去了山东，一边养孩子，一边去四处干谒。

这里有个问题，小白既然文采那么好，为何不去考科举？

有人说，因为小白是商贾子弟，唐律规定商人低贱，不准参与科考。还有人说，小白性格狂放不羁，在他看来，碌碌众生才会去参加考试，真正的大神都是靠保送。

小白渴望效法管仲、诸葛亮那般人物，不鸣则已，一鸣惊人，不出则已，一出冲云霄！既然要当官，那就要直接当治国平天下的宰辅！从小官慢慢干起？小白一口回绝：“不干！”

他的志向从不允许苟且，只有诗和远方。

可如何才能一飞冲天，一口气就当上大官呢？只有靠有权势的王公贵胄推荐了。

所以，小白积极干谒，将诗文献给当朝有名望的公卿，希望能入对方的法眼，得到赏识提拔。

可一直都没有结果。

其实有结果才怪，毕竟所谓的干谒投行卷，本质上就是求人办事，其他文人都深谙这点，故而在措辞上都会尽量放低姿态，甚至不惜卑躬屈膝、曲意迎合……

就他小白不一样。

他自己都说了，天生我材必有用，我是天才，我有本事，不愁出不了头。所以他的干谒文章，原则上讲究的是平交王侯，文辞上不卑不亢，完全就是一副我肯给你投行卷，那是给你面子看得起你，你提拔我，这算你有眼光，不提拔我，那就证明你这个人眼瞎，小爷我还不伺候了。

小白傲娇，幻想能遇到燕昭王、孟尝君这样宽容大度、礼贤下士的主君。

可现实哪容得下那么多的童话？小白投一篇，被退稿一篇，始终没有哪个达官贵胄肯回应他。

他不气馁，即使穷困潦倒饭都快吃不上了，也绝不放弃底线去写谄媚文章。

这是小白的底线，再怎么也不能降低下来。

所以一直没人搭理他。

小白一个人带着俩娃在山东隐居，他不靠谱惯了，但两个孩子还小，正长身体，让他带？别说能不能养大的问题了，就算拉扯大了，这三观都不知偏到哪里去了。

孩子不能没人带，小白为此又交了两任女朋友，第一任姓刘，二人在一起没几天就分了手，后来他又找了一个妇人，就这么凑合过了。

这些新交的女友不是许夫人，她们都瞧不起小白，觉得小白没出息，会写诗怎么了？诗能值几个钱？可以换油盐酱醋吗？

不只是枕边人，连一些好事的街坊邻居也经常说风凉话，说小白是心比天高、命比纸薄。

每个人都在嘲讽他，看不起他，认为他就是一个失败者，百无一用的死酒鬼。

而小白却总是安慰自己——问题不大。

行路难！行路难！
多歧路，今安在？
长风破浪会有时，直挂云帆济沧海。

——李白《行路难·其一》

这就是我记忆里的小白，总是迎着太阳发足狂奔，不论受了多少委屈，他都会露出满不在乎的笑容，哪怕栽了个跟头，他也会一骨碌爬起来继续跑，从不停歇。

朝气地、肆意地、蓬勃地凌空一跃，就是他张狂的模样。

他总会让你不由自主地坚信，不论遇到怎样的困苦，他都能直挂云帆、长风破浪！

六

天宝元年，这一天看似一如平常。

小白还在忍受女友的唠叨，以及旁人的闲言碎语，他忍气吞声，埋头写干谒文。这时门外一阵喧哗。

小白的思绪被打断，他皱了皱眉，出去一看，只见一个宦官骑马而来，扈从数百，敲锣打鼓的，气势排场都很足。

邻居们窃窃私语，这怕不是宫里来的人吧？

那领头的宦官一脸傲然，问道："你们谁知道李白在哪？"

一个邻居精神了，以为有热闹可以看，连忙给那人指，所有人都兴奋不已，莫不成李白又得罪了谁，人家都让宫里的人收拾他了。

小白的女友吓得缩在门角，她目欲喷火地瞪小白，肯定是他把这些人招来的！

她这次还真说对了。

那宦官从马上下来，亲切地朝小白迎上来，堆起了满面笑容，说："您是李太白先生，对吧？"

小白说："是我，怎么了？"

宦官说："朝廷招揽贤才，有贵人推荐了您，现在赶紧收拾收拾随我进京吧，天子还在宫中等着您呢。"

旁边人顿时惊愕，女友也露出不敢置信的目光，看向小白的眼神都变了。

明月奴和小平阳跑到小白身边，摇摇小白的衣袖，问："爹爹，爹爹，发生什么事了呀？"

小白没有回答，而是嘱咐孩子们赶快收拾东西。

他的视线扫了一圈，邻居街坊都不敢与之对视，他摆了摆衣袖，仰面大笑而去。

仰天大笑出门去，我辈岂是蓬蒿人？

后来有人说过他，一看他这德行，就知道当不了官。

而推荐小白的人，是玉真公主。就是之前我写王维那篇里的玉真公主。

小白当初入长安干谒，寻求驸马张垍的引荐，张垍不想理他，就把小白打发到玉真公主的别馆里住下。一连数月，杳无音讯。小白失落，赋诗明志后便悄然离去，他的初次长安行，就这样以失败告终。

可无心插柳柳成荫，玉真公主修道归来，看到了小白题的诗，对他有了印象，直到天宝元年，唐玄宗下诏求贤，玉真公主立即就想起了小白。

就这样，小白得以入京。

小白再入长安，第一天就偶遇太子宾客贺知章，后者阅读了小白写的《蜀道难》，深为叹服，说："这是个什么神仙嘛……"

次日，在贺知章和玉真公主的联袂推荐下，唐玄宗在正殿亲自接见小白，极尽礼遇。

那一年，皇帝封小白任翰林待诏。

七

小白就此成了天子近臣。

这就是传说中的咸鱼翻身了，正如他所说："当时笑我微贱者，却来请谒为交欢。"

一夜之间，所有人对他的态度都改变了。再也没人笑话他、轻视他，每个人都堆砌着笑脸，谈起小白都是吹捧献媚、赞不绝口。

小白依然故我。他该吃吃、该乐乐，该喝酒还喝酒，丝毫看不出变化，还是那个佯狂不羁的小白。

小白在长安结交了很多诗歌圈的朋友，大家以诗会友、举办文学沙龙。

每次在其他人斗诗斗得不相上下之时，他那夸张到极致的诗句一出口，别的诗句刹那黯然失色，尽成儿戏。

有诗人不服，和小白比作诗，小白来者不拒，车轮战？行，一轮，两轮，三轮……他们被小白的锦绣诗篇压得死死的。

其实写诗也是有偏向的，有的人爱写古体，有的人擅于五律，还有的人专攻七绝……

唯独小白不一样。他居然全都会写，还把每一种体裁都发挥到了极致。

众人惊叹："这难道真是太白金星下凡吗？"

很快，小白在诗坛上的名气就如日中天，与之结交的名流巨星数不胜数，比如他就和贺知章、张旭等人一起并封为"饮中八仙"，因为他们实在太爱喝酒了。

他向来无酒不成欢，一斗剑南春下去，文思犹如泥石流一般流畅，什么锦绣诗句层出不穷，全是吼出来的。

吼完就蔫儿，躺在酒肆里神游天外。天子呼他上船作诗，他不去。

“臣可是酒中仙，就算是皇帝老子，也莫要打搅我喝酒！”

我估计，关于他的那些宫廷故事，就是这么在江湖上流传开来的。

比如有人说，李白写诗的时候，唐玄宗亲自给他调羹、杨贵妃为他捧砚，写完诗后，还大言不惭地叫大宦官高力士给他脱靴。

还有人说，当时北方有个蛮族来朝，对朝廷不敬，玄宗看了对方国书，却发现文字不通，根本不晓得写了啥，可堂堂大唐，如果连能看懂国书的人都找不到，岂不贻笑大方？于是，玄宗询问大臣们谁人能看懂国书，众臣面面相觑，皆低头，这时有人说小白能看懂，玄宗赶紧让小白去写回书，小白当时正醉在兴头，挥毫泼墨笔走龙蛇，写成的回书里刚柔并济、软硬兼施，果然将那蛮族吓到，次年老老实实前来朝贡。

还有一些所谓的宫廷绯闻，说小白和杨贵妃可能有一些私情，譬如，小白写的《清平调》就盛赞杨贵妃的倾世容颜。

云想衣裳花想容，春风拂槛露华浓。
若非群玉山头见，会向瑶台月下逢。

——李白《清平调·其一》

天宝三载，小白被谤辞官。有人说是因为小白让高力士脱靴，让他闻了自己的脚，高力士觉得自己受到了羞辱。高力士想报复他，要了个心机，去跟杨贵妃说："李白在诗句里说您像赵飞燕，这实际上是调侃您胖。"

于是，在高力士与杨贵妃的谗言下，玄宗开始疏远小白，而小白无可奈何，只能挂冠而去。

其实这些都不过是市井谣言而已。如若要说清小白为何辞官，那就得把天宝时期的政局讲清楚。

唐玄宗李隆基，这个人在继位之初是个励精图治的君王，他任人唯贤，先后提拔了姚崇、宋璟、张说、张九龄四大名相，合力弼成了"开元盛世"。

"开元"的意思是开创新纪元，走向新时代，一共二十九年，第三十年，唐玄宗把年号改成了"天宝"。

"天宝"，有物华天宝、盛世璀璨的含义，可见玄宗觉得自己已经完成了人生目标，如今可以享受治国成果了。

随着张九龄罢相，李林甫上台，玄宗本人也志得意满，沉溺于及时行乐的人生观里。如果说，年号的变更是玄宗由勤入惰的分界线，那这个分界线可能来自于一个人——杨贵妃。

杨贵妃叫杨玉环，貌美如花。她先是选在了玄宗儿子寿王李瑁的身边，成了寿王妃，也就是玄宗的儿媳妇。

可玄宗在武惠妃死后，空虚寂寞，竟在一次去泡温泉时，看中了自己的儿媳妇杨玉环，不伦之恋就这么萌芽了。

他身边的高力士何等精明，一看玄宗的眼神，就猜中了他的心思。在高力士的暗自运作下，寿王被迫休妻，杨玉环则出家当了女道士，法号太真，其实就是为了掩人耳目。

没过多久，杨玉环被选在了君王身侧，封了贵妃。

玄宗彻底倒在了温柔乡里。

从此君王不早朝，政事都交到了李林甫的手中，李林甫这个人嫉贤妒能，在整个中国历史上都能排得上名号。

而小白的志向，用他自己的话说："申管、晏之谈，谋帝王之术，奋其智能，愿为辅弼，使寰区大定，海县清一。"

他从不要功名利禄，而是想效法管仲、晏婴这些大人物，用自己的才能辅佐君王，致平天下。

可这与此时的皇帝格格不入。对于玄宗来说，小白只是一个供他消遣娱乐的文人，他设立翰林院，本就是豢养了一群人陪他玩的。

让小白去治国？玄宗可从来没动过这个念头。

有人问，翰林学士不是位高权重吗？

这里请注意，小白是翰林待诏，而不是翰林学士，虽然都是翰林，且办公地点都在翰林院，但本质上完全是两码事。

所以小白不过是玄宗的玩物而已。既然如此，为什么要留下来？

小白临走前，说："君王虽爱蛾眉好，无奈宫中妒杀人。"

也就是说，宫中有人嫉妒小白、诋毁他，这才让他不得不辞官离开。

以前的人都说这个小人是高力士。实际上，高力士应该是比较冤枉的，他是宦官没错，但未必称得上坏。

在当时，高力士位高权重，太子叫他二兄，王子公主叫他阿翁，驸马叫他爷，就连李林甫也敬他三分，可就算如此，高力士也从来没有目中无人过，反而更加的谨守本分。

可见高力士的风评并不坏。所以，小白没有任何理由去羞辱他，所谓醉了酒让高力士脱靴，不过是市井谣言罢了。而种种迹象表明，那个诽谤小白的人，应该是张垍，也就是小白初次进长安时，把小白打发到玉真公主别馆的那个驸马。

但真正让小白下定决心离去的，还是他在长安看不到任何被重用的希望。

既然如此，与其在宫中受窝囊气，还不如一走了之。

天宝三载，小白被赐金放还，离开了长安。

他从不是什么醉翁无意，而是身不由己。

八

天宝三载，小白遇到了杜甫。

中国历史上有两次传奇的相遇，第一次是老子与孔子，那是思想界的地震，而这一次是李白与杜甫，是文学界的盛会。

闻一多先生激动地说："这简直就是太阳与月亮邂逅到一块儿了！"

可彼时小白已经名满天下，杜甫还籍籍无名，大家社会地位不同，似乎很难平等交往。于是，这段友情就衍生出很多段子。

比如，有人就说，杜甫对小白是"单相思"，举例子，你看杜甫给小白写了多少诗？

《赠李白》《与李十二白同寻范十隐居》《送孔巢父谢病归游江东兼呈李白》《饮中八仙歌》《冬日有怀李白》《春日忆李白》《梦李白二首》《天末怀李白》《寄李十二白二十韵》《不见》《苏端薛复筵简薛华醉歌》《遣怀》《昔游》……

而小白却……《赠汪伦》。

于是，有人感慨，爱一个人果真是卑微到了尘埃里，你看，杜甫好可怜的，想的念的都是李白，而李白呢？今天约汪伦、明天约孟浩然、后天约王昌龄……心疼杜甫兄。

这个是真的冤枉。

谁说小白没给杜甫写过诗？

你不知道，不代表小白没写，小白多情可绝不滥情，他明明写了，比如这首：

醉别复几日，登临遍池台。
何时石门路，重有金樽开。
秋波落泗水，海色明徂徕。
飞蓬各自远，且尽手中杯。

——李白《鲁郡东石门送杜二甫》

这是什么诗？很显然就是一首情诗嘛，满满的惺惺相惜，不信？我给你翻译翻译：“眼看分手就在眼前，而池台上的你还依偎在我身边。真不知何时你我还会再相见，就在这熟悉的石门前。泗水与远山也为我们而幽怨，你我却要离别各自走远。不如彼此把酒尽欢，在醉生梦死中接受那泪如雨下的曲终人散。”

只有这一首吗？当然不是，我们再看下一首，题目叫《戏赠杜甫》，打情骂俏的情趣味道跃然纸上：

饭颗山头逢杜甫，顶戴笠子日卓午。
借问别来太瘦生，总为从前作诗苦。

意思也很简单，我们继续感受这浓郁的兄弟情气氛："我在饭颗山与杜甫不期而遇，他脑袋上挂了个斗笠，告诉我他怕热。我问他你怎么瘦成这样？唔，一定是天天寻思着写诗愁的吧。"

而且不止只有在一起的日常，在分别以后，小白也给杜甫寄去过自己的情深意长：

我来竟何事？高卧沙丘城。
城边有古树，日夕连秋声。
鲁酒不可醉，齐歌空复情。
思君若汶水，浩荡寄南征。

——李白 《沙丘城下寄杜甫》

什么意思呢？我来解说解说："你问我在吗？人在沙丘城。城边有棵树，树上飒飒声。鲁地的酒不上头，齐地的歌又太忧愁。想你就如那汶水，心甘情愿把你陪。"

（别说了我脑子有画面了，你们这对儿我支持！）

可以看出小白是爱过的，至少心里一直有杜甫，杜甫也并非所托非人，更不悔天宝三载在匆匆人群中多看了那个人一眼。

高适说："别吧，我也在啊，我就这么没存在感的吗？"

唔，不好意思，当时不只小白与杜甫，高适也和他们在一块儿。用某位老师的话说，这三个人一起找仙人、采仙草、炼仙丹，梁宋之间留遍了他们的足迹。

按惯例，也少不了到处题诗。

这也是没有办法的办法，大唐又没博客、没论坛，更没中文网，连印刷技术都没普及，要不然，你以为这些人的诗都是怎么流传下来的？

都是优良的历史传统："某某到此一游。"

如若你能穿越到大唐，你会发现，不论是山水间、客栈里、照壁上，凡是空白的地方，都被这帮诗人祸害了。

这仨人凑一块儿，若不到处涂鸦一番，简直对不起后世给他们的名声。

譬如这一天，三个人来到了梁园，眼见前方伫立了一面干干净净的墙，手就痒了。

高、杜两个人还在搜肠刮肚，小白则已经提笔上手，一首长诗《梁园吟》就此而生：

我浮黄河去京阙，挂席欲进波连山。
天长水阔厌远涉，访古始及平台间。
……
昔人豪贵信陵君，今人耕种信陵坟。
荒城虚照碧山月，古木尽入苍梧云。
……
歌且谣，意方远。
东山高卧时起来，欲济苍生未应晚。

这首诗很长，意思我也不解释了，因为不重要，重要的是接下来因为这首诗而发生的后续。

小白题完诗，三人在梁园痛饮一番，之后悠然离去，留下了这面被小白涂鸦过的墙壁。当天黄昏，一个豪门大小姐经过梁园，她扬起脸庞，看了墙壁上的诗，花痴值逐渐升高，双眼都变成了红心。

梁园的工作人员回来，见墙上又被涂鸦，气得骂骂咧咧，正准备去擦，大小姐一看这还得了，她拦住说："不准擦，不准擦！"

工作人员苦笑："大小姐，您别难为我呀。"

大小姐让仆人扔下一千钱，说："这面墙我买下了，这总行了吧？反正你就是不准对这面墙乱来！"

千金买壁的故事传为美谈，大小姐也彻底成了小白的忠实读者，每当小白有新作问世，她都会争先去抢读，然后抱住那些诗卷，心满意足地入眠。多少个夜晚，她在闺房里百无聊赖，铺开了纸张，用笔写下两人的名字，虽不相关，但也再难相忘。

她鼓足勇气跑去寻找小白，说："我真的很喜欢你。"

杜甫惊呆了，高适在一旁美滋滋地吹了个口哨。

小白哑然失笑，以为面前的女孩只是说说而已，故而没去理会，可谁知大小姐不撞南墙不回头，非赖上了小白，一个大姑娘家的，愣是甘愿抛头露面地跟在小白他们三人身后……再冰冻三尺的心，也架不住这样猛烈的爱意，沉重而冷硬的色调，在小白的眼里渐渐动摇、稀释，最终慢慢消散。

原以为自己已经注定孤独一生的小白，不想一头撞上了春天。

大小姐姓宗，与许夫人一样，她祖父宗楚客也是一位宰相。不同的一点是，宗楚客这个人名声臭，当初就依附过韦皇后，是公认的奸相。

文人都好名，名声就犹如羽毛一般要小心翼翼地呵护，对宗小姐这样有污点的人家，清流们向来都是敬而远之。

但小白可没说过自己是清流。他又一次当了上门女婿，为了爱情。

完了，他当倒插门当上瘾了。

第二次婚后生活还是很甜蜜。

小白仕途失意，宗夫人心疼他，想方设法与李林甫的女儿当了好姐妹，打算走李林甫的路子，给丈夫谋一份前程。

小白拒绝，他不想攀附李林甫，说：“安能摧眉折腰事权贵，使我不得开心颜？”

要说其他人辞官，理由各种高大上，什么不与世俗同流合污，什么嫌皇帝昏庸前途无望，什么要回家侍奉双亲……

看小白就一句话：“我不开心。”

看到了吧，这就是小白，一个随性到不似在人间的“诗仙”。他早年间游江陵的时候，遇到过茅山道士司马承祯，对方说他：“有仙风道骨，可与神游八极之表。”

小白辞官后前去寻他，受了符箓，并跟随他潜心修道，学习炼丹之术，看看吃了以后能不能羽化飞升。宗夫人则每天都会捧着脸蛋，一遍又一遍描摹着丈夫的背影，她知道，自己的丈夫从不是什么候鸟，他是鲲鹏，鲲鹏心在苍穹，总有一天会翱翔到九天之上。

她不甘心等待，于是也想奔跑，去追逐他的身影，怎么也不肯停歇。当她得知丈夫痴迷道术时，自己也开始偷偷地去阅读道家典籍，只是因为她想离他的心近一些，也想看懂他眼中的那个世界。

小白告诉她：“你不必强迫自己来理解我所看到的世界，把你自己看到的世界展示给我就好。”

她突然就懂了，纵然是扶摇直上九万里的鲲鹏，也总会有疲倦的时刻，既然如此，她就做一个扎根于土壤里的树吧。若他哪天累了，便可以在她的怀中小憩，不必理会任何外界的冷枪暗箭。她就是他的归宿，为他撑起一片的葱茏。

司马承祯坐化后，小白又与他的好友元丹丘一起修道，二人还找了些朋友，经常在一块饮酒。

小白还是习性不改，经常喝到昏天黑地，有一次在癫狂中，他张牙舞爪，千古名句脱口就出：

君不见，黄河之水天上来，奔流到海不复回。
君不见，高堂明镜悲白发，朝如青丝暮成雪。
人生得意须尽欢，莫使金樽空对月。
天生我材必有用，千金散尽还复来。
烹羊宰牛且为乐，会须一饮三百杯。
岑夫子，丹丘生，将进酒，杯莫停。
与君歌一曲，请君为我倾耳听。
钟鼓馔玉不足贵，但愿长醉不复醒。
古来圣贤皆寂寞，惟有饮者留其名。
陈王昔时宴平乐，斗酒十千恣欢谑。
主人何为言少钱，径须沽取对君酌。
五花马，千金裘，呼儿将出换美酒，与尔同销万古愁。

——李白 《将进酒》

小白的诗，热衷于画龙点睛，前面行云流水、天马行空的秀一通文笔，直到最后，他才给你突然剖明心迹。

这首《将进酒》也不例外。

我们不妨再看看这最后一句："五花马，千金裘，呼儿将出换美酒，与尔同销万古愁。"

世界上最扎心的，绝不是做出受伤的样子，喊着我好伤心啊，仿佛恨不得全世界的人都知道。

而是表面上嘻嘻哈哈，浑不在意，甚至让你感觉这个人没心没肺。可你仔细看他的眸子，那里面盛满了悲伤。

九

有人说，小白本就不是搞政治的材料，这话对，也不对。说对，是因为他的性格太过张扬，和尔虞我诈、谨言慎行的官场格格不入。说不对，则是因为虽他名叫小白，但却并非真是一无是处的政治小白，他对时政的一些看法以及预判，都是独具慧眼的。

小白不愿与李林甫同流合污，又不甘老死山间，思来想去，他决定出塞从军。

大唐与后来的宋明不同，是个尚武的王朝，文人以军功入仕的数不胜数，小白少年随裴旻学习剑术，性格又洒脱不羁，在江湖上行侠仗义都是常事，如今若能去从军，自然也是个好去处。

他告别妻子，赶赴幽燕。彼时的幽燕大地，是安禄山的地盘。

小白在那里待了数月，看到了那里的现实，不由得心惊胆战，他从种种迹象判断，这个安禄山，怕不是要造反吧？小白果断选择了南下离开。

他不是没想过给朝廷举报，可就不说自己人微言轻了，事实上，当时朝中就有不少人跟玄宗说安禄山要反，奈何玄宗就是不信，还把举报安禄山造反的人抓了起来，送到安禄山处。这种现实下，小白又何必再去摇唇鼓舌？

参军失败，他独自一人失魂落魄地去了皖南。

他浩浩荡荡地走了一趟，却一事无成，他感觉周围人都在背后戳他的脊梁骨……

他独倚高楼，看向天边的大雁，想起了他的偶像南朝诗人谢朓，胸中愁意不得舒展，他大声呼喊："人生在世不称意，明朝散发弄扁舟！"

可历史没给他散发弄扁舟的悠闲。两年后，小白之前担心的事发生了。

天宝十四载，安史之乱爆发。

唐玄宗终于吞下了自己酿造的苦果，叛军攻进了长安城，大唐王朝眼看就要倒闭，皇帝选择了带上杨玉环一起跑路……

当年诋毁小白的张垍，在叛军攻进长安后当了俘虏。

彼时，高力士还对玄宗说："放心吧，张垍深受皇恩，肯定会不辞辛苦地赶来找我们的。"

最后消息传来，原来张垍看情况不妙，很果断地把唐玄宗抛弃，高高兴兴地投降了安禄山，当了新朝的官员。高力士被打脸了。

叛乱爆发的时候，小白因为早就有心理准备，反应很迅速，他连忙带着宗家一行人跑去了南方，一头扎进了深山老林，管他外面春夏与秋冬呢。

而唐玄宗那边就很凄惨。

没有爪子的真龙不如虫，玄宗的逃亡小分队走到马嵬驿，禁军内部发生哗变，士兵们杀死了宰相杨国忠，并且要求处死杨贵妃。他们说："国家成了现在这样，都是这些人祸害的，请陛下给我们一个交代！"

玄宗只好憋屈同意。倾国倾城的杨贵妃在马嵬驿香消玉殒。

又走了一段路，常年被打压的太子李亨也硬气了一回，他出手了。

他说：“我不去四川了，我要去灵武整合咱们大唐的军队，与叛军决一死战。”

老皇帝叹了口气，这时候他谁也无法阻止，只能选择默认。

很显然，玄宗去四川，这是逃亡路线，而太子去灵武，这是救亡路线。所以，李亨刚到灵武不久，那些忠于李唐王朝的有识之士便纷纷来投，很快就搭建起了一个小朝廷。事到如今，李亨的机会来了。

在众人的劝进下，李亨加冕称帝，改元至德，也就是唐肃宗，至于唐玄宗……就当个太上皇吧。玄宗就这么被退位了。

不过这时候，玄宗可能还没得到儿子称帝的消息，他接受了宰相房琯的建议，把自己的儿子统统封出去，分镇天下。

而这个策略的实施，也把小白从深山老林里拉了出来。

玄宗有个儿子叫李璘，受封永王。他在接受了父皇分镇天下的诏令后，就自行去了江南招兵买马。

当时安史之乱的战场主要在北方，南方相对较为和平，而且还是财赋聚集之地，故而李璘毫不费力就招募到了数万军队。

没过多久，他得知了哥哥李亨称帝的消息。

唐肃宗怎能容得下兄弟分割他的江山？他下诏，让李璘亲自去见他。

李璘对哥哥的突然称帝很不服！他想，你这个皇位又不是父皇传给你的，是你自封的，还命令我，你凭什么？你处境那么凶险，都可以加冕称帝，而我坐拥东南，赋税粮食都握在我的手里，又兵多将广，你能做到的，那我也可以。就这样李璘动了窥探皇位的心思。

唐玄宗这时也明白了这诸王分镇的后果是何等严重，他连忙写信阻止李璘，可如今的李璘已经彻底被眼前的大好形势以及至高无上的权力所迷惑了，什么话也听不进去。

唐肃宗李亨与永王李璘，大唐皇族兄弟阋墙的魔咒，还是没能在他们这一辈逃过去。

既然决定了要和哥哥“逐鹿中原”，李璘便开始大肆招揽江南的名士鸿儒，这样既可以给他本人提升威望，也能给自己的统治粉饰太平。当时在江南的有识之士，大多都看清了李璘的野心，都纷纷称病躲避，有的为了躲他干脆直接跑路。

偏偏小白没有。

李璘派他的谋士韦子春，前去庐山请了小白足足三次。小白本就壮志难酬，又爱自比诸葛孔明，如今的状况，简直就是翻版的三顾茅庐啊。

他觉得，永王李璘就是那个自己苦苦等待的明主。

他果断应允了李璘的招聘。

宗夫人不愧是相门之女，对丈夫答应下山的事极力反对，她说：“这件事我有点不安心，我不想你去建功立业，咱们只要平平安安的就好。”

小白没听，说：“你放心，等我像战国时期的苏秦那样功成名就地回来，你要啥给啥，吃啥买啥！”

小白朝着妻子挥了挥手，出山了。

十

有人说，小白是政治嗅觉不敏感，被永王李璘诓骗了，他没意识到李璘的谋逆野心。

其实并不是，作为几乎是唯一一个加入永王阵营的大诗人，李璘对小白可以说是尊敬至极。这也让小白觉得，对方真的很欣赏他，他得投桃报李。

至于小白到底清不清楚李璘在谋反，这一点，我觉得小白心知肚明。

比如，他写的《永王东巡歌》，就说得很清楚：

永王正月东出师，天子遥分龙虎旗。
楼船一举风波静，江汉翻为雁鹜池。
……
三川北虏乱如麻，四海南奔似永嘉。
但用东山谢安石，为君谈笑静胡沙。
……
试借君王玉马鞭，指挥戎虏坐琼筵。
南风一扫胡尘静，西入长安到日边。

可见，在小白的蓝图规划里，他并不承认肃宗政权。他觉得，既然唐玄宗把权力赋予了永王，那么永王就是正统。

而且，小白对北方的战局很悲观，他觉得，如今北方的情形就如同永嘉年间五胡乱华一般，肃宗迟早得被叛军消灭，到那时，永王就是大唐最后的希望。然后，他会像谢安当年在淝水打败前秦苻坚那样，谈笑间，安史叛军灰飞烟灭，最后辅佐永王收复长安，中兴大唐。

这就是小白的算盘。

然而，他的算盘落空了。

李璘满心认为，自己占据东南天险，必能与哥哥一较长短。可他却没料到，自己的军队不过是一群乌合之众，更没有大义的名分。

结果，唐肃宗的军队刚至，永王军便一触即溃。

李璘败亡，小白也锒铛入狱，被判定为战犯。

唐肃宗收复两京后，开始大规模审判战犯。比如，王维因为受安禄山任命，按律本应处死，念其胞弟舍命相救，加之王维本来就是被迫，这才幸免于难。

可小白不同，他是铁了心的跟随永王，与肃宗作对的。

这性质就不一样了。

再看看小白写的《永王东巡歌》，这也太反动了，所以彼时舆论汹汹，都说小白应该按律处死。

小白在狱中到处写信求救，他写给高适，可高适为了避嫌，对他的呼救视而不见。

每个人都觉得，这次小白是死路一条了，谁也不想和他沾上半点关系。

只有杜甫说："世人皆欲杀，吾意独怜才。"

为了李白，杜甫可以对抗全世界。

小白入狱的消息传到庐山，宗夫人带着弟弟火速进京，几乎是散尽了家财，到处打点求救。

此时的小白就像一只薛定谔的猫，判决一天没下来，是死是活就尚未可知，故而宗夫人不肯放弃，她游走权贵之间，上下打点。后来崔涣、宋若思两位故人也伸出了援手，皇帝终于决定，放小白一马。

可死罪可免，活罪难逃，小白最后的判决结果下来：流放夜郎。

那一年，肃宗迎接太上皇还京，为了粉饰太平，他改年号为“乾元”，长安城上下再次忙忙碌碌，唯独沦落为重犯的小白无缘共襄盛举，他此时的委屈可想而知。

他登船赶赴夜郎的那天，宗夫人亲自赶来为小白送行。她失声痛哭，自己已是垂暮之年，小白这一去，很可能就再也回不来了。

小白看到神色憔悴的妻子，心头愧疚不已，当初她劝自己不要去，都是自己一意孤行，结果却落得锒铛入狱。他不敢再多看一眼，也不敢多念一遍，他只能头也不回地登上赶赴夜郎的船。

小白以为这一遭有去无回，所以在途中，他专门给妻子写信：

夜郎天外怨离居，明月楼中音信疏。
北雁春归看欲尽，南来不得豫章书。

——李白《南流夜郎寄内》

有人说，他这诗句有一定遗书的味道，他觉得自己再也见不到妻子了。

乾元二年，小白走了大运，那年天降旱灾，肃宗为稳定民心，宣布大赦天下。

小白就这么莫名其妙地被赦免了。

他接到大赦令的时候，高兴得差点跳起来，他挑起行李就往回走，说：

朝辞白帝彩云间，千里江陵一日还。
两岸猿声啼不住，轻舟已过万重山。

——李白《早发白帝城》

不过我却发现了一个很神奇的问题。你看，小白从浔阳向夜郎出发，一路上走走停停、慢慢吞吞，花了一年半，才走到了三峡。

可如今接了特赦，他居然一天之内就赶回来了，就用了一天。

这是何等不要脸的操作啊！

十一

小白曾说："浮生若梦，为欢几何？"

有时候纵观他的命运，真是恍若大梦一场。

他流放归来，见到昔年繁花似锦的长安，如今却已成了断壁残垣，心中怅然若失。

"遥望长安日，不见长安人。长安宫阙九天上，此地曾经为近臣。"

小白的余生，近乎谤满天下。宗夫人死后，他失去了最后的精神依托，曾经狂傲地要和全世界叫板的他，只能在身心憔悴中穷困潦倒。

明月奴长大成人，平阳嫁人后不久也病死了，小白愧疚，他觉得自己不是个好父亲，可如今的他，纵对孩子们再有亏欠，也无力偿还。

小白去了当涂，找到了自己的族叔李阳冰。他将自己的诗文整理成册，尽数托付给了后者，李阳冰后来将之编为《草堂集》，小白的诗作这才赖以保全，得以流传于后世。

小白耳熟能详的诗作有很多，这里说个不怎么耳熟的，他弥留之际的作品，也是他自己给自己写的绝笔：

> 大鹏飞兮振八裔，中天摧兮力不济。
> 馀风激兮万世，游扶桑兮挂石袂。
> 后人得之传此，仲尼亡兮谁为出涕？
>
> ——李白　《临路歌》

这是什么意思呢？

小白好道术，《逍遥游》自然倒背如流，他常将自己比作一只大鹏鸟，翱翔九天，奈何飞上高天时，翅膀却因突兀折断而无法继续向上，只能坠落……坠落……坠落……他眼睁睁地看着他所憧憬的蓝天离自己愈来愈远，而自己却无可奈何，什么也做不了。

就在不久前，他还想北上从军，请缨参与李光弼的幕府，与安史叛军决一死战，奈何突如其来的病让他不得不放弃。不久，病情加剧，他意识到自己怕要撒手人寰，在贫寒交加中，他写下了这样悲愤的句子，字字泣血。

那第二联又是什么意思呢？

小白是一个迷之自信的人，所以即使是沦落到了如今饥寒交迫的境地，他也坚信，纵然自己死去，他的名声也会被流传下去，光耀千古。不得不说，历史证明了，这点他真说准了。

关键是第三联：仲尼亡兮谁为出涕？

翻译过来，就是孔子已经死了，还有谁能够为我哭泣呢？

这里有一个典故，即孔子晚年的时候，鲁国郊外有人射死了一头野兽，可这个野兽大家都没见过，一时间议论纷纷。孔子听闻，就过去看了一下，他一看，眼泪就下来了，他说："这个野兽是麒麟，只在天下有道的时候才会出现，而如今它好不容易出现了，却被杀死了。"

孔子在哀悼麒麟，更是在哀悼理想破碎的自己。

而如今，晚年的小白将自己比作麒麟，自然有控诉无伯乐相识的遭遇。

若是把这联单独提出来，就是一个怀才不遇的牢骚，这种句子我们在唐诗里见得多了，没什么了不起。

可若与前面的第二联连起来，意境顿时大为不同……

他第二联刚说了，自己的名声可以流传千年，后世到处都会是他的粉丝。可马上笔锋一转："孔子已经死了，没有人会了解我。"

所以，他临终前，真正想说的话呼之欲出——喜欢我的人那么多，而真正懂我的人，却没有一个。

宝应元年，李白在当涂县病殁，享年六十一岁。

十二

在网络上有个问题：你同情李白吗？

有人嘲讽说：“人家国家领导人给李白擦嘴，第一夫人给李白捧砚，高级干部给李白脱靴……都这样了，他居然还不满足，啧啧，你说说，我们算什么东西，也配同情李白？”

下面一片点赞附和的。

而我只是冷眼旁观。

我听过一个比喻，说是如果把你扔到原始社会，你凭借来自未来的智慧被原始人众星捧月，那时候，部落首领向你敬酒，首领夫人给你捶背，巫师长老替你穿衣……

然而那又能怎么样呢？

你会开心吗？

不，更大的可能是，你会孤独到窒息，近乎绝望的窒息。

没有一个人能懂你，也找不到任何人可以去倾诉，你只好仰头饮酒，在醉眼迷离中笑得没心没肺，然后再失声痛哭到昏天黑地。

现在，你能理解到李白的孤独了吗？

有人说：“李白生来就光芒万丈！”

可我看到的李白，是他站在光与暗的交错点，半边脸在阳光下被照得金光灿烂，眉眼弯弯，尽是干净纯粹，而另外半边脸却淹没在了黑暗里，瞳孔中含着意味不明的深邃。

我觉得，那应该是另一个李白。

那个李白，与我们想得不一样。

他瘦弱、渺小、伶仃地立在沼泽，那里看不到天，也触不到地，四周都是彻彻底底的黑夜，再也不会有光明的到来。

空气似乎一点一点地被抽干，他的呼吸被锁住，气氛沉闷得要死，恐惧开始逐渐爬上他的心头，他压抑到发慌，迈着步子向前奔跑，跌跌撞撞、遍体鳞伤……

他还不知道，时代已经在他身后气喘吁吁。

杜甫评价李白："千秋万岁名，寂寞身后事。"

这句话戳进了我的心坎，正在我为之感伤的瞬间，蓦然回头，一个少年叫嚣着闯进了我的视线，他是那般的鲜活、那般的恣意、那般的真实……

我的泪水在一刹那夺眶而出。

李白，原来你已经寂寞了一千年。

李白死后，又过了好多年，时代已是中唐。一位足以和李、杜分庭抗礼的大诗人云游当涂，凭吊于李白的墓碑前：

采石江边李白坟，绕田无限草连云。
可怜荒垄穷泉骨，曾有惊天动地文。
但是诗人多薄命，就中沦落不过君。

那个人是大白，本名叫白居易，他写这首诗的时候，李白已经离开人世很久很久了。

不论是白居易的"曾有惊天动地文"，还是杜甫的"笔落惊风雨，诗成泣鬼神"，李白留给人们的印象，都是有种不可一世的狂气。

不论他的喉头是否也有过不可言说的哽咽，但至少，他表现出来的气势，始终都是手握日月摘星辰。

那样的李白，惹人喜爱。

那样的李白，惹人心哀。

而李白的离去，那个令国人魂牵梦绕的盛唐时代，也随之消逝在了历史的长河里。

但是如今的我们，依旧可以领略那个盛世国度的独特魅力，它穿越了千年，就在李白的笔下闪闪发亮。

就如余光中先生在《寻李白》中所说的那般：

酒放豪肠，七分酿成了月光，
余下的三分啸成剑气，
绣口一吐，
就半个盛唐。

第八章 特立独行的猪

如果是站在风口上，哪怕是一只猪也能被吹上高天。

可猪那么多，凭什么是你？所以，阿适下了决定，就算是猪，他也要当千万只猪里最特立独行的那一个。

一

在风口上，猪都能飞起来。用格调高一点的话来说，叫时势造英雄。

这句话本无大错，哪怕修真小说里，灵气稀薄的末法时代，万中无一的天才也未必能比得过灵气昌隆时代的蠢才。

可问题是，没风的时候怎么办？又或者可以问，猪如何分辨，哪里是即将喷薄的风口？

所以，这句话并非是让你心安理得地去做一只猪，而是要让你长起小翅膀，然后“好风凭借力，送我上青云”。

毕竟，机会总归是要留给早有准备的那只猪。

我知道，阿适如果知道我把他比喻成猪，不论褒贬，他一定要揍我。

为了安全起见，可爱一点吧，那我干脆叫他小居居？

别问我为何不用其他比喻，因为我实在想不到，除了特立独行的猪以外，还有什么可以把他的经历形容得如此准确又刁钻。

毕竟，我从未见过如此认死理，头硬到令人震惊不已的家伙。

报上他的名字吧。

高适，字达夫，河南睢阳人。

二

我之所以说阿适头硬，主要是因为他当官就要当大官，而且还得一飞冲天。

什么？做小官？还慢慢熬资历？不好意思，打扰了打扰了。

本来，阿适要当官，他早就能当了。他的爷爷名叫高侃，是高宗时期的名将，曾率领大唐的军队深入北境极寒之地，将突厥追得走投无路，把敌方的可汗生擒活捉，一战而震朔漠。

正是因为战功显赫，高侃官居三品。按照惯例，他这样的高官，其后代可以根据门荫入仕。这是五品以上官员才有的特权。这些人的子孙，可以根据祖上的官位直接进入弘文馆、崇文馆、国子学或太学深造，出来后就能在吏部选拔入官。

阿适的爷爷是三品，只有一个去弘文馆、崇文馆的名额，可惜被他堂哥们给抢走了，不过他还可以进入国子学，只是出来后只是一个官员候补，若是没有空缺，可能一辈子也接不了班。

阿适眉头一皱，就知道事情不简单，他说："官员候补？不干！"

嗯，好吧，不打算门荫，那么还有一个方式，那就是科举考试。自隋以来，科举制越来越完备，如今许多文坛才子走的都是这一条路。

阿适撇嘴，说："考试？就算考上了，还不是从基层开始慢慢熬资历吗？等到大权在握早就七老八十牙齿掉光了，还有什么追求梦想，施展抱负的激情？不干不干！"

不走门荫，也不想去考试。那你还要怎样？能怎样？

阿适不答，只是在河南老家读书学剑，充实自我。

别看阿适是高官之后，但到他这一辈已是家道中落，余资并没有多少。阿适自己不干活儿挣钱，每天学文习武，这也是一笔大的花销，时间一长，不免引来闲言碎语。

阿适不屑，燕雀安知鸿鹄之志哉？

我现在是武装自己的身体与大脑，为将来做准备，等到我他日当上大官、挥斥方遒的时候，你们就后悔现在没及时跟我说苟富贵、勿相忘了！

这时候他写了很多诗句，意思大概是一致的："别看我现在没钱没势，你们一个个嫌弃我，庸俗！看着吧，等老子我富贵了以后，'醒掌天下权，醉卧美人膝'。到时候你们是来求我呢，还是求我呢？"

开元十年，二十岁的阿适北上长安。

他觉得自己文武双全，在资源与机会大把的长安，很快就会有人赏识自己，然后提拔自己当大官，最后迎娶美娇妻，走向人生巅峰。

但现实用它惯有的残酷给这个热血少年上了一课。

没人赏识他。

任他表演如何出色。

离开长安，黯然回乡的那天，他给好友写诗说：二十解书剑，西游长安城。举头望君门，屈指取公卿……布衣不得干明主。归来洛阳无负郭，东过梁宋非吾土。

公卿没取成，只落了个灰头土脸。而如今，再回头进国子学已经没可能了，因为人家有年龄限制，只收十四至十九岁的学生，阿适都二十出头了。

话虽如此说，但其实他还有个机会。根据门荫，他可以去宫中担任皇家的贴身侍卫，根据情况，执勤时间少则五年，多至八年，期满便可以放出来去吏部当个官员候补，没准儿能选上。

按理来说，你去长安拼也拼了，知道现实也就这样，并没有那么多可歌可泣的生动故事，还不如稳一点，走个常规路线算了。

但阿适的脑袋摇得跟拨浪鼓一样，不干。

他说："可叹无知己，高阳一酒徒。"

这是他在自比历史上辅佐汉高帝刘邦取天下的郦食其，由此可知，他虽慨叹，但他并没颓废下去，而是一边务农养活自己，一边继续攻读诸子百家。

他读书，不限于儒家，但凡能经世致用的"王霸杂学"他都看，感觉能用得上的他都照收不误。阿适坚信，机会是留给有本事的人的，他在长安没遇见机会，肯定是自己本事还不够。

有人说，如果是站在风口上，哪怕是一只猪也能被吹上高天。

可猪那么多，凭什么是你？

所以，阿适下了决定，就算是猪，他也要当千万只猪里最特立独行的那一个。

三

阿适最崇拜的人，是他爷爷。

他听过很多关于爷爷年轻时的故事，孤军深入极北擒拿突厥可汗，镇抚高丽，守护安东都护府……一件件故事都是那么传奇，让孩提时代的阿适血脉偾张、激动不已。

他时常幻想，自己的爷爷身披戎装，驾着奔腾的骏马在战场上恣意驰骋，而爷爷的身后，是大唐翻飞的旗帜，在一个个硝烟四起的战场，大唐的将士们手起刀落将敌人杀得丢盔弃甲、人头滚滚……

真正的边疆究竟是怎样的？书中的描述终究空洞无味，没有亲自走过疆场的人是无法体会到那份真实的，那里诞生过英雄，也埋葬过王者，一幕幕耳熟能详的传奇每天都在那里上演……

难道我就只能一直这样纸上谈兵？

阿适不甘心，他的手指紧握成拳，胸中奔腾着的力量势不可挡。

开元十九年，他收拾好了包袱，走向了那战火纷飞的边疆。

他去了东北。

东北当年是高丽的地盘，高侃曾经在这里大杀四方，而如今那位老英雄的孙子，一人一剑，也来到了这个地方。

他来这里找机会，希望能进入幽州节度使的幕府。大唐的制度，在边境设立的节度使可以自己开辟幕府，招揽人才当自己的谋士，这也成了当时文人的进身之阶。阿适想走这一条路。只可惜，还是没成。

当时的东北，有契丹、奚两大部落，西北又有与唐军素来交恶的后突厥，可以说，这个地方并不太平。

当然，也正是因为不太平，阿适才选择来这儿的。

那几年，契丹有一个酋长率领他的族人，胁迫奚族一起投靠了后突厥。这里或许您会疑惑，突厥不是被大唐灭了吗？这里怎么又跑出来了？

好吧，我简单地说一下关于突厥的故事。

本来，突厥是纵横草原的世界级汗国，后来因为内部争端，分裂成了东、西两个部分。大唐开国不久，东突厥可汗带领大军深入内地，兵临渭水河畔。唐太宗李世民不得已，只能忍气吞声，签订“城下之盟”。

几年后，趁东突厥面临天灾，大唐的军队翻越阴山，奇袭东突厥可汗的牙帐，终于一雪前耻，大获全胜，东突厥汗国灭亡。后来东突厥的余部几次联合其他部族复国，都被大唐平灭，结局就是阿适的爷爷在极北生擒了东突厥最后的可汗。

而唐高宗时，西突厥为了垄断丝绸之路的利益，开始威胁大唐在西域设立的安西四镇。高宗龙颜大怒，大唐的天兵再次远征，硬生生地把西突厥汗国打到了解体。

东、西二突厥，就这样被大唐先后瓦解掉了。

但是高宗末年，皇帝因病退居二线，武则天摄政，为了清除反对派，武则天大肆诛杀不服从自己的武将。

突厥趁机复国，这就是后突厥。

而朝廷却忙于内斗，没有及时将新生的后突厥扼杀在摇篮里，反而坐看它一天天地壮大。直到李唐变成武周，武则天腾出手可以收拾北方的时候才发现，敌人已经今非昔比了。

从武则天到李隆基，中华帝国都视盘踞在草原上的后突厥为生平大敌。

这就是后突厥的故事。

如今契丹、奚族一起投了这个大唐的悍敌，对东北造成了史无前例的威胁。

所以阿适来了。

在这里，他看到将领骄奢淫逸，士兵懒散怠惰，边防松懈不堪……

“这就是我大唐的军队？怎么和我以前想得不一样？”

阿适气愤，写诗大骂这些人对不起祖国，可这又能如何？自己腹中纵然有千万良策，也没有地方施展。

他说：“勋庸今已矣，不识霍将军。”

他觉得，就凭边军这帮酒囊饭袋，就算把名将霍去病秽土转生过来，也会一事无成。

直到都山的那场战争发生。开元二十一年，契丹酋长领军来犯，副总管郭英杰率一万唐军加奚族的友军前去接战。

故事在都山上演了。

双方军队大战之时，后突厥的军队突然出现在战场上，原来这是契丹的圈套，唐军中了埋伏！

奚族向来首鼠两端，见状四散逃命，这样反而冲垮了唐军的阵形，混乱中，面对数倍于己的敌军，唐军主将郭英杰战死沙场。可战争还在继续……知道自己中了埋伏的唐军，没有慌乱溃逃，而是继续顽强作战，一万人很快战死得只剩下了六千。

契丹人找到郭英杰的尸体，用刀砍下他的头颅，高悬在手中给唐军看。

他们说：“放下武器，就不用死。”

这六千士兵，是阿适笔下每天只知道吹牛打屁、嘻嘻哈哈的兵。他们是兵油子，阿适还说，连霍去病都救不了他们。

如今，兵油子们的主将被人家杀了，头都割下来了，他们群龙无首。投降吧，反正主将都死了，人家兵力比我们还多，认输了也不丢脸，而且还可以活着，不用去死了……多么简单的选择题。

可这六千被困在包围圈里的兵油子，用撕破天际的吼声回答了敌人："不降！"

"我们是大唐的士兵，我们的荣耀，从不允许苟且偷生！"

这六千人顽抗到了最后，所有人都战死了，无一人生还。

也无一人投降。

阿适来到了这片已经化为废墟的战场。他木然地注视那些早已干涸的血迹。没人知道那一刻的阿适在想什么。

后来，阿适离开东北的时候，留下了《蓟门五首》里的最后一首诗：

茫茫长城外，日没更烟尘。
胡骑虽凭陵，汉兵不顾身。

他知道了什么叫残酷的战场，什么叫荣耀的大唐！

四

东北之行让阿适明白了个道理：读书只能增加学识，却不能增长见识。

于是他不再窝在家里死读书了，而是开始到处旅行，他学会接触不同的人，渐渐丰富自己的三观，开拓自己的眼界。他也不再执拗了，开始接受科举考试。

不过，他的头依旧很硬——考试可以，但不考明经或进士，他要特招。

别说，大唐还真有特招。那叫制举，是天子亲自主持的特殊考试。

与明经和进士不同，制举考的不是五经正义，也不是诗词歌赋，而是策论，也就是对时政的看法与策略。

除此之外，制举对考生也是有要求的，不是谁都可以来参加的，必须得有各地名流的举荐信才行，如若及第，就可以迅速官居高位，不必再慢慢去基层熬资历。

这简直太符合阿适的胃口了。

不过特招的科目与时间都是皇帝临时决定的，没人知道什么时候开考。

到了开元二十三年，唐玄宗下诏，举办制举。阿适果断前去参加。

但机会珍贵稀少，自然也就代表会很艰难，阿适落第了。

难道是自己的本事还不够？不然，明明自己站在了风口上，为何还是没有被吹起来？

阿适黯然归乡，不久便开始了漫游生涯。这期间，他的诗风开始转变，因常年渴望征战疆场，他的诗句更多的是豪情壮志、金戈铁马。

比如，开元二十六年，他有朋友从东北回来，写了一首《燕歌行》送给了他。

阿适胸中那一颗戎马沙场的心顿时被撩拨了起来，他按照友人的诗句，一字一句地写诗应和，回了一封更加豪情壮志的《燕歌行》：

汉家烟尘在东北，汉将辞家破残贼。
男儿本自重横行，天子非常赐颜色。
……
战士军前半死生，美人帐下犹歌舞。
大漠穷秋塞草腓，孤城落日斗兵稀。
……
少妇城南欲断肠，征人蓟北空回首。
边庭飘飖那可度，绝域苍茫更何有。
……
君不见沙场征战苦，至今犹忆李将军。

一首诗读罢，我好似在千万尘土中，看到了一个又一个男儿奔向战场的背影，是如此的果决。

五

天宝三载，阿适遇上了李白与杜甫。

陌生的环境，大家都会刻意靠近与自己类似的人。那时候，他们三个都是失意的倒霉蛋，李白刚刚被皇帝赐金放还，杜甫也在之前的考试中落了榜，如今处在一起，互相都有一种亲近的感觉。

他们三个人天天泡在酒庐里喝到眩晕，然后比赛作诗。

李白的诗句变幻莫测，杜甫的诗句精雕细琢，都自生一方风流。阿适的诗句不同，他写边塞诗，就算身在江南水乡，也照旧能吼出一股大漠豪情。

他喝了酒就破开嗓子大叫，他的诗句刚一出口，就把其他两个人直接唬住了。

作诗还能这么霸气外露的吗？

杜甫呆愣了好久，老半天才反应过来，凝眉开始琢磨这雄浑的诗风是怎么回事，而李白直接就拍掌大笑，说："好好好！厉害了！"

难怪杜甫说，高、李当时的关系好得很，他俩性格外向，有共同语言……

阿适和李白喝醉了，放声哭叫，大骂当权者，有朝一日权在手，杀尽天下负我狗！杜甫在一旁憨笑，给他们添酒，这二人也不客气，仰头就喝，喝完骂得更狠、骂得更毒。

可骂完眼泪就下来了，委屈地哭："你们说说，你们说说，为什么就没人懂我呢？"

后来，他们三个人共饮结拜酒，订下了终生之交。

李白说："喝了这杯酒，我们就是兄弟啦！"

可天下没有不散的宴席。不久后，他们就各自四散天涯。

阿适洒脱，曾经说过"莫愁前路无知己，天下谁人不识君"。在他看来，离别没什么可怕的，青山不改，绿水长流，他日江湖还能再见。

可没有人告诉他，人是会变的。

他日江湖再见，已不是朋友，更不是兄弟，甚至连陌生人都做不了。

只能做仇敌。

六

天宝八载，赏识阿适的人如雨后春笋般冒了出来。

第一个人，是张九皋，时任睢阳太守。他欣赏阿适的才华，把后者的诗集进献给了唐玄宗，还推荐他再次参加制举科考试。

第二个人，叫颜真卿，著名书法家，练字帖的基本都认识他。他给阿适的诗集亲自作序，还借自己的人际关系，把它散给当时社会各界的名流。

在这两个人的保举下，阿适被征召入京，并且道科中第。

此时阿适年近半百，本以为这辈子要一事无成，谁知多年的梦想突然就成了真。

只可惜，老天又跟他开了个玩笑。

当时唐玄宗只惦念着和杨贵妃在华清池里泡温泉，连朝政都交给了宰相李林甫。

别忘了，李林甫是谁？他是张九龄的死对头。

而张九皋是张九龄的弟弟，所以李林甫对阿适自然而然地就有了敌意，在一番暗箱操作下，阿适只被授予了个地方县尉。

县尉是多大的官？

九品芝麻官。

阿适如何能咽得下这口气？他要是肯当这么个芝麻绿豆的小官，早就选择门荫了，还用得着这样？

他不想去，朋友劝他说："别看你现在官小，我看皇上的意思是先锻炼你，迟早会把你招回京师的。"

阿适将信将疑，加上此时家里实在贫困，他只能去赴任。

现实与志向相差太大。

他每日迎来送往，给上司摆笑脸，和同僚假惺惺地钩心斗角，还要去亲手剥削老百姓……

阿适疑惑："我这到底在干什么？"

他回去问妻子，妻子却安于现状，很满意现在的生活，毕竟比起之前的贫寒那可好多了。

可阿适却觉得哪里不对，自己追求了这么久的功名，难道就这样滑稽收场吗？

既然如此，不如学陶渊明，归隐算了。

直到天宝十载，阿适出了一趟公差，地点是范阳，也就是之前的幽州。这是他第二次来东北，这时候镇守当地的节度使换了人。新任的节度使是个胖子，叫安禄山。

我们前面说了那么多次的安史之乱，我感觉我必须得介绍一下这个变乱的始作俑者了。

安禄山是个混血儿，他生父是粟特人，母亲是没有魔力的突厥女巫。她母亲曾对轧荦山"乞子"，故而给儿子取名禄山，也就是"战神"的意思。后来，母亲改嫁给了一个姓安的突厥人，所以又叫安禄山。

可能是因为混血的关系，安禄山从小就精通多门外语，所以在多民族杂居的东北很吃得开。

有一次，安禄山因为和小伙伴史思明一起偷羊，被人抓了个正着，直接送了官。负责审他们的是幽州节度使张守珪。按理来说，这两个偷羊贼直接杀掉就可以，但张守珪动了恻隐之心，让这两个小伙子参军入伍，戴罪立功……

凭借这么多年在各地瞎混的经验，安禄山与史思明对地理的熟悉程度比任何地图都准确，故而带领唐军屡建奇功。

安禄山也被张守珪收为义子。

后来有一次，安禄山由于轻敌冒进，中了埋伏，按律应该处斩。张守珪又不忍心，还把他送到了长安，潜台词是让皇帝做个人情。

时任宰相的张九龄目光毒辣，指着安禄山说："这人一看就不是个好东西，应该依法处斩，不然迟早生祸！"

旁人顺着张九龄的指尖看去，只看到了一个白皙可爱的胖子，又憨又蠢的。这样的人，能生什么祸乱?

哈哈……

玄宗忍俊不禁，给了张守珪面子，免了安禄山的罪行，把他放了回去。

后来张守珪卸了任，安禄山却平步青云，做到了新任的节度使。

安禄山就此发迹。到了阿适第二次出差东北时，安禄山已经身兼平卢、河东、范阳三镇节度使，麾下兵马多达二十万了。

这是个什么概念?

当时大唐王朝的总兵力也不过五十万左右。

现在谁还敢说，他只是一个蠢胖子?

当时，后突厥在一代名将王忠嗣的猛攻下，终于土崩瓦解，大唐北方的压力顿时解除。可是，西方的阿拉伯帝国灭掉波斯帝国后，已经开始大举东进，盘踞在青藏高原的吐蕃王国，也对大唐的丝绸之路垂涎三尺。

国家的军事压力，在西方。

所以，安禄山在东北的一系列小动作，就这样被忽略了……

在后突厥灭亡后，契丹与奚部落本来已经老实了，但安禄山却常常擅自挑起战争，这叫养寇自重，他只有这样，朝廷才会给他提供源源不断的物资。

天宝十载，安禄山故技重演，宣布契丹酋长要背叛大唐，集合三镇共六万大军出征。

常在河边走，怎能不湿鞋？这一战唐军大败，六万人马受挫于疆场。

战后，安禄山向朝廷汇报时，大败说成小败，小败说成胜利。玄宗听了，对安禄山恩宠如昔。

阿适听了，气愤不已。

难道那六万大唐士兵就这样白白牺牲了吗？

安禄山难道不应该为这些精忠报国的冤魂负责吗？

他奋笔疾书，对安禄山进行批判，可是文字在血淋淋的现实面前，是那么的无力。

这趟差回来后，他果断辞去了县尉小官。他觉得，好男儿就应该轰轰烈烈地闯荡一番。若是就这样庸庸碌碌，苟且一辈子，那我这一遭人间，岂不是白走了？

七

余华说：“当我们凶狠地对待这个世界时，这个世界会突然变得温文尔雅。”

所以有时候，对这个世界，我们应该露出点锋芒。

不肯苟且的阿适，用他的勇气抽了世界一巴掌。

世界果然赏给了他一颗糖。

天宝十二载，阿适收到了一封邀请信，信来自河西。

天宝元年，为了拱卫京师、镇守四方，唐玄宗设立了九大节度使与一个实力略次的经略使。

节度使是地方的最大长官，授命时，天子亲赐“双旌双节”，代表可以节度地方，不论是兵权还是人事，都可以一言而决。位高权重的节度使们，分别统治九大军区。

当时，安禄山一人身兼范阳、平卢、河东三镇节度使，他旗下的三镇称之为“东方三师”，毫无疑问是最强大的军事势力。

唯一能与之抗衡的，就是兼任陇右、河西两镇节度使的哥舒翰，他的麾下兵马号称“西方二师”，与东方的安禄山针锋相对。

哥舒翰也是大唐响当当的名将，为人重情重义，当年平灭后突厥的王忠嗣被人诬陷，只有哥舒翰敢站出来替王忠嗣仗义执言。

王忠嗣被贬走时，竭力推荐哥舒翰，说：“只要有哥舒翰在，便可保大唐平安无事。”

而哥舒翰，恰好与安禄山不对付。有一次，安禄山与哥舒翰同时进京，皇帝让高力士举办宴会，专门招待二人。

宴会上，安禄山向哥舒翰套近乎，说：“我爸是胡人，我妈是突厥，您父亲是突厥，母亲是胡人，这么来说，咱俩还挺亲的呢。”

哥舒翰钢铁性格，最看不起装乖讨巧的安禄山，他也不领情，说道：“古人说，狐狸向生它的洞窟吼叫是忘本，我可不敢不尽心。”

狐是胡的谐音，这是在讥讽安禄山是忘本的胡人。

安禄山火了，对着哥舒翰破口大骂："突厥狗，敢尔！"

哥舒翰也是暴脾气，刚想回骂，就见高力士给他使眼色，这才哼了一声，不再说话。

很显然，东西方两位军方头子不合，其实才是唐玄宗最喜闻乐见的，这是帝王的平衡之术。

比如，安禄山封东平郡王，哥舒翰就封了个西平郡王。

这不可能是巧合。

说回阿适。

不错，他手上的这封邀请信，就是从哥舒翰那里发来的。内容大概是希望阿适可以进河西的幕府，成为哥舒翰的幕僚。

阿适愿意吗？当然愿意，简直愿意死了！

他甚至擦了擦眼睛，怀疑自己是不是在做梦。

阿适当场收拾行李前往河西，走在路上都哼着小曲儿。

自己效命边疆的理想终于要实现了！在哥舒翰的幕府里，他担任书记，边陲大漠苦寒的生活让旁人无法忍受，阿适却愈加兴奋。

他的诗风开始变得明快、昂扬，有人问："在这个鸟不拉屎的边疆，你不想回家吗？"

他哈哈大笑，说："岂不思故乡？从来感知己。"

在阿还眼中，哥舒翰就是他的知己。

那些日子，是他最不能忘却的时光。

直到天宝十四载，安史之乱终于爆发了。

八

安史之乱爆发的前夕，哥舒翰中风了，人在长安静心养病。

安禄山起兵时，唐玄宗设了三道防线，信心满满地认为完全可以拦截住安史叛军。结果才过了一个多月，三道防线就全部被破，帝国的东都洛阳宣告沦陷。

不久，安禄山在洛阳称帝，国号大燕。

事态变得一发不可收拾……

如今在长安之前，只剩下了一道屏障，那就是潼关。

如果潼关被破，那么长安危矣！

玄宗环顾四周，看到了病废在家的哥舒翰，他说："如今只有你可以力挽狂澜了。"

哥舒翰当时老迈年高、重病缠身，可如今国家有难，他不能推辞，只得领了皇命，拖着苟延残喘的身体前往潼关，替皇帝守护着帝国的最后一道防线。

阿适也跟着，他被授予监察御史，和自己崇拜的将军一起抗拒来犯之敌。

守护帝国安危的重任落在了他们的身上。

不久，哥舒翰打退了安史叛军的一次进攻，对比之前的连战连败，这一战算是鼓舞了人心，也告诉了大家，叛军不是不可战胜的。

战场真是瞬息万变。安禄山之所以能一路平推，有个重要原因，就是他的突然反叛，唐朝内地一时之间没有反应过来，这才被打了个措手不及。而这时候，哥舒翰稳住了潼关，阻挡住了安禄山的兵锋，这一下，叛军的士气开始泄了……

之前被安禄山占领的地方，也都回过了神，比如颜真卿就和他的哥哥拉起了一支义军，在安禄山的后方各种捣乱。

而朔方军区的郭子仪也做出了反应，决议带领军队猛扑安禄山的大本营。

安禄山进退维谷——

前进，哥舒翰稳稳地在潼关防守，回去，朔方军与颜真卿的义军阻断了他的后路。

安禄山急哭了，对手下破口大骂："当初是你们怂恿我造反的，现在弄成了这般局面，怎么办？"

手下人出主意，说："现在退已经不可能了，只有进攻方有一线生机，可强攻潼关希望不大，只有把哥舒翰引诱出来，我们才有胜机！"

只好这样了。

于是安禄山故意夜夜笙歌，谎称洛阳现在只有少量的老弱病残。

哥舒翰也是身经百战过来的，怎会不知道安禄山的这点诡计？他心里跟如明镜似的，现在我们能拖得起，反而你安禄山才是那个拖不起的人。

按理来说，急的人应该是安禄山，可还有一个人比他更急。

那就是玄宗。

丢失洛阳，已经让玄宗失了智，他听说洛阳的叛军只有一些老弱病残，又在奸相杨国忠的怂恿下，他居然命令哥舒翰出关迎战。

玄宗想，好歹收复洛阳，给我挽回一点面子。

君命难违。

哥舒翰出关那天，大哭了一场。

他知道这一去的结果是什么，可如今只能尽人事，听天命。

在灵宝西原，双方一场大战。

不出意外，唐军大败，哥舒翰被俘虏。叛军西进，潼关告破。

潼关成了人间地狱。

阿适从那里逃了出来。

九

阿适逃回了长安。从这一刻开始，阿适的人生开了挂，像小说男主一样。

彼时，唐玄宗已是方寸大乱，他询问大臣们：“咋办？”

阿适建议说：“现在将内库所有的钱财都用上，招募死士一起抗敌，誓与长安共存亡！”

玄宗没听。

不但没听，还在第二天凌晨，抛弃了长安城内千千万万的子民，偷偷地往成都逃命去了……

阿适快气疯了：“我怎么摊上这么个老板！”

他走近道抄小路，总算是追上了玄宗。

他向玄宗陈述了灵宝兵败的经过。他告诉玄宗，哥舒翰当时已经中风，根本无法打理日常军务，监军只知道寻欢作乐，而在热天下作战的士兵，连饭都吃不饱。这种情况下，强行催战，怎么可能赢？

玄宗叹了口气，但后悔已晚，于是，他提拔阿适为侍御史。

不久，玄宗想让诸王分镇天下，阿适竭力劝阻，可玄宗还是不听。

阿适算是明白了，跟着这个老糊涂根本没什么指望。他果断离开成都，前往灵武，投奔唐肃宗。

阿适的担忧变成了现实。

永王李璘造反了。

肃宗询问大臣："咋办？"

阿适不屑地说："永王必败，不足为虑，打他！"

阿适被任命为淮南节度使，前去讨平永王之乱。

安史之乱前籍籍无名的小官，在安史之乱后的数月间竟一飞冲天，成了节制一方的封疆大吏，实在太硬气了。这只特立独行的猪，终于飞上了高天。

可他到了战场才发现，永王的阵营里有一个故人——李白。

没想到，昔年好友一别，今日再会，竟是兵戎相见。

阿适成功地平定了永王之乱。李白也被俘虏，在他被缚着带走的时候，阿适看见了他。二人相顾无言，只能错开视线。

这能怪谁？

怪阿适吗？他为国家讨平叛乱，捉拿从贼的乱党，这有错吗？

怪李白吗？他响应永王，还不是为了讨伐安史叛军，报效国家？

谁都不能怪啊。

他们都是被这世俗戏弄的棋子，在命运的棋局里，谁都不该有怨言，于是，也只能去怪这造化，怪它实在弄人。

阿适狠心闭上了眼。

可眼前浮现的，是当年他、李白，还有杜甫，三人一起骑马射箭，喝得酩酊大醉的场景……

那时候，自己谈着天高，李白说着海阔，杜甫含笑看着他们。

可是如今，自己却要亲手把自己的好兄弟送入大牢。明明当时都说好了，喝了那碗酒，大家就是兄弟了啊。可是，我现在在做什么？

但也只能这么做啊！

记忆里，那个洒脱不羁，曾经在酒馆击掌大笑，让自己作诗的兄弟；那个胸怀大志，一起和自己发酒疯，大骂当权者的兄弟；那个与自己登高怀古，抒发胸中抱负的兄弟。

一幕幕的画面，开始崩坏、破碎……

阿适重新睁开了眼睛，眼中一片肃杀。

从此，他与李白，再也没有来往。

十

阿适没有时间伤春悲秋。

因为安史之乱还在继续，天下苍生还生活在水深火热之中……

有多大的权位，就要负多大的责任。

形势不容他为好友而悲伤。不久，安史叛军进攻了阿适的老家睢阳。如果睢阳告破，叛军就可直入江南，而江南是大唐的赋税重地。如果叛军成功，那么江南会化为人间焦土，一旦失去了财赋来源，大唐也将会濒临灭亡。

幸好，睢阳的长官张巡死撑，竟在兵力二十倍于己的叛军围困下，硬生生地把睢阳守了十个月。

这期间阿适多方联络进行救援，但没人敢去，直到张巡创造了奇迹。

阿适好不容易召集了兵马，可惜晚来了一步。

张巡战死，睢阳已经陷落三日。

但至少，他们阻止了安史叛军的南下之路。

阿适仰天长叹："安禄山，你作的到底是什么孽啊！"

他继续与安史叛军浴血奋战。但可惜，他得罪了肃宗身边的大宦官李辅国。

在李辅国的谗言下，阿适被贬洛阳，担任了十个月的闲职。

可情势危急，朝廷离不开阿适。不久，阿适就再次出山，平定叛乱。

阿适征战十年，疲于奔命，渐渐地，他的头发变得花白，视觉有了迷雾，精力也开始不济，脑袋不再灵光。

再到后来，吐蕃趁火打劫进攻边境，阿适因为年纪老迈，竟束手无策……

他意识到，自己老了。

新任的唐代宗也意识到了这点，将阿适召回了京师，让他颐养天年。

如愿以偿为国家效力疆场，如今功成身退，应该知足了吧？

某一天，他在长安养老期间，听说了李白的死讯，当时愣了一下。

他突然想开口说对不起，可嗫嚅了半晌，也没蹦出半个字……

他写了一首诗。

那首诗，是他写给另一个尚在人间的兄弟杜甫的。

当年他对李白见死不救，杜甫虽没说什么，但也对他疏离了很多，他一度在蜀中任职，彼时杜甫也在四川，二人近在咫尺，可杜甫却从来都没找过他。

阿适知道，自己负了当年三人的结义之情，杜甫怨他，对他有意见。

他不想道歉，因为他知道斯人已逝，就算道歉也于事无补，只能拿起陈放多年的笔，为他们的兄弟之情写上一首诗。

诗句太长，是这样写的：

人日题诗寄草堂，遥怜故人思故乡。
柳条弄色不忍见，梅花满枝空断肠。
身在远藩无所预，心怀百忧复千虑。
今年人日空相忆，明年人日知何处。
一卧东山三十春，岂知书剑老风尘。
龙钟还忝二千石，愧尔东西南北人。

——高适 《人日寄杜二拾遗》

这首诗他一直没能给杜甫寄去。

为什么？

没人知道。

几年之后，也就是永泰元年，六十二岁的阿适在家中与世长辞。

临死前，他的眼前浮现出了李白与杜甫的模样。彼时自己还没有飞黄腾达，和他们也都还是兄弟，他忽然发现，自己和他们两个并不同……哪里不同呢？

唔，他们俩的眼睛都是一样的，毫无杂质，简单而纯粹。

阿适死后过了五年，这首尘封许久的长诗，终于被他最后一个留在人间的兄弟杜甫看到了。

而史书只用了八个字，记载了杜甫当时的表情：泪洒行间，读终篇末。

第九章

少年风马

对中原人士来说，西域充满了瑰丽与神秘，无数好奇汇聚于此，若有人问：“那个地方都有什么？”

我想，小岑大概会回答：“火山、雪域、冰原，以及大唐将士们的纵马扬鞭。”

一

公元八世纪时，罗马人已衰落多年，一蹶不振。而地球上的另外两大帝国针锋相对，并列东西两极。一个自然是大唐帝国，另一个，就是阿拉伯帝国，中国的史书上将它叫作“大食”。

天宝十载，西域边境的斥候冒死传来情报：“中亚诸国勾结大食，约定偷袭大唐设立在西域的安西四镇。”

如果安西四镇陷落，那么中国人将失去对丝绸之路的控制权。

两大帝国素来积怨。

阿拉伯人的崛起是踏着波斯人的尸骨开始的。波斯帝国灭亡后，波斯王子逃来了中国，乞求唐高宗进行政治庇护，在高宗的保护与支持下，波斯王子重返东亚，名义上遥控原来波斯帝国的全部疆域。

在那一刻，阿拉伯帝国与大唐帝国的仇怨便已经萌芽……

阿拉伯人不断东进，并对丝绸之路上巨大的商贸利益垂涎欲滴。故而，阿拉伯与大唐的战争已经无法避免。

而如今，根据斥候的描述，阿拉伯人终于按捺不住，决意发动对大唐的战争。

世界级的巅峰之战，就要开始了。

那一天，安西节度使高仙芝正入朝述职，人都走到了甘肃的武威，跟在他身边的有一个书生打扮的人，看似文文弱弱，但他浑身上下都透着一股杀伐之气，虽内敛不外露，却也让人不敢轻视。

斥候的情报传了过来，高仙芝当机立断，决议星夜兼程赶回西域，集结军队准备作战。

那书生说："我也去。"

高仙芝笑着说："不用，区区大食而已，用不着大费周章，等我解决了他们就回来，你就在这先住一段时间。"

于是，书生被留在了武威。

书生也是从过军的，这些年来大唐的将士战无不胜，那些西域的番邦小国，在帝国的面前只有两个选项：臣服或灭亡。

更不用说，这次出征的还是大唐帝国的将星之一，安西节度使高仙芝。

在他的记忆里，这位节度使自从上任以来，在疆场上从来都是攻无不克、战无不胜的，无数不听话的王国与部族都毁灭在他的手上，他就是西域诸国心目中的大魔王。

书生就像往常一样等待高仙芝的凯旋，然后和他一起去长安述职。

却不想，没过多长时间，前方传来了唐军惨败的消息。上万大唐将士陨落在中亚战场，高仙芝灰头土脸地逃了回来，身边只剩下零零散散的千余人。

书生说："什么情况？这个场子我必须得找回来，咱们调兵遣将，与大食再打一次。"

只可惜，没过多长时间安史之乱爆发。那时候的大唐朝廷自顾不暇，更别说出兵西域、报仇雪恨了。

后来，书生每次谈起这件事都是一阵唏嘘，他嘴边嚷嚷说："我跟你讲，要是我当时也参战，结果肯定会不一样！"

我怼他说："小岑哪，你看，天上有只牛在飞诶。"

我虽然嘴上羞他，可我也知道，小岑对祖国的军队有着怎样的崇敬。

他的另一个身份是边塞诗人，可他的诗里从来不提将士如何英勇无畏，而是热衷于描写残酷的自然环境里军营的日常生活。意思很简单，除了无法预测的大自然外，没有任何敌人值得大唐王朝正眼看待，既然如此，何必再去浪费笔墨？

瞧瞧，小岑多嚣张的一个人。

人嚣张，诗更嚣张。

我记得，他说："古来青史谁不见，今见功名胜古人。"

我记得，他说："一生大笑能几回，斗酒相逢须醉倒。"

我记得，他说："功名祇向马上取，真是英雄一丈夫。"

我还记得，他那种不可一世的狂妄，纵然相隔千年，亦能对酒入肠，奏上一曲霓裳。

二

小岑的本名，叫岑参。

字？不知道。号？不知道。

为啥关于小岑姓名的信息这么少？

还是不知道。

不过，关于小岑的名字，这里还是要掰扯清楚一个事。那就是，小岑名字里的那个参字，到底是读"can"，还是读"shen"。

反正，大部分的语文老师告诉你，应该读“shen”。

为何？

这主要是因为已故学者蒋逸雪说：“岑有高峻义，故连类相属，名参商之参。”

于是，把参读“shen”就成了惯例。

但这个说法，实在有些武断。因为小岑的字不知道，所以很难从字号推出名的读音，只能瞎猜。

不过，我们是不是能把小岑的兄弟都拉出来，看看是否能找出什么蛛丝马迹呢？毕竟古人宗族观念浓厚，或许是兄弟连名呢？

嗯，小岑的父亲官至刺史，他有五个儿子：岑渭、岑况、岑参、岑秉、岑亚。

呃，乍一看，好像并没有什么规律，还是无法断定小岑的参到底读什么音。

不过，我们考察一下小岑他们家族的兴衰史，似乎就能够破译他名字读音的奥秘。

小岑曾说：“国家六叶，吾门三相矣！”

也就是说，岑氏家族共出过三位前辈，曾官至宰相。分别是，他曾祖父岑文本、伯祖岑长倩、伯父岑羲。

除了曾祖父岑文本外，其他两位父祖皆卷入了政治斗争，最后身败名裂、死于非命。就在小岑出生的前两年，他的伯父因投靠太平公主被唐玄宗诛杀，全家籍没，亲族数十辈放逐略尽。

可以说，小岑出生时，岑家就已经衰败了。

他的这倒霉伯父生前写过一首诗，题目叫《参迹枢揆》。

这个参，念“can”音，有重振家国、飞黄腾达之意。

如此可见，小岑的名字是受了伯父作品的启发，所以，读音是

“can”才对。

当然，您可能反驳，说这也只是猜测而已。

那我还有一个理由，就是宋人都觉得应该读“can”，但凡宋人在写诗的时候，诗句里涉及岑参这两个字，韵脚压的都是“can”这个读音。

由此，至少有了一个说法。

“can”音比不知所谓的“shen”音，更有那么一丝权威性。

三

小岑从没想过，百年后人们会把他归入边塞诗人的行列。

至少，小时候他可从没动过从戎边疆的念头。

因为伯父卷入太平公主之事，岑家惨遭波及，到了小岑这一代，原本辉煌的大家族已然衰落，只剩下“断壁残垣”。

父亲临死前，握着他们几个兄弟的手，口中念念不忘地唠叨：“一定要重振我岑家门楣！”

父亲弥留之际的不甘，深深地烫在了小岑的心坎上。

父亲的遗言，也成了小岑挥之不去的执着与守望。

他少年天才，从小跟随兄长学习，五岁读书，九岁著文，他观遍经史百家。

十五岁，小岑隐居嵩山西峰的少室山苦读，与尘世隔绝。

二十岁那年，他献书阙下。

大唐制，除了正常的科举制度外，如果有通五经、一史的人才，可以进献文章到中枢，一旦录用，效果与制举一致。

小岑想走这条路，可他不知道，这条路都是给那些高官子弟准备的，岑家是罪官后代，人走茶凉，他在朝廷早已没了门路，一个破落子弟，谁肯给你机会？

小岑的文章投上去了，果不其然，泥牛入海、杳无音讯。

小岑委屈，说："这也太现实了吧！"

来亦一布衣，去亦一布衣。
羞见关城吏，还从故道归。

——岑参 《戏题关门》

但不论怎么发牢骚，他还是没气馁。之后的十年间，他往返于长安、洛阳寻找机会，但是依旧无果。

开元末年，小岑在河朔旅游，回长安后没多久，便隐居在终南山。

他说："我想当个隐士。"

这是个假话。

小岑没有想真的去隐居，这只是一个曲线救国的入仕策略。

古人的隐居原因各不相同，有人是因不愿与贪官污吏同流合污，有的人是仕途无望心灰意懒，还有人隐居则纯属个人兴趣。

但在大唐还有一种情况，那就是名为出世，实为入世。

考虑到隐士总给人一种世外高人的印象，文艺点讲就是高级，所以有些正常求官无望的人，都会假意隐居，借此炒作，自抬身价，等有了声望岂不是会有贵人自动找上门来了？

最早干这个事的是一个叫卢藏用的人，他因为进士没考上，就隐居终南山造势，最后果然招来了伯乐，他如愿以偿当了官，后来还有人戏称卢藏用是“随驾隐士”。

卢藏用有个好友，是当时的著名道士，叫司马承祯。

一次，司马承祯对卢藏用说，自己想去天台山隐居（他是真想隐居的那类）。

谁知卢藏用会错了意，跟他说：“何必走那么远，在终南山隐居就挺好啊。”

司马承祯立刻了然，说：“不了不了，我觉得去终南山隐居的，都不是真心想隐居，那不过是通向官场的一条捷径罢了。”

于是，中国的成语词典上又多了个成语——终南捷径。

自从卢藏用成功把自己推销出去后，大唐的文人眼睛都要羡慕红了。他们都纷纷学习卢藏用去终南山假隐居，为何？因为终南山离长安近呗，结果原本清幽静谧的山间，生生被这帮人弄得都快赶上闹市了。

很显然，小岑也是假隐居大军中的一员。可时间一长，朝廷也摸清楚了这帮假隐士的套路，不禁感慨，文人统统都是一帮大骗子！

于是，这个原本屡试不爽的办法就失效了。

小岑无奈，只能规规矩矩地参加科举考试。

天宝三载，小岑高中进士。

然而并没有什么用处，别忘了当年高适为何不愿科举？就是因为即使高中了也不过是一个芝麻绿豆大的小官，天知道何时才能从媳妇熬成婆。

果不其然，小岑只是被授予了个九品小官。

唉，真是人间不值得！

他写诗说：“误徇一微官，还山愧尘容。”

一个九品小吏，何年何月才能重振家族？

他说："与其当这么个官，我还不如回去钓鱼呢！"

可如今自己也没有生计，吃穿用度都是问题，如若辞官归隐，天天吃鱼对身体也不好啊。

小岑苦恼，把自己灌醉，躺到床上生气。

直到天宝七载，小岑的好友颜真卿出使河西、陇右。

长安的灞桥边，这帮人继续祸害无辜的柳树。

小岑折柳送别，考虑到气氛，他为颜真卿作了一首送别诗。他没从过军，最多就是去边关旅过游，只能勉强用幻想来遣词造句：

君不闻胡笳声最悲，紫髯绿眼胡人吹。
吹之一曲犹未了，愁杀楼兰征戍儿。
凉秋八月萧关道，北风吹断天山草。
昆仑山南月欲斜，胡人向月吹胡笳。
胡笳怨兮将送君，秦山遥望陇山云。
边城夜夜多愁梦，向月胡笳谁喜闻。

——岑参《胡笳歌送颜真卿使赴河陇》

这是古体诗，气象雄浑豪气，却内蕴一层悲凉。故而这首诗一作出来，莫说灞桥上的众人噤若寒蝉，就连小岑自己也吓了一跳。

"我从未征戍边疆，怎么会写出这样气势磅礴的边塞诗？"

颜真卿拍了拍小岑的肩膀，说："你若是能去边疆，那必然是一段佳话！"

四

天宝八载，一封来自西域的信，改变了小岑的命运。

大唐在新疆设立安西四镇，用来统辖西域，同时掌控丝绸之路。

但安西四镇周边有两个强敌：吐蕃、大食。

所以，天宝元年唐玄宗设立十大军区的时候，便在这里设置了安西、北庭两大都护府，置兵数万，专门用来屏蔽边境。

在丝绸之路上，有一个国家叫小勃律。小勃律国家不大，可地理位置很重要，刚好扼守着安西四镇与吐蕃两者之间的门户。吐蕃为了拉拢小勃律，将公主嫁给了小勃律王，遂控制了西域二十余国。丝绸之路，断了。

几任安西节度使屡次兴兵讨伐，但小勃律远在帕米尔高原以南，山高路远，唐军几次远征都无功而返。

小勃律王窃喜，唐军虽强，但终究无法越过这天然的屏障。

然后，高仙芝说："你想多了。"

天宝六载，时任安西节度副使的高仙芝，率军上万人翻越帕米尔高原，强闯海拔七千米以上的青岭，坚苦卓绝地行军了几个月，成功地出现在敌方境内。

这是一场敌人打死也预料不到的奇袭。

那一战，上万唐军势如破竹，以迅雷之势把还在犯蒙的十万吐蕃大军打得落花流水，一路疯狂推进，包围了小勃律的都城。

小勃律王缚了吐蕃公主，开城请降。

高仙芝傲然骑在马上，俯视着面前战战兢兢的小勃律王，说：“我要让你明白一个道理，犯我中华者，虽远必诛！”

就这样，又一个国家倒在了大唐的铁骑下。

唐灭小勃律后，震动了中亚诸国，纷纷重新归附大唐王朝。自此，高仙芝也声名大振，被玄宗提拔为安西节度使，一跃成为大唐帝国的将星之一。

高仙芝是个很有意思的人。他过去人缘差，得罪过不少同僚，如今走马上任，军中曾经与他关系不睦的将领纷纷惴惴不安。长此以往内部势必会不团结，进而影响到士兵们的士气。所以如何解决这个问题，就成了高仙芝新官上任的第一件事。

按照惯例，有度量的人可能会把话挑明，表示自己大度不在意，我们还是好战友，今后互相关照。气量小的人，可能就会给对方穿小鞋、挖陷阱，甚至公权私用除掉仇敌。

偏偏他高仙芝两者都不选。

有一天，沙场点兵，他专门把一个曾经的对头叫了上来。

这个人平时可能有点娘，结果在大庭广众下，高仙芝毫不留情地就说：“你明明是个男的，内心却是个娘儿们，请问，这是为什么呢？”

他又叫来另一个将领，也是他曾经的对头，说：“你当初抢了我城东的一千石种子田，还记得不？”

那将领害怕了，赔笑说：“那是您赏给我的。”

高仙芝不领情，阴阳怪气地说：“别了吧，我哪里敢赏您？还不是那时候害怕您啊。”

他骂完，又喊过来几个以前的对头。这次不骂了，直接改动手，男子汉嘛，能动手就别吵吵，在众目睽睽之下，他对几个人拳打脚踢，跟街头斗殴似的。

折腾完了，高仙芝长长地舒了一口气。他叉起腰，张开个大字，跟孩子王一样地跟大家宣布：“我的气出完啦！从今天起，以前的恩怨咱们谁也不准提，谁提我抽谁！”

小岑这回要投靠的，就是这么一个人。

他没法不去，因为照目前看来，这是唯一一条取功名、振家风的渠道。

他说：“丈夫三十未富贵，安能终日守笔砚！”

他都三十三了，再不疯狂就老了！

那就去吧！去西域，在那个遥远又神秘的地方，他会建功立业，闯下属于自己的一片天！

五

小岑还是第一次出这么远的门。从长安、到河西、再到敦煌、最后出阳关，通向安西。荒漠、火山、商队、沙盗……

小岑都快麻木了，尤其是出了阳关后，满目荒凉，那叫一个人迹罕至、穷乡僻壤、荒郊野外、鸟不拉屎啊！

一想到还要在这里待好几年，小岑哭的心都有了。

他说：“今夜不知何处宿，平沙万里绝人烟。”

随着骆驼“嗒嗒”的蹄声，安西愈来愈近，长安愈来愈远。他想到了自己的家人，再回望身边，沉沉的大漠风烟，寒冷的风让他不得不裹紧了狐裘。他就犹如一只胖虎，缓慢地走在这片孤独的天地间……

火山的炙热无法温暖他的内心，冰河的冷冽无法冻结他思乡的情愫。

他就这般，有目的也无目的地走向那前途未卜的未来。

他的目光里既有希望，也含迷惘。

好不容易他偶遇了一个使者，对方的目的地是长安。

他大喜过望，哈了口冰碴子，活动活动僵硬的手指，想托那人给家人寄封家书，却恍然想起，自己手头根本没有纸笔。

故园东望路漫漫，双袖龙钟泪不干。

马上相逢无纸笔，凭君传语报平安。

——岑参《逢入京使》

罢了，还写什么呀。所谓家书，从不要什么唠唠叨叨的废话，无非就是一句："我在这里过得很好，没受委屈，不要担心啦。"

在人生的低谷里，聪明的人总会学着苦中作乐。

小岑到了安西，在高仙芝的幕府里担任书记、判官等文职工作。虽说他对家乡思念成疾，但人总要领略新的事物，在格格不入的世界里尽力让自己融合进去。

他逐渐开始体会到西域的魅力。

那天晚上，小岑独自一人走出军营透气，看月光皎洁，他心中惆怅："在长安的故人们，是否也在抬头看着这一轮明月呢？"

他慢慢地向前走，忽然看到沙漠中有一个蓝色的影子在旋转。

他定睛细视，原来是一个胡女正在戈壁滩上轻盈地舞蹈。

他隐约可见那女子曼妙可人的曲线，大波浪状的长发扎在脑后，随着她的脚步交换越来越快，她旋转得也越来越快，扎住的长发突然散开，跟她正在转动的身姿一起摇曳在风中，美得如梦似幻……

他总算是瞥见了女子的容颜，高鼻深目、肤白如雪，她一边舞蹈，一边绽放笑容。这原本干枯死寂的沙漠，在那一刻好似瞬间有了无限的生机，连一沙一石都在为这个女子雀跃欢呼。

小岑不知那是什么舞蹈，也不知跳舞的人是谁，但她笑语嫣然的脸庞瞬间让他明白了，什么叫作一舞倾城。

他情不自禁走上前去，问："这是什么舞蹈？"

胡女诧异地看着他，回答说："胡旋。"

胡女告诉小岑，她来自遥远的西方，从小就被卖给了胡商学习各种琴艺舞蹈，等她长大后，便随胡商一起走上丝绸之路，从家乡来到大唐——她知道去了长安会遇到什么，无非就是成为秦楼楚馆的风尘女子，供达官贵人们娱乐赏玩，如果幸运，可能会被哪个有钱人买下，成为她的姬妾，在深宅大院了此残生。

那是她的命运，也是那个时代千千万万女子的命运，她没得选。她笑着对小岑说："你们大唐的边关真好，与西边的国家都不一样，从来都不用担心战争。"

在每个无法入眠的夜晚，她都会来到这荒无人烟的沙漠中尽情舞蹈，她贪婪地吮吸着上天赐给她的空气，她会在这天地的中央随心所欲地舞蹈，舞到无力，舞到窒息，舞到心中再也没有任何压抑的情绪。至少在那一刻，她是自由的。

她问小岑："你呢？"

小岑刚想回答"我是大唐的官员"，却忽而犹豫了一瞬，他开口说："我是一个诗人。"

胡女说："我知道大唐到处都是诗人，可从没见过身在安西的诗人。"

小岑说："正因为我在安西，所以我才能知晓你们的故事。"

胡女突然掩住嘴笑了，眉眼弯弯，分外好看。

她说："我明天就要走了，我的大诗人，今晚，就让我为你一人舞上一曲胡旋吧。"

六

胡女走了，和拥有她人身权的老板一起去了长安。那天的小岑独倚高楼、眺望远方，隐隐约约觉得，原本破败的城池有了生命的律动。那是一个又一个鲜活的生命，而生命的背后，是一个又一个的故事……

他轻轻地说："我要把它们记录在我的诗里。"

当他说出这一句话时，他的诗风便开始转变了。

其实不仅是诗人，任何有关文字的创作，都是来自于作者的生活、阅历、感悟以及从书中所汲取到的三观。

如若生活向来平平无奇，只想凭借庞大的阅读量来支撑起自己的作品，那自然会遇到创作上的屏障，从而很难写出戳人心坎的文章。有生活才有阅历，有阅历才有感悟，而感悟则会丰富三观，进而借助扎实的文学功底从作者的手指间倾泻而出，每部伟大的作品都是如此诞生的。

所以说，有些人每日赶稿，穷尽思绪也写不出满意的文字，而有些人，只需要天南海北地转一圈，思绪便能犹如泉涌，动人的内容一个接一个，而赐予他灵感的无非就是一点——生活。

小岑三十岁之前的诗句，真的很难算得上一流，对于一个在历史上连字号都留不下来的小人物，若是再这般苟且下去，恐怕历史只会把他淡淡拂拭，不留痕迹。毕竟，一个人的生活如果只剩波澜不惊的平庸，那么企图单靠读书就能写出有内涵的作品，这也太不现实了。

所以说，小岑远去安西，对于他的政治前途来说是否是好事，这点我也说不清楚，但对于他的作品而言，却是至关重要的一点。

在此之前，边塞诗早已有之，但大多数都是反映北疆的大漠风光的，自有一股大气、悲壮、苍茫，诗风雄浑，自北朝以来，都是如此一脉相承。

而小岑的诗却不同。

他写的是西域，这片从前边塞诗人所忽视、不能理解的区域。

对中原人士来说，西域充满了瑰丽与神秘，无数好奇汇聚于此，若有人问："那个地方都有什么？"

我想，小岑大概会回答："火山、雪海、白草、冰原以及大唐将士们的纵马扬鞭。"

这些都是以往边塞诗里从未见到、从未记载过的奇异风光，见过了这些，他的文字也仿佛经过淬炼，富有了独有的感染力。

杜甫说："岑参兄弟皆好奇。"

一个"奇"字，足矣让小岑的诗句名留青史，在盛唐诗坛独辟一方天地。

同为边塞诗派，后人多将小岑与高适齐名，称：高岑。

而小岑也多了一个诗号——诗雄。

诗雄的作品也并非全是钢铁风，偶尔也是很柔情的。

比如这一首《春梦》：

洞房昨夜春风起，故人尚隔湘江水。

枕上片时春梦中，行尽江南数千里。

我问："想你老婆了吧？"

小岑说："不想老婆的男人不是好男人！"

七

天宝十载，小岑第一次边塞之行告一段落。

也正是在这一年，西域发生了一件大事——但罗斯战役。

天宝年间的唐玄宗，已经忘记了当初不擅开边衅的诺言，开始逐渐变得好大喜功。边界的节度使投其所好，一向是没战争也要人为制造战争，原本应该安宁的帝国边塞，因为这些人的欲望而变得兵连祸结，而受苦的，总是手无寸铁的平民。

高仙芝也是其中的罪魁祸首之一。

为了战功，高仙芝以签约为名，引诱石国的国王谈判，实则想在暗地里掩袭后者。

这一战，石国破，高仙芝又成功灭掉一个国家。

高仙芝灭了石国后，纵兵抢掠、杀人放火，大军回程时，他还顺手进攻了突骑施部落，俘虏了人家的可汗。

高仙芝以大捷上报，说这两个国家早就有了谋反之心，自己又给大唐灭了两个威胁。

玄宗听后大喜，给高仙芝加官晋爵，还准备让他再兼领一镇节度使。

大祸就此酿成……

石国被灭时，他们的王子在城破之前逃了出来，前往中亚寻求帮助，他在各国面前控诉唐人背信弃义。

中亚诸国对高仙芝的印象彻底改观，开始厌恶。

这时候，一个“庞然大物”出现在他们面前，并且说：“我可以帮你们打败唐朝。”

这个“庞然大物”就是阿拉伯帝国。

阿拉伯帝国联合中亚诸国，决议图谋大唐的丝绸之路。

这件事让高仙芝的斥候打听到了。高仙芝决定先发制人，联合归附大唐的葛罗禄部众，胡汉联军共三万人，远征阿拉伯帝国。

这两个在当时地球上并世双雄的世界帝国，在中亚战场上你来我往，刀光剑影地厮杀了五天五夜。

然后，葛罗禄部族突然临阵倒戈。

形势顿时失利，唐军兵败如山倒，高仙芝一败涂地。

这就是著名的怛罗斯战役。

这一战的影响是毋庸置疑的，因为不久，大唐爆发安史之乱，朝廷无力西顾，而吐蕃也趁势东进，大唐长安以西的疆域相继沦陷，而安西四镇也在唐中期彻底与中央失联。

自此以后，那片小岑笔下奇异而又富有魅力的雪域，成了之后历代文人眼中一个无法理解的景象，因为唐以后的王朝，即使凶悍如蒙元，也没有打出葱岭。

直到后来清朝的乾隆年间，中国收复了新疆，却发现，这里早已经是另一番景象。

毕竟，距离怛罗斯一战已经过了上千年。

战后，玄宗追究责任，高仙芝被解除了安西节度使的职务，入朝挂了闲职。

小岑也跟高仙芝回到了久违的长安。

在这里，他与其他文人一样，作诗、赴宴、交友……当然，最值得一提的是在这里他认识了杜甫，还和其他著名诗人成了好友，由此进入了大唐诗人的朋友圈。

但他还是忘不了，自己想建功立业、光耀门楣的抱负。

天宝十三载，安西新任节度使封常清来信，希望小岑可以回到安西四镇。

封常清是小岑当初的老战友，他问："近来身体如何，还能西域一会否？"

小岑意气风发，写诗回赠："近来能走马，不弱并州儿。"

他应邀，开始了他的第二次出塞。

这里再说说封常清。

封常清本是一个看门卒，长得也难看，并不起眼，直到他遇见了高仙芝。高仙芝这个人讲排场，出门总会带上几十个侍卫，侍卫们也是个个衣饰华丽。封常清羡慕，毛遂自荐想当高仙芝的侍从。

高仙芝一看，说："这什么鬼？长这么丑，走走走！"

封常清不管，牛皮糖一样死乞白赖地缠上了高仙芝。

高仙芝没办法，不情不愿地把他收了。

直到有一年，达奚部落叛乱，高仙芝率领唐军讨伐，大获全胜。打赢了就要报捷，封常清觉得这是个机会。他在帐下写好捷报，将当地地形、驻军以及作战过程写得条理分明、清清楚楚。

高仙芝看了，对封常清刮目相看。

大军回师后，当时的判官连忙问："这捷报谁写的？"

高仙芝愣了，说："我的侍从封常清。"

判官顿时就很感慨："没想到啊，将军手下竟还有这样的人才。"

自此以后，封常清声名大振，高仙芝也对他的印象彻底改观。

不久，高仙芝远袭小勃律，封常清也参与其中，并立了战功，随后他一路平步青云。

到了天宝十一载，封常清接替了高仙芝，荣任安西节度使。

新官上任三把火。为了洗刷此前征讨大食失败的颓废，封常清决定率军讨伐大勃律。这一战过程不多说，先是唐军一路平推，随后大勃律决定引诱唐军进入埋伏圈，然而被封常清识破，一番大战下来，大勃律被平定，安西四镇军心大振！

而封常清，也终于成了与高仙芝齐名的帝国将星。

小岑与封常清曾有同僚之谊，故而第二次出塞，小岑过得也算顺风顺水。在这里，他又可以看到久违的瓜果、舞蹈、胡姬风情、胡笳琵琶……

一切都犹如一场久别重逢。

他的诗句也愈发纯熟，譬如，有一次封常清西征，小岑赋长诗一首：

君不见走马川行雪海边，平沙莽莽黄入天。

轮台九月风夜吼，一川碎石大如斗，随风满地石乱走。

匈奴草黄马正肥，金山西见烟尘飞，汉家大将西出师。
将军金甲夜不脱，半夜军行戈相拨，风头如刀面如割。
马毛带雪汗气蒸，五花连钱旋作冰，幕中草檄砚水凝。
虏骑闻之应胆慑，料知短兵不敢接，车师西门伫献捷。
——岑参《走马川行奉送出师西征》

你看小岑的诗句，只要耐下性子读，就犹如在看一部电影，鲜活的画面在你的脑海里一帧一帧地滑过……

全诗先渲染恶劣又大气的环境，再写敌人就在这里盘踞，然后写大唐将军威武出征，敌军望风而降，最后大胜献捷。

每个细节都用文字拿捏得十分到位、传神，这点是小岑古体长诗的一个特色。

譬如他说："忽如一夜春风来，千树万树梨花开。"

什么叫画面感？就是你看了后，会不由自主地去脑补那个画面。

他写的这首名篇是送朋友回京的，时间是天宝十四载八月。

语气里，他还羡慕朋友可以回到富丽堂皇的京城。

他不知道，三个月后安史之乱将会发生，他心心念念的帝都长安，即将化为断壁残垣。

八

天宝十四载，这年年末，安禄山反了。

大风起于青萍之末，在此之前早就有人示警过玄宗，说安禄山必将谋反，但玄宗始终我行我素，对安禄山恩宠不减。

这回，安禄山真的谋反了，十五万虎狼之师一路上攻城略地，直逼长安。

更讽刺的是，安禄山举兵的消息传到长安时，玄宗还微微一笑，对杨贵妃说："你看你看，又有人骗我说安禄山造反了。"

直到前线兵败城陷的消息一个接一个地传来，玄宗这才如梦方醒，安禄山真的反了。

当时，封常清正好在长安述职。听闻安禄山谋反，他当场对玄宗夸下海口，说："有我在，安禄山不足为虑，不日就为圣上将此逆贼的头颅拿下。"

玄宗喜出望外，不过为了保险，除了封常清外他还叫上了被闲置几年的高仙芝，连同河南防御使张介然一起布置了三道防线，用来拦截安禄山大军。

原本以为就此便可以安枕无忧，奈何现实告诉玄宗说："没这么简单。"

安禄山身兼三镇节度使，兵马本就是诸节度使之冠，且常年征战边疆，这些年又吸收了契丹、奚等部落的军队，可以说，他的部队个个都是百战之师。

而此时的中原军队呢？因为承平日久，天下不闻战声，于是兵戈入库、马放南山，内地的兵士有时候连一些占山为王的盗贼都打不过。

国家虽大，好战必亡，天下虽安，忘战必危。

而大唐已是危如累卵。

任封常清如何用兵如神，但他安西、北庭的军队并没有带在身边，手上都是在洛阳临时凑起来的乌合之众。这些人全都是些市井混混，一支杂牌军面对安禄山的雄兵，结果可想而知。

六天之内，封常清五战五败，都快被安禄山打自闭了。

大唐的东都洛阳，陷落敌手。

封常清只好退兵，途中遇上赶来支援的高仙芝。两个人商议，根据洛阳几场硬仗下来的结果看，如今内地兵如果论野战，根本不是叛军的对手，只能退守潼关，据城而守，静等战局发生变化。

果然，不久颜真卿兄弟在安禄山后方奋起反抗，朔方军区的郭子仪、李光弼开始进攻安禄山老巢，哥舒翰在河西、陇右的西方二师野战军，也开始源源不断地赶赴前线。

眼看着形势一片大好。

本来，按照高仙芝、封常清的战略，固守潼关，联合朔方军、颜氏兄弟的义军一起配合作战，安史之乱弹指可平。

但总有人捣乱。

这个人叫边令诚，是个宦官，同时还是高仙芝等人的监军。

在历史上，最惹人烦的莫过于所谓的监军，明明不懂打仗，却还喜欢在主帅面前指手画脚。宦官任监军，因为有宫内皇帝的宠信，更是嚣张跋扈、颐指气使。

而让宦官监军的这个制度，就是出自玄宗的手笔。

边令诚就是这样一个人。

他在安西时就是高仙芝的监军，高仙芝素来脾气差，与他关系处不到一块儿，如今高仙芝、封常清战败，还龟缩潼关，任敌军在东都洛阳肆虐，这算是给了边令诚打击报复的口实。于是他给玄宗打了小报告。

洛阳沦陷，举国震惊，玄宗大半辈子赚来的明君名声怕是要毁了，他也迫切需要推卸责任，让人来替他承担丢失东都的责任。

于是，边令诚奉玄宗之命，将封常清斩杀于潼关军中。

临刑前，封常清依旧坦坦荡荡。

不论有一万个理由，他战败就是战败了，这个责任他必须担着。他写好了遗书，遗书上恳请皇帝不要像自己之前那般轻敌，同时祝愿朝廷早日平叛。

人头落地的时候，封常清大概还在想，起码还有高仙芝在，有他，大唐还可以反败为胜。

谁知，不久边令诚再次携玄宗的诏令，前来索高仙芝的命。

他给出的罪名是高仙芝贪污了粮饷。

高仙芝何等心高气傲，他说："我擅自下令退兵潼关，你若用这个罪名杀我，我认了！但你说我贪污军饷？如今三军的将士都在这看着呢，难道他们不知道我到底贪污没贪污？"

他对将士们喊："弟兄们，我高仙芝今天就想讨句公道话，我到底有没有贪污大家的粮饷？如果有，大家就喊有罪，如果没有，大家就喊一声冤枉！"

三军将士，齐吼冤枉。

然而没用，边令诚拿的是玄宗的手令，高仙芝在军队此起彼伏的喊冤声中，身首异处。

几天之内，帝国的两位将星先后陨落。

将士们的热血，凉了。

不久，玄宗又任在家养病的哥舒翰接替高仙芝与封常清，而哥舒翰给出的策略与他们二人出奇一致。不仅如此，北方的郭子仪、李光弼，以及敌后的颜真卿都同意这一战略。那就是固守潼关，坐等郭子仪他们进攻安禄山的大本营。

奈何，在宰相杨国忠的谗言下，玄宗强令哥舒翰出关。灵宝会战，哥舒翰兵败，被俘虏后投降，不久被杀，而安禄山叛军破了潼关，进而挺进攻陷了长安城。

安史之乱，这才彻底一发不可收拾。

而远在安西的小岑，直到至德二年，也就是高仙芝与封常清被杀的次年，才得到了这一惊骇的消息。

神州大乱。他的老上司高仙芝、老朋友封常清都死了。

九

长安被破，如今能去哪？

当初，玄宗设立九大节度军镇，安禄山节制的东方三镇已经反了，哥舒翰节制的西方二镇折损在了灵宝会战，高仙芝、封常清节制的安西、北庭二镇山高路远、道路不便，朔方镇的军队现在被郭子仪拉去和安禄山死磕了。

只剩下最后一个地方——剑南军镇，也就是四川。

玄宗是领着几千人偷跑出去的，小部队途径马嵬驿的时候，士兵们发生了哗变。

他们说：“如今大家落到这般地步，都是杨国忠害的！”

于是大家自发组织起来，斩杀了杨国忠。

到了此等地步，士兵们也怕了，担心杨贵妃打击报复。于是，他们逼迫玄宗杀了杨贵妃，不然就不走了。

君王掩面救不得……

玄宗只好让高力士赐死杨贵妃。

这一刻，玄宗泪流满面。

我没有老婆了……

还有，就是他终于意识到了，自己再也不是权倾天下的君王了，现在的他是个连自己的女人都守护不了的可怜虫。属于他李隆基的时代，过去了。

不久，太子李亨离他而去。

玄宗知道，他拦不住儿子了，只好任命李亨为天下兵马大元帅，将讨平安史叛军的任务交给了他，自己前去四川避难。

李亨赶赴灵武，不久称帝，改元至德，李亨也就是唐肃宗。

为何选灵武？

因为这里是朔方军区的地盘，自从长安告破后，郭子仪等人的朔方大军便失去了恋战的理由，只能回师拥护肃宗。

而此时，小岑也来到了灵武。

在好友杜甫的推荐下，小岑担任了右补阙，这是一个谏官。

但是，肃宗可不是个听得进建议的人。

于是，小岑依旧感到人间不值得，他说：“史笔众推直，谏书人莫窥。”

他的建议压根儿就没人看。

后来，爱唠叨的他甚至被调任外地当长史，州县都是些日常琐屑事，这让小岑的一腔抱负何处施展？

直到代宗时，朝廷大军再次征讨安史余党，小岑才得到了一次从军的机会。

战争结束，他回京供职在御史台，任检察官。

不久，他又出任嘉州刺史，但因战乱无法赴任，等到战乱平定，他才赶去履职。

此时，他心态很乱。

一方面想着，我干脆隐居算了——“且欲寻方士，无心恋使君”。

然后他又想，我要振兴家族、报效祖国——“时命南自知，功业岂暂忘”。

接着就是郁郁不得志的牢骚——“功业悲后时，光阴叹虚掷。”

就在这样的纠结中，小岑死于成都。

好吧，为何我要把叛乱爆发后的这段故事写得这么简略？

因为写不了，没法写。安史之乱犹如一道分水岭，将盛唐与中唐牢牢隔开，连带着仿佛是两个世界、两种风格。

安史之乱后的王维变得自责又绝望，诗句中尽是颓废与生死看淡。

安史之乱后的李白变成了愤青破口大骂，曾经的潇洒犹如过眼云烟。

安史之乱后的高适常年从军征战、职务繁忙，几乎都没再动过笔。

而安史之乱后的小岑，诗句里尽是牢骚。

他的文笔，再也回不到在西域时那般诡绝奇异的风格上了。

真没什么好写的。

但是，我还是很欣慰。欣慰小岑独在异乡数载所带给我们的，那上下五千年独一无二的诗句。那诗句里有火山、有冰河、有寒风、有雪域，还有千千万万驻守在边关的中华男儿们。

那些文字所描绘的画面，纵然相隔千年，也犹如当面。

第十章 小人物

他直到最后，还是一个小人物，对于一个留下著名诗篇的诗人而言，实在说不过去。

一辈子没当什么大官，也没做成什么大事，传世的作品也仅仅只有六首，两唐书上连他的传记都找不到……可是，我就想写他的故事。

一

隆冬时节，天上飘着飞雪，洛阳大街上都覆盖上了一层冰面，马肯定不敢跑了，人走在上面也直打滑。

三个打着哆嗦的人，抱着胳膊走进了旗亭。刚坐下，他们就不停地搓手哈气，赶紧招呼酒博士上烧酒，暖暖身子。

酒上来了，三人“咕嘟咕嘟”一仰脖子就是一碗酒下肚。

他们显然是很久没见的朋友，坐在一起嘻嘻哈哈地聊天，昏天黑地地灌酒。

这时候，不远处的梨园班子在搭台唱歌。

演唱的是四个身材窈窕、面容姣好的姑娘。

她们唱的是唐诗。

说起唐诗，如今都以为就只是单纯的诗词而已，实际上在大唐，讲究的是以诗入乐，诗人写诗可不是念的，而是用来唱的。

唐诗，就是大唐的歌词。

三个人一边听，一边欣赏那四道靓丽的风景线。

其中一人忽然说：“咱们三个在诗坛上也算小有名气，可一直都没分上下，不如今天咱们打个赌，就看看这四个姑娘唱的谁写的诗最多，如何？”

原来这三个人都是诗人。

自古文人就相轻，如今有这机会，怎能不比试一番？

另外二人一拍即合，当我们怕你哦，同意！

这时候，第一个姑娘出场，漫口吟道：

寒雨连江夜入吴，平明送客楚山孤。
洛阳亲友如相问，一片冰心在玉壶。

——王昌龄 《芙蓉楼送辛渐》

第一个人大喜过望，说："是我的！"

原来那第一个诗人，是王昌龄。

其他两个人有点尴尬，不过还有三个姑娘，不怕，继续听……

第二位姑娘也唱了起来，声如黄鹂鸟一般空灵：

开箧泪沾臆，见君前日书。
夜台何寂寞，犹是子云居。

——高适 《哭单父梁九少府》

第二个人也笑了，说："这是我写的！"

哎呀，这第二位诗人是高适。

紧接着，第三位姑娘也唱了起来，音色犹如银铃一般清脆：

奉帚平明金殿开，且将团扇共徘徊。
玉颜不及寒鸦色，犹带昭阳日影来。

——王昌龄 《长信怨》

又是王昌龄的……

王昌龄笑到合不拢嘴，与高适一起意味深长地看向第三位诗人。

第三位诗人坐不住了。

他憋红了脸，说："我看那三个姑娘容颜也一般，你看最后这个长得最好看，如果待会儿她唱的不是我的诗，我这辈子就不写诗了！可要是她唱的是我的作品，你们就得拜我为师！"

话音刚落，最后的那个姑娘果然高声唱道：

黄河远上白云间，一片孤城万仞山。
羌笛何须怨杨柳，春风不度玉门关。

——王之涣《凉州词》

正是第三位诗人的《凉州词》。

第三位诗人，叫王之涣。

他打趣说："两个乡巴佬，还不赶紧来拜师！"

高适和王昌龄哭笑不得，免不了互相取笑一番，三个人哈哈大笑，吵闹到不行，跟小孩子一样。

这边的动静被那四位姑娘注意到，客人这么不懂事，实在影响生意。她们没法子，只能硬着头皮前来询问："不知几位郎君，因为什么事如此高兴？"

王昌龄笑成开水壶，说："你们刚才唱的诗，就是我们三个写的啊！"

几位姑娘大惊失色，继而欣喜若狂，连忙拜下去："我们真是俗眼不识真神仙，还请赏脸就座，郎君们今夜所有的花销，归我们了！"

二

老王擅写边塞诗。但奇怪的是，他本人并没有从过军，可字里行间却能把边关将士的心理拿捏得恰到好处。

鲁迅先生说过，“人类的悲欢并不相通。”我觉得这话说得太绝对，作为人自然会有同理心，有些人看到乞讨的老年人、落魄的流浪猫……内心都会难受好长时间。

我不知老王是否曾到过边关。我想应该是到过的吧，不然，他又如何能感受到那烽烟大漠里的离合悲欢?

就如同他写的诗句：

黄河远上白云间，一片孤城万仞山。
羌笛何须怨杨柳，春风不度玉门关。

玉门关外，羌笛声中，老王想必也曾独立孤城，感受过那幽怨的杨柳春风。

他肯定也带着一颗同理心，默默看过面前的悲喜苍茫……

王之涣，字季凌。籍贯已经说不清了，有的说是北京人，有的说是太原人，也有的说是洛阳人。

其实，就连他的名字也有争议，有人说他其实叫王奂，之涣不过是他的字。

据说，他还是出自“五姓七望”的太原王氏。

若是果真如此，那对他的前途可是一股不小的助力，奈何他与盛唐的其他诗人都不一样，他对仕途不感兴趣。

他是个小人物，说到底，这应该是他自己的选择。他的一生似乎没有刻意地去追求过什么，过得随性又自然。

史书上写的尽是王侯将相，当然很难留给小人物们一席之地，不论是两唐书，还是《资治通鉴》，都找不到属于他的身影。他的作品传下来的很少，就只有区区六首，就连专门记述唐代诗人的《唐才子传》，对他的记载也只是寥寥数语。

甚至我在写的时候，还在考虑："是写老王呢，还是写张九龄呢？"

最后我写了老王。

因为，他留给后人的那仅仅六首诗太重要了，讲唐诗根本没办法略过，略过一定会不完整，一定会留有遗憾。

我不想留下遗憾，所以我选择写这个史料上没什么记载的老王。

就是这么不起眼的老王，他的诗句却名垂千古。譬如，他的这首《凉州词》就被历代传颂，最后到了清末，还被一群很"皮"的文人玩儿坏了。

因为老王的诗独具一格，有着其他唐诗所无法拥有的魅力。

不信你可以这样读一下：

黄河远上，白云一片，孤城万仞山。

羌笛何须怨？杨柳春风，不度玉门关。

三

按照惯例，我们再谈谈老王的诗。

他擅长写绝句。事实上，他的作品好像都是绝句，虽然数量少，但随手拉出来一个，就是盖世名篇。

好吧，这里可能又有人要问了，什么是绝句？

这里就花点时间，给大家介绍下唐代诗歌的体裁分类。

唐代诗歌分成两类：古体诗和近体诗。

古体诗按照字数分有五言、七言，近体诗按照格律分有律诗、绝句。

而字数和格律是可以互相搭配的。

什么意思？就是你可以交叉混搭一下，然后就能发现，唐诗共有六种风格：五言古诗、五言律诗、五言绝句、七言古诗、七言律诗、七言绝句。

现在我们的任务，就是分清这六种风格，到底谁是谁。

先谈谈什么叫古诗。

这个“古”自然是唐代之前的诗风，那时的诗人都比较随意，什么长短、格律、韵脚通通懒得去管，想怎么写就怎么写。只有一点，就是每一句的字数要有限制，如果是五个字，那就叫五言古诗，简称“五古”，如果是七个字，那就叫七言古诗，简称“七古”。

举例，我们就把王维拉出来吧，他曾写过一首《送别》，属于标准的五言古诗，内容如下：

下马饮君酒，问君何所之？
君言不得意，归卧南山陲。
但去莫复问，白云无尽时。

肯定有同学要问了，上学的时候学过的唐诗不是四句就是八句，可这首诗六句三十字是什么鬼？没写完吗？

当然不是，因为这是一首“五古”！

因为人家是古体诗！别说六句三十字了，就是一百句，只要你能写出来，都算正确，至于为何是“五古”，这个“五”体现在哪？来来来，你看看这六句话，每句可不就是五个字吗？

好了，现在问：“什么叫七言古诗？”

你把每句话改成七个字的，就叫七言古诗了，高级一点的就叫“七古”。

所谓的古体诗，就是这么回事。

说完古体诗再来说近体诗。

近体有两种：律诗和绝句。

先来说律诗。

顾名思义，律就是格律，古人发音与今天大不相同，不讲一二三四声调拼音，而是讲平仄。

可以说，律诗在押韵方面是有严格要求的，不能像古体诗那样随心所欲。

既然是近体诗，不仅是音上，在长短上也要有限制，比如不准你想写几句就写几句，而是必须严格规定——八句。

至于是五言律诗（“五律”）还是七言律诗（“七律”），那就随你便了，还是看你自己打算每句写几个字。

我们把王勃请出来，看看他的“五律”名篇：

城阙辅三秦，风烟望五津。
与君离别意，同是宦游人。
海内存知己，天涯若比邻。
无为在歧路，儿女共沾巾。

我们看看，是不是一共八句？而且读起来是不是朗朗上口，很押韵？这就是律诗了，如果你想写的是“七律”，那么每句七字，共五十六字就可以了。

说完了律诗，最后，我们再讲讲老王最擅长的绝句。

什么叫绝句？

它也属于近体诗，那么就和律诗一样，都有严格的字数、长短以及格律上的限制。而它与律诗的最大不同，就是律诗是八句，而绝句只有四句。

比如，老王的另一名篇《登鹳雀楼》。

白日依山尽，黄河入海流。
欲穷千里目，更上一层楼。

这是一首标准的“五绝”，每句五字，四句共二十字，如若要写“七绝”，那么把每句字数扩展成七个字就可以了。

说到这里，唐诗的六种体裁我就说完了，如果你还糊涂，那我也很绝望，而老王在这六种体裁中，擅长的就是“五绝”与“七绝”。

“五绝”的话，刚才列举的《登鹳雀楼》几乎是小学一年级就学过，与李白的《静夜思》、孟浩然的《春晓》齐名，并称为小朋友最喜欢的三大唐诗。

而老王本人，则是被列入边塞诗派，与高适、岑参、王昌龄齐称为边塞四大诗人。

他与其他三人诗风的不同之处，则是他的诗句更多是写实。

比如说，老王《凉州词》的第二首：

单于北望拂云堆，杀马登坛祭几回。
汉家天子今神武，不肯和亲归去来。

这是有原型的。当时，突厥有个部落首领来投奔大唐，乞求当唐玄宗的干儿子。玄宗知道这是胡人习俗，便默认了自己“喜当爹”的事实。

不久，那首领又来求亲，说：“我想娶大唐的公主。”

玄宗只同意重赏，但不许和亲。

突厥首领问唐使何故。

唐使回答：“可汗既然答应当我们陛下的儿子，这父子之间怎么能当亲家呢？”

什么叫盛唐，到底何以谈盛？无非就是不屑于拿女人换和平而已。而能捕捉到这一点的诗人，似乎只有作为小人物的老王吧。

四

我还要说说老王的爱情。

在中古，婚姻讲究门当户对。别看老王只是衡水县的小小主簿，可人家太原王氏的出身可是个金字招牌。

当时衡山县令叫李涤，出自渤海李氏，也是个名门望族。

他有意将自己的三女儿许配给老王。

这时候老王三十好几了，还是个鳏夫，而李家女儿才十八岁，一朵花的年龄。老王都能给人家当爹了。

奈何，人家姑娘不嫌啊！

老王这人事迹少得可怜，但古书上对他的形象描写倒挺全，说他“慷慨有大略，倜傥有异才”——长得帅、个子高、还嘴甜，实在太讨女孩子喜欢了。

李家女儿一见他，人一怔、脸一红，一秒就坠入了爱河。

两个人喜结连理。

原本挺好的两口子，只是这世上总有牙酸的，见人家日子过得好，自己心里头就不舒服，势必要念上几句，乃至于造谣中伤才能排泄出自己肚里的怨毒。

很快，流言四起。

有人说，老王是贪图李家的权势才娶了李家小姐，方便今后走后门。

老王不是李白，他是个暴躁老哥，听到这些话直接一气之下辞官不干了。

好嘛，原来起哄的人顿时不知道跑哪儿去了。

可没了官就没俸禄。老王就这样，忍受了贫寒十五年。而他的妻子，一直不离不弃。

他在家赋闲了十五年，好友都说："你这不是个办法。"

在朋友们的帮助下，老王再次步入官场，补了文安县尉。

在这个职位上，老王还扮演了一次大唐的名侦探柯南……

五

文安县有户人家，男人常年在外做生意，一般都是男人的妻子与妹妹在家里。两个女人待人和善，与乡亲邻里的关系都处得很好。

但生活未必会给好人奖赏，再与世无争的人，也有可能突遭横祸。

某天妹妹在家里惨遭杀害。

人们都惋惜，多好的姑娘啊，马上就要嫁人了，这怎么就……

人命关天，命案在哪个时代都是大事，妻子很快就报了官，而接手案子的不是别人，正是时任县尉的老王。

老王问报案的妻子："你怎么发现你小姑子被杀的？"

那妻子描述，当晚被害人在家里做针线，而她在邻居家做工，突然听见家中有尖叫声，她赶忙回家，看见一个身影打算翻墙跑路，她扑上去和那人厮打，可还是让那人跑掉了……对了，她还在那个人的背上抓了几下，等到她回屋，就看到她的小姑子已经死在了床上。

老王沉吟片刻，问："家里就你们两个女人吗？"

那妇人答："还有条黄狗，只是那天也不知为什么，那黄狗在院里也没叫唤一声。"

老王眼前一亮，说："既然如此，想知道谁是凶手，就要去问那只黄狗了。"

消息散了出去。百姓们好奇又好笑，这狗怎么审问，它又不会开口说话。

开审当天，人山人海，大家都来看热闹。

老王忽然下令，说："老弱妇孺都出去，男的全部都给我留下！"

衙役把男人们全部赶到了一起。

老王说："所有人，都把上衣脱了。"

有衙役在监督，在场的男人虽心有不甘，但也只能把衣服一一脱下。

老王挨个检查他们的后背，见到其中一个人的背上有明显的瘀青。他一声令下捉拿此人，并断定此人就是凶手。

真相果然大白，那个人对自己的罪行供认不讳。

原来，根据老王的分析，那天晚上家养的黄狗没叫，只有一个缘故：黄狗和凶手认识。他断定是熟人作案。

根据那妇人描述，凶手应该是一男子，而且背后在扭打中被抓伤。可如果直接下令搜捕，未免打草惊蛇，让对方把伤口处理掉，甚至于会畏罪潜逃。所以他才放出声来，说自己要审问黄狗，这是麻痹凶手，将后者引到衙门，再来个瓮中捉鳖。

听了老王的解释，所有人面面相觑，皆叹服不已。

六

老王终于回归了官场。从此，他和妻子过上了幸福快乐的生活。

哎呀，骗你的。

天宝元年，就在老王重新担任县尉不久，他就被一场突如其来的疾病夺去了生命。

他死那年，五十五岁。

李家姑娘守寡六载，也因病而亡。

可惜的是，因为老王之前结过婚，这对有情人竟无法合葬。

无可奈何……

我也希望，这个故事最后能有个令人欣慰的结局，但现实总不会尽如人意。

翻阅史书，没有任何资料记载他去世后，他的好友们都有什么反应。高适与王昌龄似乎也没有写什么诗怀念他，也可能是写了没流传下来，毕竟他只是个小人物，历史从来不屑于理会这些“粉尘”。

他直到最后，还是一个小人物，对于一个留下著名诗篇的诗人而言，实在说不过去。

一辈子没当什么大官，也没做成什么大事，传世的作品也仅仅只有六首，两唐书上连他的传记都找不到……可是，我就想写他的故事。

因为我也是小人物。

可谁一开始不是小人物呢？

谁又说，小人物不配在历史上留下名字呢？

我们都是小人物。

可只要翻过面前这座山，他们总会听到我们的故事。

第十一章 命运

他拼尽全力，气喘吁吁地把试考了又考，可那层固化的门槛始终高高的、大大的，无法跨越。

可那又如何？就算不能胜天半子，至少还有一片冰心，证明他也曾轰轰烈烈地拼过一场！

一

我们这一代的年轻人，到底应该怎么活下去？

最近我时常在思考这个问题，落笔写字的时候，我也在期盼我笔下的主角们可以给我一个答案。

或许会有人说，你写的文字说白了就是讲大道理，灌心灵鸡汤，可我听过很多的大道理，却依旧没能过好自己的人生。

这个让我怎么说呢，大道理只是让你认识问题，而过好自己的人生，需要你自己去解决问题。而目前社会上的绝大多数人，连基本的认识问题都没能做到。

我有个中学同学，从小就是学霸，狂傲得没边儿，他张口闭口就是“现在学习的成绩决定了你将来在社会的阶层”。

他总是以老大人的口气说：“学校的意义，就是模拟将来的社会阶层，差生当农民工，低等生去当蓝领，中等生去当白领，而我们这样的人都是冲着董事长、CEO去的。”

五年过去了，大学毕业后的他一个月工资四千元，天天加班还没有加班费，前些日子他和我们吃饭时，叹气说：“作为一个平庸的人，只想快点熬过去。”

看吧，来自社会的毒打可能会迟到，但绝对不会缺席。

前些日子，他不停地给我提及一个名词，叫阶级固化。

他告诉我，如今的社会与几十年前不同了，当年的大学生不愁分配，毕业了自有工作找上门，他们仍然可以吟诗、作曲、弹吉他，高唱梦想，四海为家。紧接着，国家又不包分配了，那年头也好办，遍地都是机遇，随手一抓，大把大把的市场，大学生们可以随心所欲地挥霍时代赠予他们的福利，个别人会步步高升，最终功德圆满，成为社会上的佼佼者。

到了如今末法时代，资源分配已经濒临尾声，有的学生可以享受父祖余荫，长辈已经给他们铺好了路，他们可以轻而易举地成为人上人，而普通人只能看着被瓜分完的市场，空留一声叹息。

这就是大时代下，我们新一代年轻人所处的环境。未来如何，一眼就可以看得到结局，人生就如同一场被剧透过的电影，还怎么谈得上趣味？

那应该怎么办呢？

我们这一代年轻人，如何在这个阶级固化的时代过好自己的人生？

我只能说，这本书从某种程度上来说就是在谈这个问题，不知道你们发没发现，因为唐朝，就是一个阶级固化的社会。

从开始到最后，我讲述的这些诗人们，其实就是我们这些在前进路上迷茫的年轻人，不同的是，在我们踌躇不前的时候，他们的选择是戴着镣铐，翩翩起舞。

你阶级固化你难受，那么他们呢？要知道唐代的阶级固化比现在更叫人绝望。

很多人只知道，隋唐时期确立了科举制，寒门终于有了上升的渠道，可那只是教科书上的话。比如，有几个人知道唐朝的科举制其实是不糊名的？

卷子是谁的，考官们看得一清二楚。

那么问题就来了，唐朝是以关中本位的关陇军事贵族创立的，而高祖、太宗时这些人又多与社会上的门阀世家联姻，他们一同在朝为官，彼此之间的关系盘根错节，难道会不互相帮衬？

而科举考试中，阅卷的考官大多出自公卿世家，他们一看，这张卷子是自家亲戚的，那张卷子是没权没势没背景的普通考生的，他会选择谁，还不是一目了然？

在这种情况下，寒门子弟若能考上科举，那祖坟冒的青烟都能引起雾霾了。

再说了，唐代高官大多都是靠余荫而来的，反而很少有人走科举，为何？因为唐代科举不同于宋、明、清，即使你考中了，也只是代表你有做官的资格，而不是可以直接任官。你得等人家官职有空缺了，吏部才会派人通知你去任官，而等待的人太多，什么时候有空位也说不准，于是经常出现某些人等了十几年才等到一个九品芝麻官的状况。

本书的主角们，遇到的就是这样一个社会现实，所以，王勃才会不停地告诫自己千万不能丧，陈子昂才会因为武则天的滴水之恩而铭记一生，孟浩然才会魔怔地搭上了半辈子，高适、岑参更是远赴边塞，把脑袋别在腰上过日子……

当然，还包括本章节的主角，王昌龄。

二

开元二十八年，王昌龄被贬岭南。

那时候的岭南与今天不同，只是一片荒郊野岭，举个例子，天宝初年玄宗设立节度使时，原本是想设十个的，最后想了想，改成了九个。那个被废弃的节度就是岭南，朝廷只给这里放了一个经略使，排名诸多军区最末尾。

“岭南五府”不受待见的程度，由此可见一斑。

王昌龄本身就没什么政治资源，如今被贬到岭南，这意味什么，还不明显吗？

这一年的王昌龄正处在信仰崩溃的临界点。他失意、落寞，满腔悲愤无处发泄。

“凭什么，因为我没资源、没背景，就活该一辈子出不了头？”

他故意不去报到，赌气似的在洛阳一住就是半年。

他每日借酒消愁、人事不省，消极的态度很快惹来了诽谤、流言。有人说，他准备依附权贵脱身，这些荒唐的舆论一层一层地砸向了他的背。

王昌龄会不会舍弃自我，从此变成一个只会投机钻营的贪官污吏呢？他会如何抉择？

所有的朋友都替他捏了把汗。

直到有一次，王昌龄送好友回洛阳时，赠了送别诗一首：

寒雨连江夜入吴，平明送客楚山孤。

洛阳亲友如相问，一片冰心在玉壶。

——王昌龄《芙蓉楼送辛渐》

若是有洛阳的故交好友询问我的近况，那么请告诉他们，纵然世间是何等污浊，我的心也依然如这玉壶里的冰一样洁白无瑕，绝不受到半点玷污！

三

王昌龄，字少伯，籍贯又是有争议，有人说他是长安人，也有人说他是山西人。

王昌龄少年贫苦，从小就要靠干农活儿来维持生计。为了改变命运，跨越自己当前所处的阶级，他自幼就发奋读书，这是当时他能想到的唯一摆脱贫穷的办法。

当时，朝廷改府兵制为募兵制，边镇的将帅都可以自行招募壮汉来充任士兵，以至于民间兴起了一阵的参军潮。

开元十二年，二十七岁的王昌龄赶赴河西、陇右，出玉门关。

他刚一出塞，大漠边关的雄浑气势便扑面而来。边关将士们的吼声阵阵，刀兵撞击得有力铿锵，以及胡人南下的马蹄铮铮……

王昌龄在安宁祥和的内地待了那么久，这等场景哪里见过？

他独自登上高楼，一轮明月高悬天际，银辉挥洒在冷风飕飕的砂土上。

他心头一动，面前这场景又与百年前有何不同？

秦时明月汉时关，万里长征人未还。
但使龙城飞将在，不教胡马渡阴山。

——王昌龄《出塞二首·其一》

明月、边关、长征、将士……一幕幕的画面，犹如一场无声的电影，诉说着千百年来的变迁。

他似乎真成了大唐边关一小兵。

这片土地毫无疑问带给了他一种说不清、道不明的铁汉柔情，而柔情过后自然是激情，他的文风越来越高昂，诗句也更加大气，君王的锐意进取、将士的舍生忘死，均在他的笔下熠熠生辉：

青海长云暗雪山，孤城遥望玉门关。

黄沙百战穿金甲，不破楼兰终不还。

——王昌龄 《从军行七首·其四》

他一连写了七首《从军行》，首首经典，因为都是七绝，所以他本人也被人称之为“七绝圣手”，是边塞诗派的代表人物之一。

其实，要仅仅说他只是边塞诗人，未免有些冤枉。

王昌龄擅写“七绝”，这点比较专一，但在题材上，可不仅仅只限于边塞。

比如，他还写闺怨诗……

闺中少妇不知愁，春日凝妆上翠楼。

忽见陌头杨柳色，悔教夫婿觅封侯。

——王昌龄 《闺怨》

这就是王昌龄诗句的特色，他一方面大力赞扬男人就该有从军边关、建功立业的英雄气。而另一方面，他又从女子的角度写出了那些丈夫从军边疆，自己独守空闺寂寞追悔的怨望。

矛盾不？不矛盾。

因为诗句的角度本身就不是单一的，恰恰是从不同视角所理解出的不同感情，碰撞起来才别有一种难言的滋味。

不过，宫体诗的影子居然能从一个边塞诗人的作品中隐隐看到，也真是有点好玩。

四

王昌龄从军两年后，退伍了。

他与其他诗人的选择一样，回到了长安等待机会。

他决定参加科举考试，毕竟，这是能改变命运的一条路。多年来勤勤恳恳地读书，总算有了回报，开元十五年，他进士及第。

可正如我所说的，大唐阶级固化严重，世族公卿垄断朝政，大搞权力的私相授受，没政治资源的王昌龄只被授了一个小小的校书郎。

王昌龄在职位上如履薄冰，他废寝忘食地干，可晋升总是轮不到他，而那些高官子弟没见怎么工作，就能一路绿灯。

难道自己这辈子就只能当个校书郎？

王昌龄不认命，可不认命能怎么办？

他牙一咬，“大不了再考，人家拼爹，我就拼命！”

天道酬勤，开元十九年，三十四岁的他考中了博学宏词科。

最后，任命结果下来了，迁河南汜水县尉。

县尉放到现在就是公安局局长的职位，平时做一些缉捕盗贼的工作，本身就是清闲衙门，很难干出成绩，况且就算你干出了成绩，人在外地，也很难有贵人对你青眼相加。

这就真的很气人了，考了两次试，把多少考生甩到了后面，就只是为了换个活法，还是升迁无望，只能在一个小吏的位子上孤独终老。

他不甘心啊……

可不甘心也没用，没过多久，连县尉也当不成了。他不知得罪了哪一路大神，直接被贬谪到了岭南。

有人问他："要不要去服个软，或者找个靠山？"

他说："一片冰心在玉壶。"

一片冰心的结果，就是天宝年间再贬龙标尉。

李白安慰他，赠给他诗《闻王昌龄左迁龙标遥有此寄》：

杨花落尽子规啼，闻道龙标过五溪。

我寄愁心与明月，随风直到夜郎西。

后来李白被贬巴陵，王昌龄亦写诗相赠：

摇曳巴陵洲渚分，清江传语便风闻。

山长不见秋城色，日暮蒹葭空水云。

——王昌龄 《巴陵送李十二》

两个诗人互相勉励、自嘲，在阶级固化的时代，两个没有背景的年轻人，用他们的笔墨肆意地戏谑着生命的无常。

可戏谑归戏谑，最起码他们做到了不忘初心、方得始终。

安史兵起，神州大乱。

各地都是兵连祸结，王昌龄忧心家中年迈的父母，赶紧离开龙标，开始辗转归家。途中经过亳州，他不幸遇见了仇家——亳州刺史闾丘晓。

如果是承平世道那没什么，但如今天下四分五裂，朝廷自顾不暇，王法更是荡然无存。手握一州大权的闾丘晓岂会放过这等公报私仇的机会？

王昌龄死在了闾丘晓的手里。

一代才子，竟死于非命。

这件事还有后续。

数月后，安史叛军围攻宋州，朝廷派遣张镐前来解围。张镐三令五申，让亳州发兵来援。闾丘晓一来瞧不起寒门出身的张镐，二来畏敌担心祸及于己，于是按兵不动，导致贻误战机，宋州陷落。

闾丘晓想，自己好歹也是一州刺史，上头也是有人的，你张镐又能把我怎么样？

可他却忘了，在这战火纷飞的日子，他可以钻王法的空子处死王昌龄，那人家也可以钻这个空子来处死他。

张镐决定先斩后奏，抓捕闾丘晓，在大庭广众之下处以杖刑。

行刑前，闾丘晓痛哭流涕，哀求说："我家里头还有八十老母，您就饶我一条命吧。"

张镐没理他，他只是冷冷地看了闾丘晓一眼，说："王昌龄之亲，欲与谁养？"

五

王昌龄拼尽全力、气喘吁吁，把试考了又考，可那层固化的门槛始终高高的、大大的，他始终都无法跨越过去，最后还丢了性命。

可那又如何？

就算不能胜天半子，至少还有一片冰心，证明他也曾轰轰烈烈地拼过一场！

现在，我们重新说回开头的那个话题。

在这个阶级固化的大时代，我们这一代年轻人，究竟应该何去何从？

我没办法告诉你答案，因为我也不知道，不过我却可以给你一些选择。

选项就是我们这本书里的主角们。

他们用自己的人生经历，给了我们一个又一个的回答。

王勃少年成名，也逢伯乐，可遭命运戏弄，最终好不容易时来运转，自己却死于非命，惨吗？很惨，可他给出的答案是，六百来字意气飞扬的《滕王阁序》，是无论受到如何打击也绝对不会沮丧的精神面貌。

或许，你也能学陈子昂，无处实现理想而变成一个杯里泡着枸杞的油腻大叔，又或者像上官婉儿那般，在尔虞我诈的环境中八面玲珑、长袖善舞，看看能不能给自己拓出一片天空。

如果你嫌太烧脑子了，就学学高适与岑参，豁出命去把自己的一切都压上，去赌一把，看看能不能赢一个衣锦还乡、扬眉吐气。

当然，还有一些普通人，犹如贺知章那样随遇而安地度过一生。再或者像王维和李白那种，原本仿佛钓到锦鲤一样的天才却跌入低谷、梦想无望，于是前者转而寻找其他信仰上的寄托，后者继续在醉梦中冲着这个严肃的世界扮鬼脸。

再不然，像王之涣和孟浩然一样也可以啊，如前者那样本就无欲无求，毕竟得到的都是生活的馈赠，失去的才是人生，就算走得太远了也没关系。而孟浩然告诉你，什么时候回头也不晚，总有人在原点等候着你归来。

还有我们这章的主人公王昌龄，至少，他与本书的其他主角们都一样，不论现实有多么污浊，不堪入目，他们依旧保留着那一片冰心，然后选择了不同的道路，过上了不一样的人生，并给我们留下了那一篇篇精彩绝伦的故事与脍炙人口的唐诗。

其实有时候，黑暗是万物的保护色。在漆黑里，所有的懦弱都可以被允许，疲倦的人可以安心小憩，抑郁的人可以挥拳发泄，受伤的人可以默默舔舐伤口，目光里面蓄着薄薄的光。

你看，这本书的每个主人公都身处黑暗，可他们都有一片冰心暗藏在了心底，而等到黑夜过后，便会见到最耀眼的黎明。

有一个歌手叫赵钶，他写过一首歌，叫《有人》，我个人很喜欢它的歌词：

有人浪迹江湖，有人寒窗苦读。
有人阿谀奉承，有人早已麻木。
有人嫌贫爱富，有人唯利是图。

有人精打细算，有人满不在乎。

他们竖起了耳朵猜喜怒，咧开了笑脸躲城府。

不过想在平凡世界里找宝物，才会哭着笑着装糊涂。

有人家财万贯却还失声痛哭。

有人身无分文却也活得舒服。

有人入不敷出，半杯酒便再无贪图。

这个时代，有无数种活法，选哪一种都有它的精彩，也有它的无奈。

但无论我们选择了哪一条路。

别忘了自己当初是为了什么而出发。

那么现在，请你扪心自问，“我该如何过完自己的一生？”

如果你有了答案，那么我的这本书就没有白写。

好吧，或许你会说，你终究不是那些诗人，你只是个平凡的普通人而已。

那我就给你介绍一下，我们这本书最后的一位主角。

他是个诗人，但他不像前面那些人，在世的时候就被众人追捧。他不一样，直到死去的时候，他依旧是那样的默默无闻。

他就是个普通人。

但他的笔下也写唐诗。

哦，不对。

他写的，应该叫诗史。

第十二章 史诗

一位已故的老人对我说，你瞧这些白云聚了又散，散了又聚，人生离合，亦复如斯，你又何必烦恼呢？
我苦笑，人与人之间都千差万别，更莫说人与那悠哉闲适的白云了，或许，我就是那注定的劳碌命吧。

一

那是大历二年的初冬，我在好友的家里看了场毕生难忘的《剑器舞》。

当时我只觉那舞姿翩若惊鸿、矫若游龙，似有一股若有若无的熟悉。

我将那舞女唤上来，问："这舞蹈，是何人教你的？"

她颔首低眉，语气却有一丝骄傲："奴是公孙大娘的弟子。"

公孙大娘？

熟悉的字眼突兀钻入耳朵，我的心头蓦然一阵酸楚，说不清，道不明。

好似是开元三年的事了，彼时我尚且年幼，有幸在郾城与公孙大娘有过一面之缘。

记得先帝那时，皇宫内供奉的舞女数不胜数，可会跳《剑器》《浑脱》这种舞蹈的，只有公孙大娘一人而已。那一年的她，浓妆艳抹，翩然一舞便名动九州，慕名前来观舞的看客犹如过江之鲫，有多少王公贵族一掷千金，多少才子文豪赋诗百篇，就只为博佳人一笑。

那是何等的盛况？

她起舞，动如后羿射日，雷霆震怒。

她收舞，静如帝骖龙翔，江海清光。

台下的看客动魄惊心，好似连天地也为之而低昂，昏冥也为之而沉啸。彼时还是孩提的我，就站在浩浩荡荡的人群里，惊叹这绰约如天仙般的人物。

眼见我面前已经不再年轻的女子，再瞧瞧当日童稚，而今已是白首老翁的自己。这一晃五十年的时光，真就如同翻了一下手掌似的。

这些年来，真可谓世事无常。

先帝时在宫廷翩翩起舞的女子们，如今一个个离散江湖，不知所踪，空余面前的舞姿，还在倔强地描摹着昔年风光。

可先帝的墓前，那合抱的树木，却无时无刻不在提醒着每一个人。

开元盛世的曲调，早已终了。

所有人都不知该行去何方，只能一边走，一边栖遑……

我也是一个瞧不见前路的人。曾经，我以为自己可以与全世界为敌，后来才知道，全世界压根儿就不屑于搭理我这样的蝼蚁。

茫茫的人生里，我一深一浅地迈着步子，漫无目的地走向了那不知何时才是尽头的终点，偶尔我看见了路途旁盛开的花，会暂时忘记伤痛，露出笑容。

我活得其实也不怎么伟大，但我也不觉得自己有多卑微。

因为和我一样的人太多了，我们都是大多数普通人里的大多数。

我写过很多的故事，我可以告诉你们吗？你们愿倾听这窝囊又不浪漫的故事吗？

不愿意也没办法，我非要告诉你们不可，谁让我实在憋不住了呢。

先做个自我介绍吧。

我叫杜甫，字子美，号少陵野老。

别说你不认识我，我要生气的。

二

我出生那年，恰好玄宗登基。

后世有专家说，我是大唐盛世的同龄人，不过我大概活得比较长，盛世只沐浴了我的前半生，在见证了由盛转衰的那场剧变后，我的后半生……说多了都是泪。

后世还说，我是诗圣。我有点受宠若惊。

其实，我跟我同时代的大诗人们都不一样，他们在生前就已经红遍大江南北了，而我直到死去的那一刻，也没有成功认证加V，这让我感觉很懊恼。说起来我的起点也不算低，我的祖父与李峤、崔融、苏味道一起，合称“文章四友”，在文坛上享誉盛名。

自我出生以来，父亲就将祖父作律诗的心得传授给我。

他说：“我们杜氏家族世代以儒学传家。”

我说：“嗯哼？”

他说：“这里有《论语》《孟子》，你拿回房间慢慢看。”

就这样，我从小受孔孟之道的熏陶，立志当一个正统的儒家信徒。

每个人在他年幼的时候，都会为自己树立一个梦想，那或许只是对自身的期许，又或者是对外界的证明。

七岁那年，我以“凤凰”为题，写下了我人生中的第一首诗。别问我写得怎么样，七岁哎，内容我都给忘了，就记住了个标题……

为什么题目叫凤凰？因为李白好道，经常自比大鹏，要翱翔九天，而我与他不一样，我学儒，自然以凤凰自喻，因为儒家有古谣，每当凤凰降临世间之时，太平盛世就会来到。那时候，我觉得自己就是那只凤凰。

父亲很注重对我的培育，我十四五岁的时候，他就开始带我出入翰墨场，与洛阳的大人们交往。那时的我，目空一切，面对其他同龄小孩，我会傲娇地说：“饮酣视八极，俗物都茫茫。”

不过，你若说我少年老成、死气沉沉，那可实在冤枉。

因为我觉得自己还蛮皮的。记得十五岁的时候，我整天东跑西逛的，每到夏天枣子熟了的时候，我一天能上树千回不带歇的。

终于有一天，父亲在我面前扔下一袋钱，说：“你走吧。”

我欲哭无泪，说：“我就是上树偷了个枣，您不至于要把我赶出家门吧？”

父亲说：“啥都不懂！”

我企图蒙混过关，说：“爹爹，你这样我可要哭了。”

父亲说：“古人说过，读万卷书不如行万里路，你拿上这笔钱闯荡江湖去，多交点朋友，增长点见闻，积累些社会经验。”

不早说，吓死宝宝了。

三

开元十八年，我开始行走江湖。

那年我十九岁，还是个眉清目秀的少年。我尽力把脑海深处，那一节又一节的片段拼起来，记得那时我还年少轻狂，我吊儿郎当骑着马，先是去了山西，后来又南下到了吴越，要不是理智尚存，我都险些坐船去了扶桑。

那是开元时代，九州道路无豺虎，每个行人都敢放心地去踏遍千山万水。

多么庆幸将我的青春挥洒在了那样的年代。

开元二十三年，我去参加科举考试，落了榜。我没在意。

因为旁边有个考生对我说："不挂科的人生是不完整的！"

我当时觉得很有道理，也就真的没怎么在乎，第二天就牵马东行，继续我的壮游。

后来我再没见过那个考生，如果上苍可以给我一次机会，让我能对他说上一句话，我想，我一定会对他说："我怎么就信了你的邪！"

我落第，父亲没有怪我。我自己心态也还挺好，总觉得自己的未来还有一百万个可能，所以毫不在意，继续当我的啃老族，拿着父亲的钱就去了山东游山玩水。

我登上了泰山，广袤的山峦风貌映入了我的瞳孔，我胸中顿生豪气，高声唱道：

岱宗夫如何？齐鲁青未了。
造化钟神秀，阴阳割昏晓。
荡胸生层云，决眦入归鸟。
会当凌绝顶，一览众山小。

——杜甫《望岳》

关于成长，人们众说纷纭，但我总觉得，长大就是一瞬间的事。在某一个瞬间，我突然就不甘心再去注视别人向前奔跑的背影了……

就在那天，我站在泰山之巅，下定了决心。

我要成为他人眼中，逆光而行的轮廓。

四

天宝三载，我遇到了李白。

我不知该怎么形容他，放荡？或者跋扈？

他的爱憎都写在脸上，难过时就不悦地抿起唇，开心时就露出牙齿毫无形象地大笑。他如果讨厌谁，绝不会去刻意掩饰，那眼神总是那么直率、纯粹，没有一丝一毫的迷惘，总让人不由自主地想要回应。

彼时，我尚是无名之辈，而他则已经名满天下，而且曾经得到过天子的接见。

试问天下，谁人不知那文采超群的李翰林？

我以为我们很难平等相交。

可他却潇洒不羁，和我一见如故，三言两语下来，便拽我和高适一起去饮酒作乐。

我埋的单……

我和高适在李白的撺掇下，一起去寻仙问道。

李白说："王屋山有个仙人，叫华盖君，一起去找他学长生不老术吧。"

我俩和他一起长途跋涉，北渡黄河，历尽千辛万苦总算到了王屋山。

得知最新消息，华盖君已经死了。

我的嘴角都在抽搐，说："不是说好的长生不老吗？"

李白感慨地说："他一定是飞升了。"

我颓然地叹了口气，说："老哥，我不干喽，我还是觉得入仕比较适合我。"

李白说："入仕？"

我说："不错，就和你一样，连天子都这么亲近你——对了，你能给我讲讲朝廷里的事吗？"

李白说："我可以讲脏话吗？"

"不可以。"

"那我就没什么可讲的了。"

五

天宝五载，我回到了长安。

我决定参加补考。这是没办法，开元二十九年，我先是结了婚，然后父亲又过世，家里的生活陡然拮据，作为杜家的顶梁柱，我必须得去谋个一官半职。

天宝六载，我坐在考场上，自我感觉良好，整个人膨胀到不行。

我以为自己的未来有无限的可能，这次考试就是我大展宏图的起点……

可我居然又落榜了。

什么情况？

我自认，答题时我分明灵感如泉涌，简直超常发挥，没有可能不中的。

可结果下来了，我就是没中。

这是我第二次落第了。

我的心态崩了，一度产生了自我怀疑："难道我压根就没才华？"

不过很快，关于这场考试的最新消息传遍了长安城的街头巷尾。

这一年考试，竟无一人及第！随着消息被证实，举国哗然。

原来是宰相李林甫从中作梗，他担心新入仕途的考生会臧否时政，抨击他本人，所以干脆来个釜底抽薪，使这届考生无一人中第。回过头来，他还上表向皇帝庆贺，说："无一人及第，恰恰说明，人才都已经在朝廷里，民间已没有被遗失的贤才了。"

这么个鬼话，皇帝居然信了。

有时候真是佩服某些中年人，自己年轻时不思进取，如今遇上了瓶颈，对人生和理想没了什么追求，于是把热情全部放在了如何打压年轻人身上，以此来证明他们那点仅剩的存在感。

只是可惜了我们这届考生的命运，就这样断送在了李林甫的政治阴谋里。

我与其他考生不同。他们落第后，骂两句娘就能打道回府了。但是我不行，我已经没了收入来源，还有妻儿要养活，根本没有退路——要不然荣归故里，要不然客死他乡，我没有第三种选择。

为了入仕谋生，我开始干谒，给一些名流们递送行卷，有给李琎的、有给韦济的、有给张垍的、有给郑审的，还有给哥舒瀚的……

能想到的人我都想到了，可递进去的干谒信全部都石沉大海，没有任何的回应。

我也走过延恩匦的路子。

天宝十载，皇帝朝献太清宫、朝享太庙、合祭天地等大典，我趁机进献《朝献太清宫赋》《朝享太庙赋》《有事于南郊赋》，总算换来了皇帝的轻轻一顾。

皇帝下诏，让我去集贤院接受宰相们的面试，我欣喜若狂，写诗道：

忆献三赋蓬莱宫，自怪一日声辉赫。
集贤学士如堵墙，观我落笔中书堂。

——杜甫《莫相疑行》

直到去了集贤院，我才发现，复读机是人类的本质。我差点都给忘了，面试我的不是别人，还是李林甫。最后的结果不必多言，我果然只得到了“回去等我们联系”的空话，之后便再无下文。

别吧，我还有老婆孩子等着吃饭呢！

我仰面朝天，任由雨水打在我的面颊上，说句心里话，那些日子，我不止一次想把李林甫按在地上，往死里捶！

我在长安漂泊了整整十年，都不知道自己是怎么熬过来的。

这十年，我见过最纯良的人性和最复杂的人心，我见到那些纨绔子弟们挥金如土，心怀天下的儒生们却忍饥挨饿。

我以前想过，自己将来要站在万人中央，感受那万丈荣光。

然后我现在连个饭都吃不饱！

我早出晚归，去敲权贵的大门，分明知道一旦敲下去就有可能受到羞辱。看门人看我的眼神如同在瞧乞丐，语气尖酸刻薄。我勉强咧开嘴巴，赔上笑脸，我告诉自己要忍着，我连这样一个小人物都不能去得罪，因为我还要吃饭，我还要活下去，我……我还有理想！

隆冬腊月，寒风凛冽，家家户户都欢喜团圆，我为了见权贵一面，大庭广众之下追赶人家的马车，吃人家扬起来的尘土。我栽了个跟头，摔得七荤八素，旁边的路人哈哈大笑。我艰难爬起，尴尬得要死，连忙用力扯起两边的嘴角，让自己也去笑，竭力给自己留下最后一丝体面，可是为什么，我脸颊的肌肉那么僵硬，我心里的委屈又那么汹涌……

有时候我会问自己：为什么要这么卑微？为什么要这么执拗？为什么要这么赔笑脸？为什么直到现在都不肯放弃？

后来我的心里又响起了一个声音：“虽然前方漆黑一片，什么也看不到，可是如果天亮了，就会很美的。”

可是，天究竟什么时候会亮？

夜深人静的时候，我啃着残羹剩饭思考这个问题，越想心里越酸楚，我哭着自言自语：“我不当好人了，当好人太苦了。”

第二日，我伸了个懒腰，给自己打气说：“今天也是元气满满的一天呢！”

我不敢在其他人面前表露出脆弱的一面，不能让别人觉得，我输了，我认命了。不行，我还在咬牙扛着，没输，不认！

为了养家糊口，我干起了保健品行业——卖药。

这还不都是被生活逼的，我没到四十岁就已经未老先衰，头发一根根地变白，就这样还要忍受旁人的指指点点。

到了天宝十三载，我甚至已经沦落到要和灾民一起去领救济粮的地步了，我真觉得自己挨不下去了。这时候，皇帝终于把良心长了出来，赏了我个县尉，不久任命又改了，担任右卫率府兵曹参军。简而言之，是个弼马温。

可好歹是份工作呀。我想当时我的表情一定很没出息，我选择了接受。

您也别笑话我，诗人也是要吃饭的啊！

十年的困顿，修成正果后却只是个看牲口的，我突然觉得天亮以后未必很美，因为空气中还可能会有雾霾。

但不论如何，起码还是有了正经工作，我兴冲冲地往家里赶，这十年来京城房价飞涨，我都把家安到十八环以外了。

可等我回到家，妻子却伤心地告诉我："我们的幼子饿死了。"

我整个人犹如被抽去了骨头架，颓然地坐倒在地上，我张了张口，却发现自己什么话也说不出来。我想起了我回家路上取道骊山，皇帝与贵妃就在山脚下的华清池沐浴，明明只是一墙之隔，却恍如两个世界。

千万悲伤在我的喉头不上不下，终于化作了十个字，落在了纸上——朱门酒肉臭，路有冻死骨。

连我一个儒生都已是如此穷困潦倒了，那天下的普通百姓们得多苦啊！

六

自改元天宝以后，皇帝就越来越作了。一开始他对李林甫言听计从也就算了，虽说李林甫这人我也不喜欢，人品又差，但不得不捏着鼻子承认，他手段确实阴狠，只要有他在一天，大唐就不会乱。可之后任用的杨国忠是几个意思？

杨国忠是杨贵妃的远亲，他借杨贵妃姐妹的路子升官发财，成了皇帝的近人，又因为懂得怎么搜刮百姓的钱财，可以供皇帝挥霍享乐，于是在天宝后期，他取代了李林甫，成了新的宰相。

这个杨国忠不但坏，而且蠢。

他当了宰相后，巧立名目，对平民百姓敲骨剥髓，以供皇帝与杨氏姐妹骄奢淫逸。

对于民间疾苦，杨国忠视而不见，比如天宝十三载，大雨连绵两个月，农田被冲毁，眼见大饥荒就要来临，可杨国忠竟将庄稼中长得好的部分拿去进献给皇帝，说：“雨水虽多，但没伤害庄稼。”

信你个鬼，你个糟老头子，坏得很！

可皇帝却选择了相信。

当时的朝野上下，就只有扶风太守房琯肯说实话，而说实话的下场就是被杨国忠残害。

有了房琯的先例，那年再没一个大臣敢说灾情的事。

那年的大饥荒，百姓流离失所、背井离乡，累累白骨积了一层又一层，看得我心凉了一半儿，一股子寒意从我的脚心直直冲到了天灵盖。

记得还有一年，我在曲江与杨氏姐妹有过一面之缘，她们排场浩大、豪奴云从，京城的勋爵贵妇纷纷簇拥着她们，个个都光鲜亮丽，让人目不暇接。

侍卫蛮横地推开路人，把御厨做的山珍海味络绎不绝地运来，忙活了那么久，贵人们却几乎没有动筷子，她们慵懒地听着笙箫鼓乐，然后打了个哈欠，发现宴席上的食物都凉了，就随口吩咐全部扔到水沟里去。

她们身着绫罗绸缎，擦着胭脂水粉，高傲如孔雀般地回了府邸。可我明明看到路边有个衣衫褴褛的小孩，正趴在刚刚饿死的母亲身上，哭得几欲昏厥……

如果仅仅是如此也就罢了，可皇帝这几年折腾的地方还不止如此。

他开始穷兵黩武。

开元元年，姚崇拜相，他向皇帝提了十个要求，其中之一，就是不准擅开边衅。而如今，贤相姚崇已经作古，皇帝也早把自己当年所发的誓言给忘得一干二净。

因为皇帝好大喜功，原本安宁的边疆烽火四起。

天宝八载，吐蕃占据石堡，他们以此为大本营，经常入侵大唐疆域。

皇帝勒令节度使王忠嗣夺回石堡，王忠嗣拒不奉命，说："石堡地势易守难攻，如果拿下，必然要以数万士兵的生命为代价。"

一句话，得不偿失，不干！

皇帝不管，反而对王忠嗣的忤逆大为恼怒，他撤下王忠嗣，代之哥舒翰，领六万三千人，昼夜不歇进攻石堡。最后石堡被攻下了，代价也正如王忠嗣预料的，数万将士折损青海，白骨无人收……

皇帝对边功的热忱越发浓厚，曾经那个让人民安居乐业的君王逐渐变成了一个嗜血的恶魔，鞭策着子民们给自己挥洒鲜血，为了他的生前身后名。

上有所好，下必甚焉。

没过多久，在东北的安禄山谎称契丹反叛，集合三镇大军出征，结果一败涂地。在西北的高仙芝诓骗石国国王签订条约，趁机灭亡了石国，最终引发与大食的决斗，兵败怛罗斯。而在西南，鲜于仲通发兵无罪的南诏，战一场，败一场，先后二十万将士丧生在了那偏远的十万大山。

兵源越来越不够，朝廷得了皇帝授意，四处征发无辜的百姓参军入伍。哀哀呛天，寂寂无声。谁不知边疆已是积骨如山，这一去又何尝能再相见？

信知生男恶，反是生女好。
生女犹得嫁比邻，生男埋没随百草。
君不见，青海头，古来白骨无人收。
新鬼烦冤旧鬼哭，天阴雨湿声啾啾！

——杜甫　《兵车行》

都是第一次做人，凭什么你们的私欲要害得我们失去一切？

凭什么？

上苍给了人们回答，这个答案，是一场天崩地裂的战乱。

它用洪水般的鲜血，席卷了这充满了罪恶的人间。

七

安史之乱爆发了。

我已经预见过，朝政如此浑浊，总有一天会酿成大乱。

可却没想到，它会来得如此迅猛，如此之快。

安史叛军一路势如破竹，朝廷的平叛大军屡战屡败……

天宝十五载五月，潼关告急，我连忙赶回了奉先，带上妻子儿女，一同去白水投靠我的亲友。

然而没过多久，潼关被破，长安沦陷，白水眼看也就保不住了……

乱世人命如草芥，大批大批的难民为了躲避兵祸，成群结队地向北方逃难，我也在其中。没人知道该去哪，国家已经没了，皇帝也不知跑到了哪里，我们身上带的口粮吃完了，儿子不停地喊饿，襁褓中的女儿一个劲儿地哭，妻子怎么也哄不好。

我把她抱在怀里，她“啊呜”一口咬在我的胳膊上，想来真的是饿急了吧，我抚摸着女儿的头，心都快碎了。

雨越下越大，道路上泥泞不堪，我带着家人，饥寒交迫，麻木地向前方走，如同行尸走肉一样。儿子懂事，和我一起去向他人乞讨，可想而知，这会受到何等的侮辱。

我的脚步越走越沉，有时候，真想索性就趴在地上沉沉睡去，让泥泞就此把我彻底掩埋……

可我看了看怀里的女儿，突然又有了勇气，我不知道是我在救她，还是她在救我，但是最后的结果是，濒死的我最终熬了过去。

我遇到了好友，得到了他的资助，这才免死于流民潮中。他心善，把我们安置在羌村，我们一家人这才得以喘口气。

八月，有传闻说太子去了灵武，还继位当了皇帝，决议夺回长安。

我也想去灵武。

第一，如今国难当头，作为儒生，我应该尽绵薄之力。

第二，新皇正逢缺人之际，锦上添花不如雪中送炭，现在赶去投靠，必然会得大用。

我拜别了妻儿北上延州，打算从芦子关前往灵武。

谁知时运不济，我居然被叛军俘虏了。那几个大头兵见我是个读书人，就把我抓到了长安，逼迫我接受他们的伪职。

此时的长安，已经满目疮痍。

我官职低微，又没名气，叛军没人拿我当回事，所以我也没有被严加看管。我独自一人去了朱雀大街，原本庄严大气的官道，如今却已满地狼藉。

突然，一个熟悉的身影映入我的眼帘……

我定睛一看，是个潦倒在街头的乞丐。他衣衫褴褛，身上都没一块好皮肤了，还一个劲给路过的行人磕头，乞求当他们的奴隶，想混口饭吃。

我认识他。名字却想不起来了，但我昔年在曲江见过他，他好像还是皇族，却不想如今落魄到了这般境地。

我走过去，他抬起头看我，战战兢兢的。

我问："你看上去似乎有点眼熟，你叫什么？"

他顿时吓得面如土色。我这才恍然大悟，叛军攻入长安后，那些没来得及逃走的王子皇孙，几乎都惨遭毒手。

皇帝的妹妹、驸马、王子们，都被当街剜去了心脏，而杨国忠、高力士的党羽们，只要和安禄山有仇的，纷纷人头落地。甚至于扈从皇帝出逃的军士，他们留在长安的家属，也被叛军核实姓名当街诛杀，就连刚出世的婴孩他们都不放过。

面前这位王孙，怕是侥幸逃过了一劫，东躲西藏，可却无法摆脱饥饿的困窘，沦落到这种境地。

我说："忍忍吧，太子已经登基，也许很快就打回来了。你一定要活下去。"

活下去，我也只能对他说这三个字了。

他泪流满面，对我连连叩头。

我此刻手头也拮据，无法给他接济，怕引起巡逻叛军的注意，只能与他匆匆告别。

我被叛军执在长安，消息来得慢，有一天，叛军突然紧张起来，匆匆忙忙擂鼓集合，我一打听，才知道是灵武那边有动作了。

新皇帝让宰相房琯率四万官军东进，准备收复长安，先头部队已经到了陈陶。

我高兴地几乎跳了起来。

来了来了，终于来了！

是我们大唐的义军来收复失地了！

自叛军出发后，我不停地搜集前线情报，翘首期盼着故国军队王者归来……

可唐军的旗帜没等到，等到的却是叛军趾高气昂地回归。在陈陶、青坂，房琯以古代战车的阵法冲击叛军，惨遭失败，四万义军几乎全军覆没。

孟冬十郡良家子，血作陈陶泽中水。
野旷天清无战声，四万义军同日死。
群胡归来血洗箭，仍唱胡歌饮都市。
都人回面向北啼，日夜更望官军至。

——杜甫 《悲陈陶》

次年的春日，我偷偷去了曲江池畔，昔日这里繁花似锦、人声鼎沸，而如今呢？宫殿冷冷清清，当日的明眸皓齿今又何在？只有春色依旧，伤春悲秋……

黄昏了，我也该走了，胡人的马蹄扬起尘埃，弥漫了整个长安城，真叫人作呕。我走到城南望城北，官军不知何时能到，而我的妻儿人在羌村，又不知如今境遇如何。兵荒马乱的，谁能放心呢？

我焦虑不安，只能写诗，虽说也没人会看：

国破山河在，城春草木深。
感时花溅泪，恨别鸟惊心。
烽火连三月，家书抵万金。
白头搔更短，浑欲不胜簪。

——杜甫《春望》

终于，对家人的思念成疾以及对叛军的厌恶，给了我前所未有的勇气。

这年四月，我逃出了长安。

沿着山路十八弯，我穿过昼夜与昏冥，穿过战火与硝烟，总算走到了新天子的面前。

那一刻，我泪流满面。

八

我走到凤翔的时候，衣裳已经烂得透了双肘，草鞋也残破到露出了脏兮兮的脚趾头。

皇帝见我可怜，给我了一个左拾遗的职位。

这是个谏官，虽然官职低微，却很重要，我已经和家人失联半年，但职责所在，我也不能回去看望他们。我只好把家书一封又一封地寄去，一边期盼着赶紧有消息，一边又害怕得到什么不幸的消息。

没过多久，宰相房琯因为门客收受贿赂，皇帝震怒，将房琯罢相。

我清楚地记得，天宝末年那场大灾，朝堂之上只有房琯一个人敢说实话。我敬重他，于是上书为他辩解。

我说："房琯有罪，但这个处罚未免太重了。"

皇帝看了我的奏章，冷冷地说："看来你也是房琯的同党！"

我被三司会审，幸亏张镐相救，我才幸免于难。

经过这件事，我明显感觉皇帝对我疏远了起来……

我无可奈何，既然皇帝也不爱听我唠叨了，我正好得空回一趟家。

我问人借了马，带了一个仆人，千辛万苦走了七百里，总算回了家。我推开柴门，妻子看见我的那一刻，眼泪立刻就掉下来了，她扑到我的怀里泣不成声。

邻居一个个的都趴在墙头，感叹又唏嘘，说："真是世事无常哟……"

儿子泪眼汪汪地抱住我的膝盖，害怕我又会离开。

我抱住他，柔声说："这次爹爹带你与娘亲一起走，好不好？"

朝廷收复了长安，我喜极而泣，终于能回到魂牵梦绕的长安城了。

我与家人在长安凑合过活，与王维、岑参、贾至等人作诗唱和，觥筹掠影间大家再也寻不回昔年的盛世气象，只好相顾无言、长吁短叹。

我的日子归于平静，就是俸禄太少，连买壶酒都得心疼好久。

我也曾多次向朝廷上谏，想给朝廷发光发热，可皇帝没理会过我。

这年六月，房琯被贬，我也被牵连，出为华州司功参军。

后来我总算是琢磨过味儿来了，皇帝之所以会整房琯，绝不是因为他门客受贿这样的小事儿，那不过是个由头，真实原因是房琯是太上皇的旧人，皇帝要任自己的人，自然容不下房琯。

一朝天子一朝臣。皇帝要清除掉前朝的痕迹，当然要拿下房琯，而我上书救房琯，恰恰是犯了大忌讳。

我好像摊上大事了！

九

安史之乱还远远没有被平定。

西北的回纥、吐蕃趁火打劫，纷纷入侵大唐边境，本来就残破的山河更加岌岌可危。

这一年，大元帅郭子仪率军与敌人决一死战，但因为高层内部不合，我军溃败，退守到了洛阳。

新一轮的征兵又开始了。我去洛阳探望友人，路上的所见所闻，简直触目惊心。我经过新安时，听到有人喧哗，我看过去，发现是有衙役在那里点兵捉人。

我问衙役："这地方饱经战火，还有年轻人能参军吗？"

衙役见我好歹是个官，语气还算客气，说："昨天新的文书已经下达，规定十八岁以上的都要参军入伍。"

十八岁？我十八岁还在家念书，而他们却要去守卫王城？

我看到村头那些父母相送自己的孩子，还有些孩子只能独自低着头，跟着衙役走。已经黄昏了，父母们还在哭，我知道语言有多么苍白，可也只能安慰他们说：“放心吧，郭子仪是个好将军，他对待将士就像对待父兄一般，一定会照顾好你们的孩子的。”

日暮的时候，我到了石壕村，寄住在一老汉老妇的家里。大半夜地有衙役来抓壮丁，老汉连忙翻墙逃走，老妇去应付。衙役不听，张口就是一声怒斥。

老妇委屈地说：“我的三个儿子都去参了军，前些日子大儿子来了信，说二儿子已经战死了，如今还有孙儿在家，我儿媳妇现在连个完整的裙子都没有……”

衙役不依不饶，说：“河阳缺人，必须有人填补！”

老妇无可奈何，只能跟衙役走，在军营里当个厨娘。

第二日，天蒙蒙亮我便匆匆与老汉道别，继续行路，真奇怪，昨夜的对话明明不记得了，可那幽咽声为什么还在我耳边嗡嗡作响……

我又走到了潼关。

潼关的官吏向我夸耀，说：“如今潼关城防已经坚如铁桶，叛军若敢来，我就教他们做人！”

我对那官吏说：“切勿轻敌，莫要让三年前的惨剧重新上演。”

我还见过一对新婚的夫妻，丈夫明日就要参军入伍。

丈母娘哭号：“早知道要把女儿嫁给个当兵的，不如一生下来就扔到路边去！”

那妻子却说：“嫁给兵哥哥我不后悔，你去吧，我等你回来！”

她又哭了，说：“我好想和你一起去呀，就怕妇女去从军会影响到士气，我是穷人的女儿，置办嫁衣不容易，现在我就脱掉，再洗去脂粉，一心一意地在家中等着你！”

你看吧，天上的鸟，不论大小，全是成对成双。

可为什么人世间的爱情，总是不尽如人意呢？

我还见到一个老翁前去应征。

他告诉我："我的子孙都已经在战场上殉难了，如今国破家亡，自己还有什么脸面苟延残喘？"

他扔掉拐杖，前去从戎征战。他的老伴趴在路上，一声声地哀叫呼唤，分明是寒冬腊月，她却还是单薄衣衫。

这肯定是最后一次见面了。老伴嘴里唠叨，说："你在军中吃好喝好，反正人生在世都有个离合悲欢，谁管你是不是饥寒交迫、老弱病残。"

还有个曾经入伍当兵的军人，战败之后，他回到家乡，却发现家中已经面目全非。他不气馁，痛定思痛，老老实实地去耕田种地。可县衙的人知道他回来了，又把他给征进军队里去了。

而他早已经是孤身一人，就算是想道别，也没人了。

战火纷飞的年代，夺去了不知多少人的生命，又扼杀过多少人的守望，许多人的信念与盼头都在一夜之间坍塌，拥有过的一切都化作烟云一束，消失不见。

我真的很想哭。我在想，如果有朝一日我死了，我不需要有人替我哭泣哀号，就在一个无人的角落里，让我静静地死掉就好。

所以也请你别问我，我讲的这些故事到底是不是真的。

我无意回答是否属实，我只是想说，当我用诗句记录这些史诗的时候，就说明，我是真的走心了。

在那些日子，我彻底明白了到底什么才是凤凰。

凤凰凤凰，只有在炼狱中煎熬过后，看遍生死悲欢后，方能浴火重生、凤鸣九天。

有人指责我："你穷成这样，还好意思管别人？你还是先想想怎么过好你自己的生活吧！"

我心知这话不错，可瞧见那样不堪入目的现实，你叫我如何熟视无睹？

一位已故的老人对我说："你瞧这些白云聚了又散，散了又聚，人生离合，亦复如斯，你又何必烦恼呢？"

我苦笑，人与人之间都千差万别，更莫说人与那悠哉闲适的白云了，或许，我就是那注定的劳碌命吧。

兴，百姓苦，亡，百姓苦。

从此，忧国忧民，成了我的专属记号。

十

我还是辞官了。

有人问我，为何要辞官？

我告诉他，因为关中的粮食太贵，我吃不起。

实际上，我真正离开的原因，是我发现自己实在看不见任何政治上的前途了。我也明白了，当年李白为什么要在风光无限之时突然宣布辞官，想必和我此时的心态也是一致的吧。

听说秦州那年收成好，我就带了家小去了秦州。

可到了以后才发现，因为吐蕃东进，那地方并不太平。

我的生活又一次陷入困顿，只能重操旧业去卖药。

没过多久，同谷县的县宰说欢迎我们过去，于是我带上家人走了两百多里地到了同谷，却没得到任何帮助。

十一月大雪纷飞的寒冬，我去山上挖黄独充饥，手冻开了一道道口子，失去知觉。可这时节，哪里能挖到东西？我两手空空的回来，看到妻儿在地上冻得哆嗦，我的心揪了起来，在那一刹那阵痛到碎裂。

我原先就知道生活艰难，可没想到居然会这么难！

在同谷，我们勉强熬过了冬天。

我与家人一同赶赴成都。

此时镇抚巴蜀的人叫严武，他同我有旧，在严武的表荐下，我担任了工部员外郎，入了他的幕府，做了幕僚。

我在成都搭起了草庐，算是过了段安逸的日子，只是这几年国家也不太平，吐蕃、回纥屡次侵扰，各地藩镇的叛乱也此起彼伏，这些都让我心生焦虑。

我也想建功立业、为君分忧，可这话从我嘴里说出来，就是个大笑话。

成都有处丞相祠，供奉的是蜀汉名相诸葛亮。

我去看过，祠堂里古柏丛生，万世香火供养着那一表忠贞。

我也上了一柱，至今未冷：

丞相祠堂何处寻？锦官城外柏森森。
映阶碧草自春色，隔叶黄鹂空好音。
三顾频烦天下计，两朝开济老臣心。
出师未捷身先死，长使英雄泪满襟。

——杜甫《蜀相》

十一

永泰元年，严武去世了。成都因吐蕃的侵扰而不得安宁，我本身就是寄人篱下，而今生活更是困苦。

八月风怒号，将我草庐上的茅草卷飞江郊。几个熊孩子把茅草抱了去，还回头冲我扮鬼脸。我老了，实在是追不上，我只能回到家里，独自倚杖叹息。

到了黑夜，床被冷得跟铁一样，我的儿子不停发抖，床头更是让雨浇得湿漉漉，找不到半分干处。

看着蜷缩成一团的儿子，我只能整夜地抹眼泪。

安得广厦千万间，大庇天下寒士俱欢颜，风雨不动安如山。
呜呼！何时眼前突兀见此屋，吾庐独破受冻死亦足。

——杜甫《茅屋为秋风所破歌》

我一直觉得，自己注定身如浮萍，漂泊一生。

我离开了成都，沿岷江南下，去了夔州。

在夔州，我得到了都督柏茂林的照顾，他让我去管理东屯的一百顷公田，还让我自己也租一些公田种，说荒着也是荒着。我知道，他在变相地接济我。

不仅如此，柏都督还专门出钱，帮我买了四十亩的果园，雇了一些仆人，我和家人这才算安定了下来。

可终究是仰人鼻息。

我还是会去打听这些年朝廷的境况。

安史叛军平定了，安禄山被他儿子安庆绪所杀，而安庆绪又被史思明所杀，史思明又被儿子史朝义所杀……

真是天道好轮回，苍天饶过谁，这历史还真是个妙笔生花的好编剧。

但大唐依旧没有中兴。朝堂上，宦官李辅国、鱼朝恩等人公然干政，宰相元载只手遮天，而皇帝却毫无魄力，朝政黑暗得实在看不见前途。

地方上，安史之乱虽平定，可藩镇割据却尾大不掉，各路军阀拥兵自重，对朝廷阳奉阴违、表里不一。

边疆上，回纥、吐蕃多次兵临长安，天子被逼弃城远走，山河破碎，大唐朝廷颜面扫地。

我是真想给国家出一份力呀。可这些年来，我患了肺病，牙齿脱落，右耳还聋了，现在连走路都要旁人来搀扶。对国事，我已是有心无力。

一年秋天，我独自离家出走，走到精疲力尽，随意坐在一块石头上。

有人说，年轻人爱展望未来，老年人就喜欢回首过去。我想自己真是老了，脑海里翻滚的全是以前的画面。

这些年，故人去世的消息一个接一个，李白死了、房琯死了、郑虔死了、高适死了……他们任性地结伴离去，抛下我在这空荡荡的人间，去品味这最深沉的孤独。

我想着想着，鼻涕和眼泪就止不住地往下掉，我口中高声地歌唱：

风急天高猿啸哀，渚清沙白鸟飞回。
无边落木萧萧下，不尽长江滚滚来。
万里悲秋常作客，百年多病独登台。
艰难苦恨繁霜鬓，潦倒新停浊酒杯。

——杜甫《登高》

我开始意识到，自己时日无多了。

可若真要死去的话，我还是想长眠在我的家乡。

有人说，李白的诗中经常放肆大笑，而杜甫的诗里却总是在哭。

孩子们啊，不要问我的眼中为何常含泪水，因为我对这土地爱得深沉。

十二

终结一条道路的最好方法，就是走完它。

我觉得自己的路走完了，再也无力为他人描绘更多。

大历三年，我离开了夔州。因为我不甘在那里了此残生。

我乘船从三峡前往江陵，据说，李白年轻时第一次出山，走的就是这一路。我闭上眼，用心感受当年李白的心态，他那么年轻，又有朝气，令我这么个糟老头子羡慕不已。

我去了江陵，又去了公安，再南下江东，这些都是我在开元时代走过的地方，如今故地重游，却再也寻不回当年的感觉。

我登上了岳阳楼，这里景色依旧，洞庭湖水还是波澜不惊，与这些年来梦里的画面别无二致。只是身边再也没有了李白，也没了高适。

就连那个年轻的“二甫子”，现在也已蓬头历齿，成了个老头子。

昔闻洞庭水，今上岳阳楼。
吴楚东南坼，乾坤日夜浮。
亲朋无一字，老病有孤舟。
戎马关山北，凭轩涕泗流。

——杜甫《登岳阳楼》

岁月总是容易把人抛，独自和浩荡的长江奔腾而去，半点念想也不肯留。

我已经没了家，如同无根之萍，只好身不由己地飘零。我一边把诗句低吟浅唱，一边寻找那个能埋下我残躯的地方。

大历五年，我流浪到潭州。

军阀臧玠在潭州举兵叛乱，我无可奈何，只好逃到了衡州。

我寻思着，实在不行就去郴州投靠我的舅父崔湋，可谁曾想，船行至耒阳，竟遇前方江水暴涨。

真是倒霉透顶！

没办法，船只得停泊在方田驿，但食物已经不够了，谁也不知江水何时才能退去。我纵是忍饥挨饿惯了，也终究无法接受这无望的等待。

我们被困在这里五天，整整挨了五天的饿，我本来就年老体衰，经此一饿更是虚弱得发慌。

耒阳的聂县令得知了消息，叫人给我们送来了好酒好肉，这才救了我们一命。

饿了这么久，面对这些酒肉，我不顾形象地狼吞虎咽。酒足饭饱后，这些肉还剩下不少，我穷怕了没舍得扔，就把它们搁在船舱里头。

拜别了聂县令，我听闻去往郴州的洪水还没有退，只能改变计划，又回到了潭州。

不久，我的病情加重。

不能再拖了，我不想死在这里。我坐上一叶扁舟，从湘江上行往中原。

那天晚饭，我拿出了聂县令赠给我的肉。肉上已经长了毛，可我还是舍不得扔，烤了烤就咽下了肚。

那天深夜里，我感到腹中剧痛，张口想唤人，喉咙里却发不出任何声音。

我感到知觉一点一滴地从身上剥去，全身慢慢变得空灵。

我放弃了挣扎，安静地躺在冰冷的船板上，大概是时候到了吧。

我的身子越来越轻，越来越轻……刹那间，我感觉自己的灵魂突然从病弱不堪的躯壳里冲了出来。

我惊诧地看了看自己。

这一瞬间，我变成了年轻时的自己。

顿时我欣喜若狂，尝试着向前迈出一步，身边已是缩地成寸，大江大海任我肆意遨游，我跑得越快，场景变化得也越快，吴越、荆楚、巴蜀、河朔……以及那庄严肃穆的长安城，还是富丽堂皇，还是盛世气象。

可再一转眼，喊杀声突兀震起，安禄山的马蹄声铮铮而来，引来的战火烧尽了这梦幻般的繁花似锦，有人在低声啜泣，有人在崩溃呼喊，有人在愤怒咆哮……

我眼睁睁地看见那片人间乐土变得满目疮痍，一切都成了过眼云烟，历史的车轮将无数生命碾得粉碎，也把我的青丝催成了白发，从年少轻狂拉扯成了老眼昏花……

我又瞧见黑暗里有人向我走来，是个傲气凛然的少年，他是王勃，他身后还跟了杨炯、卢照邻、骆宾王，我欣喜若狂，说："王杨卢骆当时体，轻薄为文哂未休。"

我又见到一个剑眉星目的侠客抱着一把剑，我认识他，他是我的偶像陈子昂，我喜极而泣，说："千古立忠义，感遇有遗篇。"

地上还趴了个怪老头，醉得人事不省，我哂笑，说："知章骑马似乘船，眼花落井水底眠。"

一个农夫打扮的人走过来，环住我的肩膀。我一抬眼，乐了，真是好久不见，我说："复忆襄阳孟浩然，清诗句句尽堪传。"

我又走了几步，看到一个玉树临风、品貌非凡的男子，他正在拨弄手上的琵琶，我道："不见高人王右丞，蓝田丘壑漫寒藤。"

还有个人提着酒壶、吊儿郎当地踱了过来，我见了哭笑不得，说："白也诗无敌，飘然思不群。"

我又听见一声马啸，定神一看，原来是一人骑着战马呼啸而来，我大喊："高生跨鞍马，有似幽并儿。"

再看他的马背上怎么还有个人？而且那人正愁眉苦脸，好像在想什么新句子，我对他叫："岑生多新诗，性亦嗜醇酎。"

陌生又熟悉的人，一个个如走马观花般出现在我的眼前，我在想，看来自己的故事讲到这，确实也该画上句号了。

我的灵魂又回到了阴冷潮湿的船板上，我的眸子慢慢失了神采，时间仿佛就此停止。

月光映进船舱，铺了一地的素白，说不出的寂寥。

我的耳边一片寂静，再也听不到任何声响，只有眼前所见的一幅画面，让我缓缓勾起唇角，露出了微不可见的笑。

画面上，是个裘马清狂的少年。

他骑着的马响起嗒嗒的蹄声，正去往他心目中的长安。

番外篇

唐朝到底有多强大?

唐朝灭亡，已过了上千年。

千年以后，一提及我们历史上哪个时期最强盛这个问题，几乎每个中国人都是毫无例外地回答——唐朝。

可历史上的唐朝，究竟有多么强大呢?

我听过太多学者跟我们说数据、版图，以及各种教科书式的干巴巴的回答。

今天我不想跟大家说这些。

我想带大家来一场时空的旅行，一同看看中国历史上，最辉煌、最鼎盛的大唐王朝。

看，我们来到了贞观八年，这一天，唐太宗李世民在未央宫举办国宴，大会万国使节。

太宗特意叫出了太上皇李渊，李渊见到座下有曾经的东突厥颉利可汗——如今已是大唐的俘虏，笑说：“你，给我跳支舞。”

颉利可汗脸色僵了，但还是站起身来，在大庭广众之下跳了一支舞蹈。

李渊意犹未尽，对南蛮酋长冯智戴说：“你——给我写一首诗。”

南蛮酋长也当众献丑，写了一首诗给万邦使节看。

李渊哈哈大笑，笑出了眼泪，说：“胡、越一家，自古未有也。”

又到了贞观二十一年，根据北方各族的请求，在突厥北部设立了一条“参天可汗道”，添置六十八个驿站，专门供应参拜大唐皇帝的各族使节们的食宿。

而大唐皇帝“天可汗”的头衔，更是一直保留了两百余年……

恰在这一年，新罗遣使者来长安拜贺，使者哭诉着说：“高丽、百济要联合攻打我国，陛下救命。”

唐太宗问：“你们打算怎么办？”

新罗使者：“计穷矣，惟陛下哀怜！”

唐太宗说：“这样吧，我给你数千唐军的军装，你让你们的士兵穿上，他们两国见到后，就会以为是我们大唐的军队来了，必定会落荒而逃！”

嗯，这是真没办法，大唐的军队也想低调，奈何实力不允许啊！

……

我们再看看印度。

自从中古时代佛教大兴之后，中国人原本的天下观就受到了冲击，有人宣扬，其实佛陀诞生的印度才是世界的中心，中国不过是世界的边陲之地而已。

直到贞观末年，一个叫王玄策的大唐使节去印度进行友好访问。恰逢印度发生政变，王位易主，新国王不明状况，见王玄策随行带的财宝众多，于是出兵抢夺，还把王玄策扣在了大牢里。

王玄策越狱了。

在往回走的路上，王玄策越想越气。

于是，他没有回国，而是去了东南亚，拿着大唐节杖挥舞说：“我是大唐王朝的使者，印度不敬中国，谁跟我去收拾它！”

于是，吐蕃、尼泊尔以及一些东南亚番邦纷纷响应，借兵给王玄策，这一支国际联军在王玄策的率领下猛攻印度，把印度引以为傲的象兵打得落花流水。

不久，印度灭国，国王被王玄策俘虏，成了大唐的阶下之囚。

一人灭一国，这才是大唐本色。

也就是这一战，彻底改变了国人之前对中国与印度的看法。

比如，我们的唐僧玄奘大师，西天取经回国后，在给唐太宗的上表中说："给园精舍并入堤封，贝叶灵文咸归册府。"

什么意思呢？

就是说，大唐的皇帝居然把佛陀之国印度纳入了势力范围，由此可见，咱们中国才是当之无愧的世界中心，大唐的君王才是佛教至高无上的"法轮王"，正如唐人吕才说的那样："三千法界，亦共沐于皇风"。

不过说起玄奘大师，不得不唠叨一句。

这位大师千里迢迢西天取经，从天山南麓过葱岭，经高昌南下到了印度的那烂陀寺——这个道路上的国家，后来一个个都让唐军挨个灭了一遍。有人调侃，这唐僧怕不是个探路的吧，怎么他走到哪儿，大唐的军队随后就打到哪儿呢？

其实玄奘大师也憋屈啊，忍不住都要抱怨一句："万里出国取西经，回头惊觉变国内。"

太宗死后，唐高宗时代，朝鲜半岛的局势愈发紧张。

当时的朝鲜半岛有三个国家：北方是高丽，南方是百济和新罗。

高丽与百济是同盟，经常出兵攻打新罗，新罗向唐朝求助，高宗下旨调停说："朕将发契丹诸国，度辽深入，王可思之，无后悔。"

总之就是一句话：你自己好好想想是撤兵还是不撤兵，否则等我大唐的军队到了，你到时候可别后悔！

可百济王心想，我和中国又不接壤，中间还隔着一个高丽呢，我不撤兵你能把我怎么样？他果断把唐朝皇帝的话当耳旁风，不管，继续打。

给你脸你居然还不要是吗？

当月，唐朝大军誓师出征，一千战船横渡大海，登陆南朝鲜。百济王惊了，从海上过来，还有这种操作？

而唐军只用了十天，就一路高歌攻破了百济首都，俘虏了百济王。

这个立国七百余年而沧桑不倒的百济，在大唐的闪击下，连半个月都没坚持下来，就亡了国。

百济余部不甘心，借助日本的力量图谋复国。日本天皇也不甘寂寞，全国总动员，征发了三四万人陆续进入朝鲜战场。在白江口，日本水师以优势兵力对垒两万唐军，结果在唐军的强势反击下，日本四战四败，几乎全军覆没。

日本远征军惨败于唐军的消息传回国，恐慌弥漫日本全国上下，日本人害怕唐军跨海袭来，连忙迁都，加强海防，在战战兢兢中等待唐朝海军的到来……

日本左等右等，都没人影。

敢情唐朝从没把日本当回事，日本人担心唐朝报复，纯属自作多情。

也就是这一战，日本人沉寂了近千年，再也不敢西窥东亚大陆。

……

我们再看看长安，看一看这个世界上最大的宫殿——大明宫。

它的面积相当于三个凡尔赛宫、四个紫禁城、十二个克里姆林宫、十三个卢浮宫、十五个白金汉宫。

这就是大唐帝国的中枢，中国皇帝傲视全球的地方。

我们走在一百五十米宽的朱雀大街上，出了开远门，会看到门口立了一块碑，上书：西极道九千九百里。

什么意思？

就是说，放心吧，长安到西域边境才九千九百里而已，绝对没有一万里，所以你不需要担心“万里长征人未还”。

一句铭刻的碑文，一撇一捺，谦虚又骄傲，大国之气象扑面而来。

……

我们再去看看那李太白，他写过一首诗，叫《战城南》：

去年战桑干源，今年战葱河道。
洗兵条支海上波，放马天山雪中草。

什么意思？

讲的是一个士兵，去年还在桑干源打仗，今年又到葱河道打仗，刚刚在条支海洗完兵器，又要去天山放养战马——我好悲催。

现在有个问题：诗句里的条支海是哪儿？

就是今天的波斯湾。

这明明是首反战的诗。

可你都打到波斯湾了啊。

……

我们再看看安史之乱以后，唐朝是怎么样的？

有人说，安史之乱后唐朝就不行了。

回纥汗国的牟羽可汗也是这么认为的。有一天，他宣布："我要攻打唐朝！"

回纥宰相说："能打得过吗？"

牟羽可汗说："唐朝早已经今不如昔，趁他病，要他命！"

回纥宰相说："可汗疯了，可汗疯了，居然要和唐朝为敌，大家伙儿为了部落的明天，把这个白痴可汗给剁了！"

就这样，牟羽可汗出师未捷身先死，被得了"恐唐症"的部下乱刀砍死。

看着倒在血泊里的可汗，一个士兵心有余悸地拍了拍胸口："还好还好，去攻打唐朝，那就不是作战，是作死啊！"

……

唐朝灭亡了。

在唐之前，中国人被称作汉人，在唐之后，中国人被称为唐人，在美国的华人聚集区，名字就叫作唐人街。

这就是唐朝。

李白和王维为何不认识?

在盛唐时代，有两位诗人声名煊赫、相竞争辉——一个是李白，另一个是王维。

彼时的杜甫还只是个无人搭理的小人物，故而这两个人才是当时诗坛上最耀眼的双子星，世人常有“南李白，北王维”之说。

可奇怪的是，这两个人居然互相不认识!

文人相轻吗?

不可能。

在唐代组队的大诗人多了去了，李白和王维在圈子里人缘都不错，朋友遍天下，就没见出现过文人相轻的情况发生。

那他俩为啥不认识?

盛唐诗人的朋友圈都是互通的，大家都在一个圈子里混，而李白和王维又都是圈子里最顶尖的两个人，可他们的诗文里却没有半句提及过对方，也没有史料显示他们之间有过任何来往……

这让许多史学家与文学家大惑不解。

不应该啊……

翻开史册，但凡哪个诗人开诗会、凑饭局，只要有王维，就绝对没李白，或者若是谁约了李白，就肯定不会再去邀王维。

在这点上，大家对二人的不和似乎都已心照不宣……

那么，这两个人到底为什么不对付呢？

有时候不得不说，李白和王维，几乎是完完全全的两个极端的人。

性格上，李白为人张扬，浪漫又放荡，惊艳了时光；王维生性内敛，细致又腼腆，温柔了岁月。

信仰上，李白崇道，向往自由；王维信佛，心存自律。

出身上，李白野路子，商贾子弟；王维世家子，门阀后代。

爱好上，李白好动，经常持着一把剑行走天涯；王维好静，喜欢抚着一把琴独自弹奏。

可以说，李白与王维，彼此简直是一面镜子里的倒影，好似是互相反着雕刻出来的。

于是，有人说："这就难怪了，两个人是性情不和啊！"

可这个说法很难成立。

谁说相反的性格就不能成为朋友的？

要说出身，王维虽说血统高贵，可他从来都没觉得自己高人一等，他的朋友圈里也是三教九流，什么阶层的人都有，不见得就会因为门第而看不上李白。

而李白也在原则上平交王侯，什么门第血统在他眼里都视作粪土，所以也很难想象会因为出身问题而刻意疏远王维。

至于信仰问题就更别提了，在唐代文化政策开明，各种思想百花齐放，没见过佛道之间有那么大冲突的。再说了，李白和王维就只是俩业余爱好者，人家专业的和尚跟道士都没掐起来，他们俩犯得着互撕吗。

至于性格相反。老实说，性格相反有时候反而体现了一种反差感，比如我在写李白的时候，脑海里一直想的都是魏无羡，我在写王维的时候，脑补出的模子一直都是蓝忘机……

那这两个人为何不认识？

我们翻一翻这两个人的诗集，就会发现一些蛮有意思的事。

比如，李白的《侠客行》里有一句“纵死侠骨香”，而王维的《少年行》就来了一句“纵死犹闻侠骨香”。

而这边王维在《少年行》又来一句“新丰美酒斗十千”，李白的《行路难》里就有一句“金樽清酒斗十千”。

这要不就是抄袭，要不就得是心意相通啊。

那么，不论是抄袭还是心意相通，我们都可以从上面的诗句里判断出来，他们是互相知道有对方这么个人的。

那为什么没成为朋友？

其实，他们如果想成为朋友是有机会的。比如，他们都认识孟浩然。

李白与孟浩然早年间就相识，李白的《送孟浩然之广陵》小学生都会背，甚至他还写诗公然表白“吾爱孟夫子”。

王维与孟浩然在长安结识，王维还帮忙在唐玄宗面前举荐过孟浩然，后来孟浩然黯然回乡，就只专门给王维留了一首诗。

可以说，如果孟浩然愿意牵线搭桥，那么王维与李白是能够结识的。

但并没有。

于是，有些人做出了推测：不是孟浩然不引荐，可能是孟浩然引荐过了，但这两个人八字不合，不欢而散……

坊间还有一个传闻，说王维和李白之所以不和，是因为一个女人。

而这个女人不是别人，正是玉真公主。

有人说：“这两个人都喜欢玉真公主，他们成了情敌。”

情敌相见，分外眼红，这个解释很得广大看热闹群众的喜爱。

王维早年间就是玉真公主的座上客，甚至有传言说，王维的状元都是玉真公主为他走后门讨来的。而李白之所以能见皇帝，成了翰林待诏，也是玉真公主保举的结果，李白还题过诗，夸玉真公主是小仙女。

于是，后人就开始揣测，这两个人都和玉真公主有一腿……

其实这些都是野史绯闻罢了。

王维与玉真公主的故事，出自于小说笔记《集异记》，并非正经官史，所以可靠性不高，况且即使这件事属实，后来王维也娶了妻，妻子死后王维单身了三十多年，很难想象他会和玉真公主有那样一段风流韵事……

而李白就更扯了，他只是在玉真公主的别馆题了首诗而已，连本人都没见过，后来还是他的好友元丹丘给玉真公主推荐了自己，这才让玉真公主想起了他，等到李白入京后，就再没见过这两个人有过互动……

所以，二人虽然都与玉真公主有一定的联系，但男女之情的可能性不大，彼此互为情敌的可能性更不大。

还有人认为，王维是看不上李白的作风。

别忘了李白是怎么进入的仕途？他不是王维那样正儿八经考进来的，而是被人保送到朝廷里头的，换句话说，李白就是一个典型的佞幸。

别小瞧这个差别，是否考过科举，这直接就区分了两个层级。

然而我觉得依旧不对。因为李白虽说不是科班出身，但却依然得到了科班出身的文人的认可，比如苏颋、贺知章，他们都接纳了李白。

所以，说王维是因为层级而排斥李白，这点也站不住脚。

好吧，说了这么多，我也该给大家一个合理的解释了。

第一，他们可能认识，只是我们不知道。

唐代史料不像后世的明清，数量很少，所以也许人家俩人认识，还是好朋友，但没有被记载下来，所以我们不知道而已。

这两个人的诗集也大多亡佚了，王维的诗“十不存一”，李白的诗“十失其九”，也许他们也在诗里写过彼此，但最终没有流传下来。

第二，他们可能就没机会认识。

你可能会问，怎么可能没机会认识，不是有孟浩然吗？

好吧，我查了两个人的年谱，他们二人唯一一次同在一地，是天宝元年到天宝三载的长安，此时李白在当翰林待诏，王维则在当左补阙。这个时候孟浩然已经死了。

而李白彼时是天子近臣，人人都把他捧在了手心里，王维却正受李林甫的打压，郁郁不得志，甚至想去辋川别业隐居。

可以说，这两个人此刻就是两种心境，他们或许在一些大场合远远地见过面，但彼此相交应该不会太深，属于路上碰了面还要犹豫要不要打招呼的那种。

毕竟，他们也没有互相认识的理由。王维一意韬光养晦，对李白这么个大红人自会敬而远之；李白彼时春风得意，也想更进一步，犯不着在一个沉沦下游的官僚身上花费心思。

所以这应该就是两个人“不认识”的原因。

所以说，不是他们不和，而是从一开始他们就没加过好友。

说起来，李白和王维还是同一年出生的。

这么一对同龄人没能组成队，让无数人感到惋惜。后来李白找了杜甫，称“李杜”，王维搭了孟浩然，号“王孟”，而当年喧嚣一时、呼声最高的“南李北王”组合，终究还是错过了。

他们一个固执地蜷缩在自己的剪影里，唯恐被刺伤；另一个早就伤痕累累，却还倔强地寻找着自己的光芒……

明明就是对的人，只是在错的时间相遇，于是彼此走到了相悖的方向……

公元七六一年，王维在家中病逝，终年六十岁。

第二年，李白身染重病，独坐敬亭山，写下了一首诗：

众鸟高飞尽，孤云独去闲。
相看两不厌，只有敬亭山。

——李白《独坐敬亭山》

这首诗完全没有李白风格，没有夸张的比喻，没有怪诞的幻想，也没有大气的意象，反而是一派颓废绝望、孤独凄凉……

他嚣张了一辈子，可这首诗却既细腻又温柔，云淡风轻得让人心疼。

如果不署名，我还以为这是王维写的。

你说说，如果这个时候的李白遇到了王维，会发生什么事？

他们肯定会成为知己吧。

可是王维在上一年已经过世了。

李白忽而想起来，当年的朝会上，他在远处凝望那个男子垂头的侧脸，却是和自己后来抬头的弧度很像……

他释然大笑：“罢了罢了，王摩诘，如果有来世，咱们再把酒共饮吧！”

不久之后，李白死去，享年六十一岁。

二人的卒年只差了一岁。

最后我想说："如若真有碧落黄泉，那么你们的这对组合，我支持！"

杜甫的爱情

国学大师梁启超曾说，杜甫是情圣。

很多人一脸黑人问号，啥？

杜甫？那个一副苦瓜脸，动不动就流眼泪，整日忧国忧民的弱男子？

他是情圣？

可梁任公就这么说了，当然，人家的原意并非单指爱情，而是说杜甫这个人对亲友、对妻子、对儿女乃至家国天下，都奉献出了自己最真挚的感情。

所以，杜甫是当之无愧的情圣。

今天，我们就来谈一谈杜甫的感情。

杜甫结婚那年三十岁，他的妻子那年才十八岁，出身弘农杨氏，老丈人是朝廷的司农少卿，官宦人家。

诗人的爱情会是怎样的？

在我印象里，诗人都是一群特别会花式表白的家伙，嘴巴一个赛一个的甜，三分的情从他们嘴里能道出十二分的意，比如李白、元稹、李商隐……

但杜甫不一样，他是诗人，却从不会写情诗。他的诗句里提起妻子，永远都是两个字——老妻。

再对比和老杜齐名的李白，他的笔下从来不会出现这么老土的名词，一写美人就是花啊、云啊、小仙女，姑娘们听了各个都欢喜得合不拢嘴。

唯独他杜甫不会逗女孩子开心，连给妻子讲笑话的时候，他一句话没说完，自己就能先笑上半天，笑完还在妻子的沉默中问："你怎么不笑？"

每次看到他笨拙的样子，连我这个千年之后的旁观者都为他紧张不已。

这情商也堪忧了吧！

杜甫以前是个心气很高的年轻人。

他说："致君尧舜上，再使风俗淳。"

妻子每次听他说自己的梦想，都会激动地双手握拳，说："加油啊二甫，让我看到你当上宰相造福苍生的帅气身影吧，我们可约好了！"

她对他说："我会一直看着你的。"

可杜甫的仕途一直不顺。

天宝六载，杜甫去参加科举考试。在李林甫的阴谋下，杜甫落第了，他无颜见父老，羞愧难当。

他独自坐在长椅上，一脸沮丧，仿佛全世界的色调都是灰白的。

后来他的妻子找到了他。

妻子说："你是不是不开心？"

杜甫说："我没有不开心。"

妻子顿时就很生气，说："别忘了，我可一直都在看着你呢！"

她拉着杜甫的手，说：“别忘了我们的约定！我在等你造福苍生，实现梦想的那一天呢，你可不许这么沮丧啊！现在，跟我回家吧。”

杜甫任由妻子拽住他的手，身体不由自主地跟她走，忽而泪水就在眼眶里面打转……

这世上，总会有这么一个人，她只是在你身边，就能让你安定下来。

安史之乱爆发，杜甫带着妻子在战火纷飞中颠沛流离。

他们在鄜州的羌村找到了栖息之处。杜甫打听到太子在灵武，他想去投靠，可乱世里人命如草芥，这一去几乎是九死一生。

妻子没有阻止，因为她知道这是丈夫的梦想。

杜甫走了，对妻子和儿女来说，他这一去很可能就是永别，兵荒马乱的年月，人死在了路上都不会有谁去瞧的……

后来，杜甫在路途上被叛军俘虏，绑到了长安软禁起来。

在一个月夜，诗人想起了还在鄜州的妻子，他泪湿脸颊，说：

今夜鄜州月，闺中只独看。

遥怜小儿女，未解忆长安。

香雾云鬟湿，清辉玉臂寒。

何时倚虚幌，双照泪痕干。

——杜甫 《月夜》

今夜鄜州的那轮月亮，你是否也在闺房里独自注视？

我们的儿女年纪还小，还不懂得你为何会思念长安。

香雾打湿你了的发，月光使你玉臂生寒。

也不知道何时我们能并肩坐在那薄帷帐下，

月光照映着你我，让我为你把脸上的泪痕擦干。

看吧，他自认为是个不解风情的汉子，却因你而笔下柔情万里。

杜甫几经辗转，从长安逃到了凤翔，又从凤翔回到了羌村。

他说："我回来了。"

妻子没有微笑，她的嘴角微微上扬后，泪落成珠。

夜深人静之时，他们互相看着对方，都好似在做梦一般。

邻人满墙头，感叹亦歔欷。

夜阑更秉烛，相对如梦寐。

——杜甫《羌村》

这一秒，只想在爱里沉溺。

这世界若是块冰，那就让它是块冰。

后来的杜甫流离转徙，漂泊不定，妻子一直不离不弃，从无怨言。

这个心灵手巧的女人辛苦操持着他们的小家庭，每天收集好碎布，给丈夫和儿女做衣服穿，舒适又保暖，"经年至茅屋，妻子衣百结"。

杜甫生了病，她急得花容失色，整日整日地闷闷不乐，"老妻忧坐痹，幼女问头风"。

她是官宦闺秀，未出阁时喜爱琴棋书画，可这些年跟着他，没有享福，反而一直都在关心柴米油盐。杜甫这一生不愧于人、不愧于国，却只愧疚于他的妻子，“何日干戈尽，飘飘愧老妻”。

偶尔杜甫也会带妻子出去游玩，泛舟湖上、欢笑戏水，“昼引老妻乘小艇，晴看稚子浴清江”。

妻子时常与他对弈，虽说他们穷得买不起棋盘，可妻子蕙质兰心，在地上画了一副棋盘，这二人之间清淡的幸福，就这样从那些故纸堆里满溢了出来，“老妻画纸为棋局，稚子敲针作钓钩”。

在她的怀里，杜甫可以放下所有的防备与芥蒂，好似归巢的倦鸟、靠港的游轮，可以供他无忧无虑地依靠。

再后来，杜甫死了，死在了她的前面。

她没有可以注视的人了。

可她还是觉得自己很幸运，因为她见证了那个少年一步一步地成长，他从来也没有动摇过自己的梦想，以至于连带着，她自己也情不自禁地想要追随他的脚步。

才不为什么盛世美颜，也不为什么华丽诗篇。她只知道，在初遇的那一刻起，他就成了自己心尖上最深爱的追风少年。

两年后，她也闭上了双眼，给这段平淡、普通、一点都不浪漫的爱情，画上了最后的句点。

而因为杜家穷困，他们的子孙后代在过了好多年后才总算凑够钱财，将他们重新合葬在了一起。

这两个人就这样互相搀扶着走向了人生的终点，到了最后也不离不弃。

真是像极了爱情。

不，这就是爱情。

其实，我在爬梳史料的时候，发现了一则故事——

有一次，杜甫和一个叫李梓州的官员一起泛舟游玩，船上有侍女唱歌跳舞。我早说过了，在那个时代，狎妓可称风流，纳妾亦属寻常，诗人出游调戏个把美女，简直正常得不能再正常了。你看，旁边的李梓州哈喇子都流下来了。

可杜甫却只是淡淡地回了一句：“使君自有妇，莫学野鸳鸯。”

这就是杜甫的爱。

什么叫爱情？

爱情不是有了你以后，我就可以抵挡世间所有的诱惑，而是我知道这世间有很多诱惑，只是自从有了你，那些我都不再需要了。

那么，在这篇番外的最后，我想问一问——

在你的生命中，是否存在过这么一个女孩？她没有浓烈的脂粉，没有细腻的声线，她只是静静地站在你的身边，静静地成为了你的全世界。

唐人喜欢胖女孩？造谣！

曾几何时，有一个不知从何而来的谣言——唐朝人喜欢丰腴的女孩子。

于是，一些身材微胖的女孩子就很感慨：“我要是生在唐朝，怕是得算个国色天香了吧？”

我要说的是：“您真的想多了。”

请相信，从奴隶社会到封建社会，再到资本主义乃至共产主义社会，男人在审美上由始至终都是一个德行——喜欢瘦的！

唐朝自然也不例外。

所以，在这里，我决定辟个谣，杜绝一下某些女孩的小幻想。

首先，唐朝可分为：初唐、盛唐、中唐、晚唐。

初唐、中唐以及晚唐，都不以胖为美，这点想必是共识，不需要解释吧？

问题只出在盛唐。

有人言之凿凿，因为盛唐时期国家昌盛，于是国人心态也大气，故而出现了以丰腴为美的现象，体现了天朝上国的包罗万象、海纳百川。

那么，我们要追根溯源，盛唐以胖为美的说法从何而来？

南开大学郭丽博士的《唐代“以胖为美”之女性审美观演变考论》一文，给我们提供了一参考人物——杨贵妃。

杨贵妃是盛唐的名片，也是公认的唐朝美女，而她就是身材微胖，所以，这难道不是代表唐人以胖为美吗？

关于杨贵妃的身材，《新唐书》与《资治通鉴》都用了一个词——丰艳。

而《开元天宝遗事》则更是直截了当地说：“贵妃素有肉体……”

于是，人们得出了唐朝第一美人是胖美人的结论。

可问题是，这些史书的作者都是五代、宋代的人，他们根本就没见过杨贵妃，又怎么能知道杨贵妃是胖美人呢？反而是唐人的《长恨歌传》称杨贵妃是“纤秾中度”，也就是说身材正常。微胖？不存在的。

还有，我们中学学的白居易大大的《长恨歌》中有一句“侍儿扶起娇无力”，可见在白居易看来，杨贵妃是纤瘦无骨、软弱无力的形象，你见过丰腴小胖来个“娇无力”的吗？那得多辣眼睛啊！

况且退一万步说，就算杨贵妃是胖美人，难道就可以以偏概全地说，盛唐以胖为美吗？

比如，唐玄宗给儿子选妃，要求就是“细长洁白”。

而唐玄宗大哥，宁王李宪曾夺人妻子，那女子就是“纤白明媚”。

可见，从史料上讲，盛唐哪里以胖为美了？

当然，可能您这时候又要反驳了，唐代的仕女图，上面的女人就是胖乎乎的！

那我要反问了，谁告诉你图上的女人就是唐代的美女的？唐朝人告诉你的吗?

关于唐代绘画为何以胖为美这一点，唐后期的画家周昉就已经告诉我们了 :“昉贵游子弟，多见美而贵者，故以丰厚为体，而又关中纤弱者为少，而其意秾态远，宜览者得之也。”

可见，在唐代，因为地域原因，仅是关中这里胖女孩多而已，恰好首都长安又在关中，于是画师画画多写实，参照物多为关中女子，故而胖女孩多了些，但这并不能表明胖女孩等于美女。

当然，您又反驳了，唐代不止是长安啊，敦煌壁画的女孩子也是胖胖的。

哎呀，您别忘了，敦煌受哪个宗教影响——佛教。

佛教的菩萨形象都是宝相庄严，看上去富态丰满。所以说，敦煌壁画实际上是受了佛教的影响，如果一个受佛教影响的地区画壁画用的是纤柔妖娆的女子，反而很违和，对不对?

再说了，我们去看看文艺复兴之前西欧的绘画，你会发现上面的欧洲妇女也都是胖乎乎的，体态丰盈，少儿不宜。

可实际上，人家中世纪的西欧男人就是喜欢身材纤细的女人，甚至在西欧宫廷，有些女人为了瘦下来还用腰带束紧腰部，严重的直接导致身体畸形、丧命，就和中国的缠足一样，是彻头彻尾的陋习。

这和绘画上的胖女人矛盾了吗?

不矛盾。

因为人家画家也没说过，人家画的这个是美女啊!

最后，就是出土的陶俑了。其实，这点本来和上面绘画的解释差不多，但还是忍不住唠叨下，就是把艺术化的陶俑扯到审美的头上。

假如，一千年后有人挖出了咱们这个时代的“陶俑”，比如，一个阿拉蕾的手办。于是，一千年后的人表示：“天呢，二十一世纪的人审美都这么劲爆吗？这个眼睛快占脸的三分之一了。二十一世纪的人的审美真的很让人看不懂啊！”

您觉得是不是很滑稽？

如果您觉得很滑稽，一首《卡路里》送给你了——

还不快点去减肥！

唐诗成长史

南宋的时候，有个人叫严羽，他写了本《沧浪诗话》，将唐朝分成了四个阶段：初唐、盛唐、中唐、晚唐。

很明显就能看出来，咱们这本书写的是初唐和盛唐。

我觉得就很有必要解释一下，这一时期唐朝的诗坛到底发生了什么？

公元四九九年，南朝诗人谢朓死在了狱中。谢朓一死，南朝民间的山水诗派无处续接，宫廷里的南梁简文帝萧纲所代表的宫廷诗派充斥了整个诗坛。

对，就是所谓的宫体诗。

在本书中，我多次提到宫体诗这个名词，可究竟什么是宫体诗？

在这里有必要介绍一下。就拿宫体诗的开山鼻祖梁简文帝来说吧，他对文学创作定下了自己的原则，“立身先须谨重，文章且须放荡。”

这里的文章要“放荡”，本意是对汉魏风流的继承，说的是写文章要洒脱不羁、率性而为，可宫体诗后来的路子很明显走偏了，文章越写越污，以至于让人不堪入目。本来人家是叫你当个浪子，谁知诗人却学成了一个流氓。

所以说，当时的宫体诗其实就是艳情诗，辞藻靡丽，都是什么朱唇、舞腰、横陈……不仅仅是用词，包括内容，也都是些对肉欲的追求与执着，例如你看这句诗："上客徒留目，不见正横陈。"

什么叫横陈？

通俗点说就是推倒，这么明目张胆真的好吗？

且不说对肉欲的迷醉了，关键是人们对本能也不再刻意自律，而是失控地发泄兽欲，把社会上的礼义廉耻统统撕掉，人类丑陋的本性在解除封印后暴露无遗。

"知君亦荡子，贱妾亦娼家"。你瞧瞧，这是个男诗人以女性视角写出的诗句。恍惚间，我仿佛看到一群没羞没臊的男男女女，在酒精与金属乐里纸醉金迷，抛却了社会上的一切责任与身份，赤身裸体在极乐里无限沉沦。

这些艳情文人开始堂而皇之地占据了国家正规文坛，举国上下开始在堕落里放纵自我，这就是当时南朝诗坛的现实。

直到大唐建立，初唐时代拉开了帷幕。

很多读者会发现，本书的十二个故事中，第一个故事是从唐高宗时期开始写的，那为什么不从唐太宗那时候开始写呢？

因为唐太宗时，实在没什么好写的。

闻一多先生曾说，从梁简文帝当太子到唐太宗驾崩的这段时间，中国没有出现过一个一流的诗人。

很多人不解，唐太宗不是千古明君吗？不是说好的贞观之治吗？为什么他治下的时代没有出现一个足矣称道的诗人？

这里其实要从唐太宗李世民本人说起了。

唐太宗是军人出身，一个铁骨铮铮的汉子，但他偏偏对南朝那种轻柔靡丽的诗风情有独钟，不得不说这真是体现了一种反差效果。

对唐太宗的文学爱好作出批评的人不少，比如明朝的王世贞就说，唐太宗这个人，功业上没的说，就是他的文章一点大丈夫气概都没有，远的比不上人家汉武帝，近的也没人家曹操写得好。

好吧，其实唐太宗原本也是想更改南朝文坛的糜烂状况的，表示自己要“用咸英之曲，变烂漫之音”。奈何自己打了一辈子仗，粗人一个，压根儿就不会欣赏诗，不知道什么是好，什么是坏，就觉得南朝那些用词华丽，看着挺高级的诗是好诗，于是贞观年间，朝廷就做了一件事——收集辞藻。

可以说，唐太宗看出了南朝文坛有问题，但光看出问题没用，你得解决问题，而唐太宗恰恰又不知道该如何解决，只能继续陈隋以来的诗风跟着凑合下去了。

我们今天谈唐诗，选唐初贞观年间的名作，都会把魏徵的诗拉出来，“人生感意气，功名谁复论。”

这诗怎么样？

不能说差，但也谈不上好，只能说是合格了，毕竟比起空洞无物的宫体诗，它至少抒发了作者胸中的抱负，这就是了不起的进步。

但魏徵并不是诗人，而是政治家，贞观诗坛居然要靠一个外行来救场，矮子里拔高个儿，以一首六十分万岁的诗撑面子，这其实从侧面告诉了我们，此时的好诗有多么匮乏。

不过，就在贞观朝廷浑浑噩噩的沿着老路行走时，民间却悄然兴起了改革的萌芽。那就是王绩，如果不认识，那我告诉你，他哥哥的孙子就是我们的第一位主角——王勃。

王绩从小胸怀大志，却不受重用，后归隐田园，这也就把他排出了李世民的文学集团之外。于是，一股自然而然不受政治约束的诗风就此在民间扎根成长。

东皋薄暮望，徙倚欲何依？树树皆秋色，山山唯落晖。
牧人驱犊返，猎马带禽归。相顾无相识，长歌怀采薇。

——王绩《野望》

这首“五律”严格来讲，只能算是六十分合格，与宫廷文人集团的魏徵在贞观年间平分秋色，但它的价值，是将谢朓死后断了百年的山水田园诗给重新接了起来。

大概也就是从这一刻开始，唐初诗坛的宫廷诗派与改革诗派，开始了一场没有硝烟的战争。

唐太宗驾崩于六四九年，就在他死后的第二年，本书第一位主人公王勃出世了。

一个新的时代就此拉开了序幕。

我刚才说过了，此时占据诗坛天下的依旧是宫体诗，太宗驾崩，高宗的时代来临，宫体诗的大旗被上官仪接过。

上官仪容貌英俊，而且官至宰相，有一次他骑马的身姿被民间抓拍到，一套写真直接轰动了整个长安城：

脉脉广川流，驱马历长洲。
鹊飞山月曙，蝉噪野风秋。

——上官仪《入朝洛堤步月》

你看这一首，光看遣词用字就感觉特别浪漫，可这到底写了个什么呢？呃……好像就是光骑马要帅了。

所以吧，宫体诗在上官仪的手下片面追求文笔华丽，而忽视了诗的内涵，所以很快走向了死胡同。

那宫体诗的出路究竟如何？

这就要看民间的改革派了。

对的，就是第一章里的初唐四杰：王勃、杨炯、卢照邻、骆宾王。

这个排序是当时按照四杰的作文水平排的，目测早在他们生前就排好了，以至于杨炯曾经说："愧在卢前，耻居王后。"

为何杨炯要这么说？

主要是虽然他们并称四杰，但实际上压根就是两代人，其中卢照邻与骆宾王是老一辈的，王勃与杨炯是年轻一辈的。杨炯说愧在卢前，主要是卢照邻年龄比他大，是前辈，这是谦虚的说法，而耻于王后，是因为自己和王勃是同龄人却排名不如人家，心中难免会不甘心。

这里我们先说说前辈，也就是卢照邻和骆宾王。

卢照邻在第一个故事里跑过龙套，坎坷的命运我们也提过，后来结局也是异常凄惨，晚年因不堪病痛折磨而自杀身死。

他的代表作我在故事里也说了，现在我们可以再来回味一下，"得成比目何辞死，愿作鸳鸯不羡仙。"

这其实也是宫体诗，我们经常说一句"只羡鸳鸯不羡仙"，就是从卢照邻的这句诗里提取转化而来的。他的诗意大概就是：若是能和心爱的人长相厮守，就算是死了我也心甘情愿。

如果说以前宫体诗是肉欲，那么经过卢照邻改造后的宫体诗，就是爱情。

瞬间高大上了一截子。

而另一人骆宾王，他的诗我们更是耳熟能详，就连幼儿园的小朋友都能对他的作品朗朗上口：

鹅，鹅，鹅，曲项向天歌。

白毛浮绿水，红掌拨清波。

——骆宾王 《咏鹅》

面对宫体诗越来越堕落的事实，卢照邻与骆宾王选择以毒攻毒，将浮华的宫体诗硬生生拖到民间，接受市井风气的洗礼后脱胎换骨。

如果说卢照邻与骆宾王是在破坏，那王勃与杨炯就是在建设。四杰里后辈的二人年轻时都曾游过大江大海，所以他们的做法是把宫体诗从台阁直接拽到边塞、拽到大漠、拽到祖国的名山大川。

王勃我们不谈了，单以杨炯来说，在雍容糜烂的大环境下，他用自己的“五律”发出了边关将士的震撼吼声：“宁为百夫长，胜作一书生。”

王勃与杨炯的作用主要是以雄浑代替慵懒，以积极代替颓废，与卢、骆处心积虑给宫体诗寻找出路不同，他们二人做的更多的是以自己的双手开拓出一条新路来。

隐约间，我们似乎又可以看出，面对百年积弊，卢、骆更多是改良，而王、杨选择的是革命。

沿着卢、骆改良路子走下去的是刘希夷。卢照邻的爱情是那么激烈——为了你我可以去死，纵然是真情呼唤，可未免会把女孩子吓跑，而刘希夷的爱情则不同，他是那么含蓄、那么浪漫：

古来容光人所羡，况复今日遥相见。
愿作轻罗著细腰，愿为明镜分娇面。

——刘希夷 《公子行》

以巧妙的口吻夸赞你的颜值，含情脉脉地告诉你，我甘愿变成轻罗，修束你那婀娜蹁跹的细腰，我甘愿化成明镜，映照你那倾国倾城的容颜。这样的爱情，你若说刘希夷是个不懂情趣的，我才不信呢。

如果说，卢、刘二人描绘的终究是男子的爱情，那么本书唯一一位女主人公上官婉儿，便用一首《彩书怨》，以女子的视角，完成了宫体诗的一场自我救赎。

终于，宫体诗经过了卢、骆的洗礼，以及刘希夷的升华，终于以全新的姿态，迎来了它的巅峰。

清人说它是孤篇盖全唐，闻一多说它是诗中的诗，顶峰中的顶峰。对的，它就是张若虚的《春江花月夜》：

春江潮水连海平，海上明月共潮生。
滟滟随波千万里，何处春江无月明。
江流宛转绕芳甸，月照花林皆似霰。
空里流霜不觉飞，汀上白沙看不见。
江天一色无纤尘，皎皎空中孤月轮。
江畔何人初见月？江月何年初照人？
人生代代无穷已，江月年年只相似。

不知江月待何人，但见长江送流水。
白云一片去悠悠，青枫浦上不胜愁。
谁家今夜扁舟子？何处相思明月楼？
可怜楼上月徘徊，应照离人妆镜台。
玉户帘中卷不去，捣衣砧上拂还来。
此时相望不相闻，愿逐月华流照君。
鸿雁长飞光不度，鱼龙潜跃水成文。
昨夜闲潭梦落花，可怜春半不还家。
江水流春去欲尽，江潭落月复西斜。
斜月沉沉藏海雾，碣石潇湘无限路。
不知乘月几人归，落月摇情满江树。

这样的诗，我已经不知道如何为各位解说，可能就如闻一多先生所说的那般，对于《春江花月夜》而言，一切的赞叹都不过是饶舌，都是在亵渎。

它的存在，让卢照邻、骆宾王以及刘希夷都成了可有可无的过程，你会觉得，有这么一首诗的存在，哪怕把宫体诗的罪孽再延续上个百年，也值得了。

说完了宫廷诗派的结局，我们再说说改革诗派。我们之前说，与卢、骆的改良不同，王、杨的作用更多是革命。不错，对于王、杨而言，他们的文风更多偏向刚健有力，不过若不论诗风，王、杨二人的另一贡献，则在格律。

我们在正文里讲过，古体诗是不太讲押韵的，这种情况一直到南朝的永明年间，谢朓、沈约二人才以平仄入声，诗句有了格律，古体诗也开始向近体诗转变。

但是开篇就说了，谢朓已死，他的诗统无人续接，所以永明体就未能在南北朝星火燎原。

还好，在初唐王绩、王勃以及杨炯的笔下，这点薪火才得以保留，而将其重新确立并规定成韵的，则是王、杨的继承者——沈、宋，就是正文里跑过龙套的沈佺期和宋之问。

沈佺期的名作《独不见》是一首“七律”：

卢家少妇郁金堂，海燕双栖玳瑁梁。
九月寒砧催木叶，十年征戍忆辽阳。
白狼河北音书断，丹凤城南秋夜长。
谁谓含愁独不见，更教明月照流黄。

你看，堂、梁、阳、长、黄，韵脚压的音都一样，同时他也知道整句诗里哪句并不需要去压，所以裁剪出来的这一首诗，读起来就朗朗上口、一气呵成。

而宋之问也不甘落后，他的贡献则更多是在“五律”，他的独特之处是对情绪的揣摩，达到了一个很高的水平，如“近乡情更怯，不敢问来人。”

对于多年羁旅异乡的人而言，每次回到家乡时，怕是无比理解这句话所流露出的感情。我们故事里也讲了，根据当年上官婉儿的评定，宋之问的文采较之沈佺期其实是略胜半步的，只是他本人的人品太差，为正人君子所不齿，故而声名不显。

比如，他的外甥刘希夷曾写过一句“年年岁岁花相似，岁岁年年人不同”，他看到了就想要，刘希夷也是妙手偶得，怎么会给？于是宋之问丧心病狂，为了一首诗竟动了杀念，谋害了刘希夷。

对一首唐诗来说，宫体诗丰富了词汇，沈佺期与宋之问则确立了格律，那还差什么？

不错，差得正是内涵。

于是，本书的第二位主角陈子昂就应运而生了，他的任务是给诗注入所谓的灵魂。

当初，唐太宗李世民看出了宫体诗的空洞无神，却始终不明白该如何让它灵动起来，而陈子昂却从历史中找到了办法，那就是汉魏风骨。

东汉末年分三国，烽火连天不休，以曹操父子为代表的建安文学在战火的烧炙下，风格铿锵有力、强健明快，这点被陈子昂发现后，他想，如果把建安风骨注入诗句里，会发生什么？

陈子昂的绰号叫诗骨，这个名称可着实够准，如果说把唐诗比喻成一个女孩子，那么宫体诗的辞藻给了她倾世的美貌，沈、宋的格律给了她精致的衣着，而陈子昂则赋予了她沁人心脾的笑容。

好了，经过初唐半个多世纪的精心打扮，唐诗终于出落成一个亭亭玉立的大姑娘了，于是，这时候就需要有一个人来担任“媒婆”，把她介绍给苦苦等待的盛唐了。

这个“媒婆”，诗狂贺知章当仁不让。

没办法，谁叫这人活得那么长呢？

唐代文人殷璠曾说：“开元十五年后，声律风骨始备矣！”

为何要说是开元十五年？因为此时，经过唐玄宗的励精图治，在姚崇、宋璟等人的辅佐下，开元盛世走向了它的鼎盛辉煌。就在两年前，玄宗在泰山举办封禅大典，这是古代帝王最庄严的盛会，它告诉了我们，这是一个何等伟大的时代！

另一方面，随着沈佺期、宋之问等人的相继离世，诗坛新旧交替，在盛唐气象下，唐诗也开始了百家争鸣、百花齐放。

关内有田园诗派，关外则有边塞诗派，江南漠北、市井山间，每个角落都充斥着浓郁的诗味。有人说，盛唐是诗的国度，这又岂是虚言？

陶渊明、谢灵运等人的山水田园诗派，在盛唐重新焕发了光彩，其中尤其以“王孟”二人尤为著名。

对，就是我们的主人公，王维与孟浩然。

王维与李白一样，都是上天的宠儿，他虽留恋山水，却并不局限于山水。对，他说过“明月松间照，清泉石上流。”可别忘了，他也曾带你领略过“大漠孤烟直，长河落日圆。”曾几何时，更是高唱着“九天阊阖开宫殿，万国衣冠拜冕旒”，那黄钟大吕的盛世音响，在他的笔下起于那安静肃穆的庙堂。你或许沉迷其中无法自拔，再到下一刻，你恍然睁开眼，见到的却是一片充满了禅意的佛门净土。“行到水穷处，坐看云起时”，那堕入空门落寞，再回首，万事早已成蹉跎。

孟浩然则没有那么幸运，他本应醉卧田园、吟唱牧歌，却被庙堂的瑰丽吸引了双眼，他丢开了鸡犬相闻，丢开了阡陌农田，只愿身着朱紫，笑傲公侯。但他及时醒了，他明白那些都不适合他，他应是一个粗布桑麻的山野匹夫，在“春眠不觉晓，处处闻啼鸟”的山水之间潇洒纵横、放浪形骸。他也做到了，用他仅剩的年岁，“把酒话桑麻，兴尽晚归家。”

如果我们再把目光投向那边关塞外，我们会看到，本为文人的高适与岑参在幕府里从事着征战杀伐，王昌龄与王之涣也参与其中，建安风骨在边塞诗派的遒劲笔力下，道尽了边疆男儿的鲜血与泪花。

你看吧，高适从军边塞，高唱着“男儿本自重横行，天子非常赐颜色”，这是个尚武的辉煌年代，与宋明对武人的无理鄙夷不同，大唐文人从不以从军为耻。此时的君王雄姿英发，此时的军队热血挥洒，这十几年来破突厥、战吐蕃、平西域，震慑异邦、拓地千里，如何不使得大唐的热血男儿们跃跃欲试？

再说说岑参，他与高适的高昂不同，自有一种英雄主义的浪漫，他说“忽如一夜春风来，千树万树梨花开。”那是八月边塞的飞雪，战旗飘扬之下，边帅带领着儿郎们征战异域、扬名天下，一字一句间足以让人热血沸腾。而王昌龄与王之涣的诗话，更有一份独特的雄浑以及边疆不为人知的哀怨，在那里诉说着想家的悱恻缠绵。

最不能忘却的是那浪漫的李白，他的诗可真吓人，动不动就要把云揉碎，把那星辰摘，人世间的包罗万象都不够他下酒，他自称楚狂人，还要把孔老夫子嘲笑一番。还有人说他是天子叫他也不上船，还自称“臣是酒中仙”，臣什么臣？不如直接说爷是酒中仙更加符合李白的性子。

再想一想，难不成真如贺知章说的那般，李白其实是天上的太白金星下凡？不错不错，这样就能解释通了，御手调羹、贵妃捧砚、力士脱靴，尘世的一切权力与礼节都捆不住他，因为他本就不属于尘世，而是从那天上来。既为天上仙，自然不能沾染庸俗气，而盛唐气象也只能从他浪漫的笔下，为后人绘出那幅久别重逢的盛世画卷。

如果说，安史之乱前，诗坛是李白的天下，那么安史之乱后，诗坛则是属于杜甫的。

比起李白的洒脱不羁，王维、孟浩然的清欢有味，高适、岑参的雄浑悲壮，杜甫就不一样了，他的诗总是执着于平淡的细枝末节，关注别人从来熟视无睹的苍生悲喜。如果说李白是在天上飞的仙，那他就是在地上走的圣，杜甫从不浪漫，只有现实，当同时代的诗人处在云蒸霞蔚的空中飘飘然时，只有他，以悲天悯人的目光注视着面前满目疮痍的大地。

经历过初唐诗人百年的探索，在盛唐气象的滋养下，诗坛流光溢彩、百花齐放，然而最终的集大成却要由这个在当时名不见经传的杜甫来完成，为何？因为从体裁上讲，无论是田园如王、孟，亦或是边塞如高、岑，他们都有严重的偏科现象。李白倒是个全才，但他作诗全凭喜好，喜欢我就写，不喜欢我就不写。至于对唐诗内在的流变，他似乎察觉到了，但以他的性子完全不是做学问的料，所以也就没有深究。

而从题材内涵来说，在安史之乱爆发以后，盛唐气象已经不复存在，王维、高适几乎封笔，岑参的诗句也从昔年的浪漫豪情变成了牢骚满腹，李白的盛世笔亦开始蘸起了乱世墨。以上的四人无一例外，都局限在了个人的荣辱上，王维陷于自责懊悔，岑参苦于壮志难酬，高适忙于建功立业，李白执于人生追求……唯有杜甫，他的视线里，尽是芸芸众生。

所以，盛唐气象逝去，其他诗人头上的光环也烟消云散，只有杜甫如鱼得水，国家不幸诗家幸，杜甫扎根于底层，将唐诗写成了诗史。他的取材不限于山水，也不限于边塞，亦不限于幻想，而是包罗万象的大千世界，绕是细微处，哪怕是某天早上吃了个双黄蛋，他也能以此入诗描摹出经典诗篇，这就足以让杜甫永垂不朽。至于在体裁上，近体诗已经完备，新的路子该如何走？杜甫告诉了后人，答案就在“七律”，这是杜甫留给中唐诗人用来推开诗歌王国下一个大门的关键钥匙。

大多数人都知道余光中先生写的《寻李白》，可又有谁知道，老先生亦曾为杜甫留下了感人心扉的文字：

惟有诗句，纵经胡马的乱蹄，
乘风，乘浪，乘络绎归客的背囊。
有一天，会抵达西北那片雨云下，
梦里少年的长安。

作家王小波说过："一个人只拥有此生此世是不够的，他还应该拥有诗意的世界。"

而杜甫理想里的世界，则伴随他所写下的诗句，穿越时空，走向了他的少年、他的长安。

公元七六三年，历时八年的安史之乱终于被平定，而此时盛唐的诗坛早已经被那渔阳鼙鼓惊得七零八落。王昌龄遭人杀害，王维不久也坐化在家，就在两年前，李白在穷困潦倒中不甘死去，盛唐的诗坛才子一个接一个陨落，空留一声悲叹。而叛乱平定的两年以后，高适与世长辞，又过了五年，岑参也在成都含恨离世。

就只剩下杜甫一个人留在这孤零零的人世间，感受这繁华落尽的离合悲欢。

终于，这年的隆冬，杜甫在某条不知名的船上无声无息的逝去，盛唐在这一刻降下了它的帷幕，一个叫中唐的新时代正缓缓走来……

那么，中唐以及晚唐的诗歌又发生了些什么变化？像白居易、元稹、韩愈、李商隐、鱼玄机……这些诗人又会有着怎样暖心，亦或悲伤的故事？

那就是下一部书的任务了。

后记

这位骨骼清奇的看官，当你读到这段文字的时候，想必你已经看完这本书了。

我虽不知你为何会从万千书海中翻了我的牌子，不过既然前面的故事都已经阅读完毕，再多听我唠叨几句废话怕也是无妨的吧？

对，肯定是无妨的。

在这本书里，我写了十二个故事，但又与其他故事不一样。

你问我为什么？

因为我写的不仅仅是故事，同时还是历史。无论我再怎么开脑洞去演绎，也不能左右故事里主人公的结局，即使那结局是连我也不忍瞧见的。

所以，你见到了才华横溢的王勃英年早逝，惹人怜爱的婉儿终其一生都困在九重深宫，盛气凌人的大侠陈子昂最终沦落成落魄大叔，坚守本心的王昌龄最后会死于非命……以及很多很多那些不忍卒读的遗憾。

我虽是这本书的作者，却没有插手干预这些故事的权力，只被允许以默不作声的姿态来旁观这一切，看他起高楼，看他宴宾客，再看他楼塌了……

我只能选择如实记述。

因为这就是历史，是无法改变剧情的故事。

我总共写了十二个故事，又何尝不是写了十二种人生？

在故事里，或者说人生里，十二个主人公都在用自己的方式，顽强地对抗着横在他们面前的命运，他们傲娇又倔强。

在人生的旅途里，他们一会儿笑，一会儿哭，恍恍惚惚就到了终点。于是就这样，他们得到了一段人生，而我们得到了一段故事。他们永远活在了故事里，而我们也只能从故事里去认识他们，这其实让人很绝望。

我时常在想，如若他们还有意识，得知自己其实是生活在了故事中，会不会很沮丧？

幸好，还有唐诗。

正是那保存了千年的瑰丽诗篇，一字一句地证明了，故事里的那些主人公真的存在过，就在曾经，就在这片土地上。

这也是我想在这本书里与大家聊的，这十二个故事里，有你、有我、有他、有很多人的影子，这是我们大家的故事。

每个人的人生轨迹何其相似，垂髫孩提时入学，豆蔻年华初中，花季雨季高中，拔节成长大学，最后要去挑战一个严肃的大老板——社会。

而故事里的主人公又何尝不是如此？

他们是我们，我们也是他们。

他们做出了那样的选择，那我们呢？

其实我们都知道，这是一个快节奏的时代，你要跟上大家的脚步，就必须抛掉你的满腔热血，抛掉你的年少轻狂，抛掉你在年少时每个夜晚都会去吟唱的诗。

可当我们把这些负累的东西都丢掉以后，才发现我们依旧没有跑到芸芸众生的前列，而自身却早已是气喘吁吁。

这是个过分功利的时代，在一张张撑起的笑脸后面，谁没有个梦想？谁没有个过去？谁没有个黯然？谁没有个泪水？谁又比谁，更可怜一点呢？

我明白，这个世界实在严肃得不像话，可我却看到了，还是会有人愿意嬉皮笑脸地去和它对话。

因为这些人，他们的心中还怀揣着年少时的诗。

这本书我写完了，书里全是和这个世界讨价还价的戏码，有的读者笑了，有的读者哭了，有的读者又哭又笑，骂作者是个傻×！

可不论你此刻是何种表情、何种心态，我还是祝愿看完这本书的你，能在这个光怪陆离的世界里，保存好自己心中的诗。

至少，若是他日江湖相见，我会一脸坏笑地对你说："乖，把诗交出来。"

到时候，你可别什么都交不出来。

那就尴尬了。

附录

参考资料

一：古代典籍

旧唐书[M].［五代］刘昫等撰．北京：中华书局，1975

新唐书[M].［宋］欧阳修，宋祁等撰．北京：中华书局，1975

资治通鉴[M].［宋］司马光等撰．北京：中华书局，1956

唐会要[M].［宋］王溥编．北京：中华书局，1955

唐才子传[M].［元］辛文房著．北京：联合出版公司，2017

唐摭言[M].［五代］王定保撰．上海：上海古籍出版社，1978

太平广记[M].［宋］李昉等编．北京：中华书局，1961

文苑英华[M].［宋］李昉等编．北京：中华书局，1966

开元天宝遗事[M].［五代］王仁裕撰．北京：中华书局，2006

唐语林[M].［宋］王谠撰．北京：中华书局，1987

全唐文[M].［清］董诰等编．北京：中华书局，1983

全唐诗[M].［清］彭定求等编．中华书局，1960

唐诗三百首[M].［清］蘅塘退士著．北京：联合出版公司，2016

沧浪诗话[M].［宋］严羽著．崇文书局，2018

诗集传[M].［宋］朱熹著．上海：古籍出版社，1980

王子安集[M].［唐］王勃著．四库丛书刊本

陈伯玉文集[M].［唐］陈子昂著．四库丛书刊本

孟浩然集校注[M].［唐］孟浩然著．人民文学出版社，1998

王维诗集[M].［唐］王维著．上海古籍出版社，2017

李太白全集[M].［唐］李白著. 北京：中华书局，1977
高适诗集编年笺注[M].［唐］高适著. 中华书局，1981
岑参集校注[M].［唐］岑参著. 上海古籍出版社，2004
杜甫集校注[M].［唐］杜甫著. 上海古籍出版社，2016

二：现代论著
隋唐史[M]. 岑仲勉. 北京：高等教育出版社，1957
中国文学史[M]. 袁行霈. 高等教育出版社，2014
闻一多全集[M]. 闻一多. 三联书店，1982
魏晋北朝隋唐文学史[M]. 罗锡诗. 中山大学出版社，1999
中国文学发展史[M]. 刘大杰. 上海：古籍出版社，1982
唐学与唐诗[M]. 查屏球. 商务印书馆，2001
王勃研究[D]. 杨晓彩. 中国社会科学出版社，2013
陈子昂先生伯玉年谱[M]. 罗庸. 台湾商务，1986
巾帼宰相上官婉儿[M]. 于赓哲. 陕西师范大学出版社，2014
王维孟浩然诗选评[M]. 刘宁. 上海：古籍出版社，2011
纵横论王维[M]. 王志清. 齐鲁书社，2008
李白与杜甫[M]. 郭沫若. 中国长安出版社
李白评传[M]. 周勋初. 南京：南京大学出版社
高适岑参诗选[M]. 孙钦善. 人民文学出版社，1997
王昌龄诗歌与诗学研究[M]. 毕士奎. 江西：人民出版社，2008
杜甫评传[M]. 陈贻焮. 上海：古籍出版社，1982
杜甫评传[M]. 莫砺锋. 南京：南京大学出版社，1993
杜甫诗选评[M]. 葛晓音. 上海：古籍出版社，2002